MOYEN ÂGE EN TRADUCTION
sous la direction de Géraldine Veysseyre
10

La Vie des Pères

La Vie des Pères

Recueils 2 et 3

Traduction de Paul Bretel

PARIS
CLASSIQUES GARNIER
2021

Paul Bretel, professeur émérite à l'université de Perpignan, est spécialiste de la spiritualité dans la littérature du Moyen Âge. Il a publié *Les Ermites et les moines dans la littérature française du Moyen Âge (1150-1250)*, *Le Jongleur de Notre-Dame*, *Littérature et édification au Moyen Âge* et la traduction du premier recueil de *La Vie des Pères*.

ISBN 978-2-406-12165-7 (livre broché)
ISBN 978-2-406-12166-4 (livre relié)
ISSN 2264-6698

PRÉSENTATION

Dans l'édition complète qu'en a donnée Félix Lecoy, *La Vie des Pères* comporte soixante-quatorze contes répartis en trois ensembles[1]. Dans un volume précédent, nous avons proposé la traduction des quarante-deux contes de la *Première Vie*, précédée d'une présentation générale. Le présent volume contient les trente-deux derniers contes : les numéros XLIII à LXI constituent la *Deuxième Vie*, rédigée entre 1241 et 1249, et les numéros LXII à LXXIV, compilés avant 1252, la *Troisième Vie*. Pour la *Deuxième Vie*, Félix Lecoy a retenu le ms. B (Paris, BnF, fr. 1039), qui date du XIIIe siècle, et dont il pense qu'il « se rapproche beaucoup de ce qu'a pu être l'original[2] » ; ce manuscrit ne contient pas le conte XLIV, « Enfant jureur[3] », mais l'éditeur en donne le texte d'après le ms. C, (Paris, BnF, fr. 23111), avec les variantes de *u*AS, et le place en appendice après « Confession », dernier conte de la deuxième *Vie*, ce qui explique la numérotation à première vue fautive de son édition, où l'on passe de XLIII « Sel » à XLV « Coq », le numéro XLIV se trouvant rejeté entre LXI « Confession » et LXII « Pied guéri », premier conte de la *Troisième Vie*, laquelle est éditée d'après le ms. A, (Paris, BnF, fr. 1546), également du XIIIe siècle.

La *Première Vie* ayant été composée entre 1217 et 1230, ce sont donc deux à trois décennies qui séparent la *Deuxième Vie* et la *Troisième Vie* de la première série. Ce décalage chronologique explique en partie certaines évolutions. Les quarante-deux contes de la *Première Vie*, dans laquelle l'importance accordée aux ermites et aux moines des premiers temps du monachisme justifie assez bien le titre du recueil, comporte sept miracles de la Vierge nettement caractérisés[4], auxquels on peut

1 *La Vie Des Pères*, éd. Félix Lecoy, Paris, Picard, 1987, 1993, 1999 (SATF).

2 Introduction du troisième volume, page X.

3 Peut-être ne faut-il guère s'étonner de cette lacune : « Enfant jureur », dont le bref récit est étouffé entre deux longs développements discursifs assez indigestes, est probablement le conte le moins intéressant de la *Deuxième Vie*.

4 Parmi ces récits, « Fou » (X) fait figure de conte hybride, le miracle marial se greffant sur une histoire dont les personnages sont des ermites et un chevalier en quête de rédemption.

ajouter « Colombe » (XXVII), dont les personnages sont des ermites mais qui présente des éléments de merveilleux marial. Sur dix-neuf contes, la *Deuxième Vie* en comporte huit dont les personnages principaux sont des ermites[5], trois autres dont les protagonistes sont des laïcs[6], et elle contient enfin huit miracles de la Vierge[7], soit pour ce dernier genre une proportion de 42 % contre 19 % environ dans la *Première Vie*. Sur les treize récits de la *Troisième Vie*, seul « Purgatoire » ne mentionne pas la Vierge ; les douze autres sont des miracles de Notre-Dame de forme canonique, construits sur une unité d'action, ou, pour deux d'entre eux, des contes dont l'appartenance à la littérature mariale est incontestable[8].

La proportion croissante des contes mariaux dans une œuvre dont le titre général n'annonçait pas qu'elle dût les accueillir, constitue un témoignage précieux sur l'évolution des mentalités et des sensibilités religieuses durant la première moitié du XIIIe siècle ; elle s'explique aussi probablement par l'élargissement du public auquel s'adressent les deux dernières séries de contes : alors que la *Première Vie* semble destinée en priorité à des clercs et à des moines, peut-être aussi à des convers, le prologue de « Sel », premier conte de la *Deuxième Vie*, avertit que l'œuvre qui suit a été traduite du latin pour qu'elle soit compréhensible « a nos gens laies qui l'orrons[9] » (à nous, laïcs, qui l'entendrons). Ce changement affecte d'ailleurs le contenu des prologues et des épilogues qui, dans la *Première Vie*, développent souvent des réflexions théologiques et doctrinales approfondies, judicieusement greffées sur les récits qu'ils encadrent ; dans la *Deuxième Vie* et plus encore dans la *Troisième Vie*, prologues et épilogues se raréfient et s'abrègent, à l'exception de ceux d'« Enfant jureur », et ils ne véhiculent guère

5 « Sel » (XLIII), « Coq » (XLV), « Patience » (XLVII), « Piège au diable » (XLIX), « Sac » (LI), « Ange et ermite » (LIII), « Sermon » (LV), « Crâne » (LVIII).

6 « Enfant jureur » (XLIV), « Frères » (LVII) et « Deux morts » (LX), où saint Michel et l'archange Gabriel jouent le rôle de psychopompe tenu par la Vierge dans les miracles mariaux.

7 « Mère » (XLVI), « Infanticide » (XLVIII), « Anges » (L), « Image du diable » (LII), « Pain » (LIV), « Image de Notre-Dame » (LVI), « Renieur » (LIX) et « Confession » (LXI).

8 Dans « Âme en gage » (LXVII), conte riche et complexe, l'intervention mariale est tardive mais déterminante pour le salut de l'un des protagonistes ; et si « Nom de Marie » (LXXI) n'est pas un miracle *stricto sensu*, la Vierge, bien qu'elle soit absente du récit, y détermine le comportement des deux personnages principaux.

9 V. 19272. Sur ce vers, voir la note 1 du conte LXIII.

que des conseils pratiques et des exhortations à faire pénitence, à se garder du diable, à servir et honorer Notre-Dame, à mépriser le corps, à refuser les biens et les plaisirs du monde et à choisir la bonne voie. L'obsession du salut est l'« étymon spirituel » de tous les contes – ce qui valide pleinement la proposition de Michel Zink de dénommer génériquement « contes du salut » les récits de la *Vie des Pères* –, mais l'idéologie et les tonalités s'infléchissent sensiblement : sans renier la doctrine du *contemptus mundi* (mépris du monde) ou renoncer aux oppositions clivantes, en premier lieu entre l'âme et le corps, héritées de l'austère tradition du désert, la *Deuxième* et la *Troisième Vies*, par la place qu'y occupent les miracles de la Vierge, sont marquées par une spiritualité plus indulgente et plus optimiste, aux accents plus affectifs, fondée sur la dévotion à la « douce mère » de miséricorde. Le modèle monastique ancien dominant dans la *Première Vie*, dont la sévérité était cependant tempérée par le modèle marial, semble ici progressivement s'éloigner. Mais cet éloignement n'est pas un discrédit. Par rapport à la *Première Vie*, la *Deuxième* et la *Troisième Vies* inversent les proportions : c'est désormais le modèle marial qui domine, équilibré par sa perméabilité à la spiritualité ancienne du désert.

En visant un public plus large, en se montrant moins élitiste, les deux dernières séries s'ouvrent à la réalité contemporaine, au monde des villes en particulier, et non plus majoritairement à celui du désert, et elles prennent mieux en compte les nouvelles données socio-économiques, avec les dangers qu'elles présentent et les vices qu'elles génèrent. La continuité par rapport à la *Première Vie* y est assurée par la permanence de motifs qui sont ceux, plus généralement, du christianisme médiéval, et par les mêmes prises de position : mise en garde contre les exigences du corps et contre l'attachement aux biens de ce monde (« Ange et ermite », LIII) ; incitation à la vigilance face aux tentations du démon[10] ; représentation positive du monachisme blanc ; exemplarité de l'observance des ermites, auxquels sont attribués les mêmes mérites et les mêmes rôles dans les quatre contes qu'on pourrait qualifier d'antiquité, en particulier en ce qui concerne la *cura animarum*[11].

Mais, dans les récits de miracles récents et dans les discours qu'ils adressent à leurs lecteurs, les deux derniers auteurs mentionnent ou font

10 Voir les contes XLIII, XLV, XLIX, LV.

11 Voir les contes XLV, XLIX, LXXIII, entre autres.

intervenir une catégorie de religieux qu'ignorait la *Première Vie*[12]. Jusqu'à la fin du XIIe siècle, le monachisme, cénobitique aussi bien qu'érémitique, était perçu comme le modèle achevé de la vie chrétienne. Le début du XIIIe siècle voit apparaître de nouveaux ordres religieux qui, dans la pauvreté et le dénuement, se donnent pour mission de prêcher la parole de Dieu et d'évangéliser le peuple. Fondés par saint Dominique (1170-1221), qui avait sollicité Innocent III au concile du Latran en 1215, les Frères Prêcheurs font l'objet en décembre 1216 d'une bulle d'approbation qui marque le début véritable de leur ordre : ayant adopté la Règle de saint Augustin, ils se rattachent par leur statut aux chanoines réguliers. Les disciples de Dominique s'étant vus concéder en 1218 l'hospice de Saint-Jacques à Paris, ils seront connus en France sous le nom de Jacobins. Dans le même temps ou presque, saint François rassemble sous son autorité des religieux auxquels il donne en 1223 une règle propre, et qui seront dénommés soit Frères Mineurs en référence à un passage de l'Évangile de saint Matthieu (20, 40-45) cher à leur fondateur, soit Cordeliers, en raison de la corde qui leur tient lieu de ceinture. S'interdisant toute propriété individuelle et collective, les deux congrégations vivaient de la charité et elles furent de ce fait regroupées, avec d'autres familles moins influentes comme les Carmes (fondés dans les années 1206-1214) et plus tard les Augustins (1256), sous la dénomination générique d'Ordres Mendiants. À la différence des moines, qui faisaient vœu de stabilité, Dominicains et Franciscains pratiquaient la pérégrination, se déplaçant de ville en ville[13] ; ils furent chargés de combattre les hérésies, d'édifier le peuple et de veiller au salut des âmes, tâches qui n'incombaient pas en priorité aux moines, dont la vocation première était de « vaquer à Dieu seul », et que le clergé séculier souvent insuffisamment préparé n'assumait pas pleinement. « Nous enseignons les peuples et leurs gouvernants, nous enseignons les sages et les pauvres d'esprit, les religieux et les séculiers, les nobles et les roturiers, les petits et les grands », écrit en 1260 Humbert de Romans, maître général des Frères Prêcheurs[14].

12 Le développement qui suit est repris de « Moines et religieux dans les contes de *La Vie des Pères* », dans P. Bretel, *Littérature et édification au Moyen Âge, « Mult est diverse ma matyre »*, Paris, Champion, 2012 (« Essais sur le Moyen Âge » 56), p. 37-52.

13 V. 23765-23766 : « em pluisours liex et ça et la / s'en vont pour les ames requerre ».

14 Dom Jacques Dubois, OSB, « Les ordres monastiques au XIIIe siècle en France d'après les sermons d'Humbert de Romans, maître général des Frères Prêcheurs (mort en 1277) », *Sacris erudiri*, 26, 1983, p. 187-220.

Entièrement engagés dans l'action pastorale, tout en menant une vie de pénitence librement consentie, les religieux mendiants furent souvent perçus dans l'imaginaire du XIIIe siècle comme des prophètes répandant la parole de Dieu, et ils supplantèrent partiellement les ermites et les moines, qui étaient les principaux dépositaires de cette fonction dans les époques antérieures. Or c'est bien à ce déplacement que procèdent les deux dernières parties de la *Vie des Pères* dans les contes qui ne situent pas leur action au temps jadis des pères ermites des déserts orientaux. Alors que dans la *Première Vie* les ermites et quelques cénobites étaient les détenteurs exclusifs du charisme de la parole, la *Deuxième Vie* en investit, pour la période contemporaine, les Prêcheurs et les Mineurs. Le prologue du conte XLIV et l'épilogue du conte LVIII associent par coordination les deux grandes familles de Mendiants dans leur fonction de prédication et d'évangélisation :

> Assez avon d'enseignement :
> veez l'ordre des Preecheurs
> et cele des Freres Meneurs
> qui ne finent de sermoner
> por nos de noz pechiez oster (XLIV, v. 27003-27007)

> « Nous sommes amplement édifiés : voyez l'ordre des Prêcheurs et celui des Frères Mineurs qui ne cessent de nous sermonner pour nous faire renoncer à nos péchés ».

> Il envoie Preescheours,
> ciax de saint Jaque et les Menors[15],
> qui ne finent de preechier (LVIII, v. 26066-26068)

> « Il envoie les Prêcheurs, les Jacobins et les Mineurs, qui prêchent sans répit. »

En revanche, l'épilogue du conte LII (« Image du diable ») évoque la fondation des Franciscains et des Dominicains en deux temps : constatant que « li anemis le siecle tient » (v. 23747),

> Jhesucris, qui tel pitiet ot
> de nous que tenir ne se pot
> que conseil[16] n'envoiast en terre

15 « Preescheours » perd ainsi son sens spécifique pour prendre une valeur générique englobant les deux grands ordres mendiants.

16 Le mot a probablement ici le sens d'« aide, secours ».

pour ses creatures requerre :
Frere Meneur i sont venu
qui mout de honte i ont eü [...].
Dex nes vot pas sex envoier
pour l'euvangile preechier ;
chiaus de saint Jaque i envoia. (v. 23754-23759 et 23762-2364)

« Jésus-Christ éprouva tant de pitié pour nous qu'il jugea nécessaire d'envoyer sur terre du secours pour ramener à lui ses créatures : ce furent les Frères Mineurs qui y ont subi force humiliations [...] Dieu ne voulut pas qu'eux seuls fussent envoyés pour prêcher l'Évangile ; il leur adjoignit les Jacobins. »

L'auteur de la *Deuxième Vie* se révèle ici bon connaisseur de l'histoire des Ordres Mendiants : l'antériorité de la fondation des Mineurs est un fait historique puisque le pape Innoncent III concéda en 1209 son approbation à saint François, alors que l'on peut dater de 1216-1217 les bulles pontificales accordant à la communauté de saint Dominique une exemption de fait et la protection du Saint-Siège. Mais quand le texte dit que Dieu ne voulut pas envoyer dans le monde les « seuls » frères Mineurs, peut-être suggère-t-il, plutôt qu'une simple adjonction, une complémentarité des deux familles de religieux, qui tiendrait aux différences canoniques, à l'orientation spirituelle et surtout, en ce qui concerne notre propos, au contenu de la prédication : en vertu de leur vocation primitive qui était de combattre l'hérésie, les Dominicains dispensaient plutôt un enseignement doctrinal et savant, alors que les Franciscains, auxquels il était interdit d'aborder les questions dogmatiques, pratiquaient une prédication morale et pragmatique, propre à émouvoir et à (r)amener à Dieu les âmes simples. De ce point de vue, la tonalité des prologues et des épilogues de la *Deuxième Vie* et de la *Troisième Vie* pourrait sembler plus proche de la parole des Franciscains que de celle des Dominicains.

En attribuant à Dieu ou à Jésus-Christ la fondation des ordres mendiants, l'auteur de la *Deuxième Vie* ne fait que reprendre une opinion commune dans les milieux ecclésiastiques, qui vaut d'ailleurs pour la création de tout nouvel ordre religieux ; il en justifie la nécessité par « la mauvaise acoustumance » qui a « le siecle decheü » (v. 23769 et 23770). C'est pourquoi ces religieux d'un genre nouveau sont « petit escouté » (v. 23760), « peu creü » (v. 23771), hués, humiliés et traités de fous, comme le serait Dieu lui-même, « s'en terre venist » (v. 27772) :

Assés trouvast qui li deïst
et vilonnie et honte et lait.
Assés petit fust pour lui fait ;
il nel creïssent ne qu'il font
les preecheours qui pour lui sont
en terre pour aus enseigner (v. 23773-23778).

« Il trouverait quantité de gens qui l'accableraient d'insultes, d'injures et d'outrages. Les gens feraient peu de cas de lui et il ne serait pas plus écouté que ne le sont les prêcheurs qui sont ses représentants sur terre, chargés de les édifier ».

Le syntagme « pour lui » (v. 23777), en raison de la polysémie de la préposition, pourrait se comprendre comme « en son nom », « à sa place », mais aussi « pour faire triompher ses desseins ». Nous voici, par le biais de l'hypothèse et de la comparaison, ramenés à la figure archétypale du prophète incompris :

Le Seigneur leur envoya des prophètes pour les ramener à lui ; mais ceux-ci les adjurèrent en vain et ne furent point écoutés [...]. Les gens se moquaient de ses envoyés, méprisaient ses avertissements et riaient de ses prophètes. (2 Ch 24,19 ; 36,16)[17].

Les parties discursives de nos contes, principalement les prologues et les épilogues, sont le lieu des reproches, des admonestations, des mises en garde et des exhortations ; l'histoire narrée, en revanche, a une valeur le plus souvent positive et exemplaire, et la parole du prêcheur-prophète y est alors écoutée et opérante. Après avoir été miraculeusement guérie par la Vierge, la mère infanticide du conte XLIII s'en vint « errant » (à la hâte) à l'église, où elle se prosterna devant la statue de Notre-Dame, à qui elle rendit grâce en pleurant. Or « frere Jordains » « estoit la », « li secons maistres souverains / de l'ordre as Preecheors » (v. 21871-21872)[18]. Le religieux écoute la confession de la pécheresse, la réconforte (« Vostre ame est a port de salu », v. 21901), lui donne l'absolution et lui impose en pénitence de se convertir à la vie monastique. Frère Jourdain tient ici un rôle que la *Première Vie* réservait aux seuls ermites et moines blancs. Se met ainsi en place une redistribution partielle des rôles :

17 Voir aussi, par exemple, Jr 7, 27-28 ; 20,79 ; Ez 3,63.

18 Jourdain de Saxe succéda à saint Dominique comme maître général des Prêcheurs ; il est l'auteur d'un ouvrage sur l'origine de l'ordre et mourut en 1236.

c'est désormais aux religieux mendiants que sont confiés le ministère de la parole, la direction spirituelle et la *cura animarum*, dans les récits où cette attribution ne pouvait pas constituer un anachronisme. Le monachisme cependant garde toute sa place quand il s'agit d'accueillir les pécheurs repentis qui veulent faire pénitence pour le restant de leur vie (« Mère », XLVI ; « Anges », L). Mais, lorsqu'il invite la malheureuse à entrer « dedenz religion » (dans un ordre religieux, v. 21903), Jourdain de Saxe ne lui laisse pas le choix de la congrégation, et précise « en Cistiax, ailleurs ne lo mie » (à Cîteaux, je ne vous conseille pas d'aller ailleurs ; v. 21904). Aussi l'héroïne fait-elle appel à « une abeesse de Cistiax » (v. 21914) qui, après avoir hésité un moment, lui fait revêtir les vêtements religieux.

En demandant à sa pénitente de choisir l'ordre de Cîteaux, à l'exclusion de tout autre, le maître général des Prêcheurs se situe dans la continuité de la *Première Vie*, dont l'auteur dénonce les dérives des Bénédictins noirs tout en rendant hommage, parmi les cénobites, aux seuls moines blancs, principalement aux Cisterciens, et secondairement, dans le récit du conte XXXIV, aux Chartreux, qui portaient aussi un habit blanc. Cette complémentarité entre Mendiants et Cisterciens mérite d'être éclairée.

Dans un sermon adressé *Ad omne genus monachorum*, Humbert de Romans, qui devint à son tour maître général des Prêcheurs en 1254, part d'une étymologie erronée de *monachus* pour donner du moine la définition suivante : « On dit "moine" parce que *monachus* vient de *monos*, qui signifie "unité" et de *icos* qui signifie "garde" ; le moine est le gardien d'une seule chose. Il n'a ni bien, ni famille, ni soin des âmes, ni quoi que ce soit à garder [...] il a seulement la garde de lui-même[19] ». Cette conception contredit la représentation que les genres narratifs du Moyen Âge donnent des moines ermites et cénobites, y compris dans les contes d'antiquité de *La Vie des Pères* : alors même que leurs caractérisations les présentent comme des contemplatifs priant et méditant aussi continûment que possible – même pendant le temps qu'ils consacrent au travail des mains – et se livrant pendant la nuit à des exercices spirituels, ils rompent le silence pour parler à leurs frères, aux païens ou aux laïcs, à des chevaliers en particulier, qui sont venus dans leur retraite solliciter des conseils, attirés par leur réputation de sainteté. Palliant l'absence de

19 Dom Jacques Dubois, « Les ordres monastiques... », art. cité.

prêtre ou les insuffisances du clergé séculier, ils accueillent avec charité les sollicitations qui surviennent.

Les cartes cependant se redistribuent dans la première moitié du XIIIe siècle avec l'apparition des Mendiants qui, religieux mais non moines, s'installent parmi les hommes et placent la prédication et l'action apostolique au cœur de leur vocation, selon la volonté de leurs fondateurs et avec l'approbation du pape. Leur fondation, dans les années 1209-1217 environ, était encore trop récente pour que la *Première Vie*, qui fut composée entre 1217 et 1230, les prît en compte ; mais leur extraordinaire développement, qui s'explique par la réponse qu'ils apportaient aux aspirations nouvelles et aux évolutions socio-économiques, les introduit deux décennies plus tard dans l'espace littéraire, dans la *Deuxième Vie* essentiellement, mais aussi dans la *Troisième Vie*, où le conte « Brandons » (LXV) fait de saint François le témoin unique d'un miracle marial. La *Deuxième Vie* cependant n'ignore ni les ermites, dont le prestige n'est pas entamé, ni les moines blancs, chez qui se retirent ceux qui veulent faire pénitence pour leurs péchés : après avoir été miraculeusement sauvé par la Vierge, le mauvais garçon repenti de « Mère » (XLVI) annonce qu'il « s'enserrera » « em blanche ordre » (v. 20765) et, lors du dénouement de « Anges » (L), tandis que le chevalier affirme vouloir servir Notre-Dame « tout [son] vivant [...] en hermitaige » (v. 22918-22919), l'héroïne déclare qu'« en ordre blanc vodra entrer » (v. 22930). Plus explicitement, dans le conte XLVIII, l'itinéraire de conversion et de rédemption de la mère infanticide, initié en amont par l'intervention miséricordieuse de Notre-Dame, comporte deux étapes : la rencontre providentielle avec le maître général des Prêcheurs, qui reçoit la confession de la malheureuse, la réconforte et lui donne « mout douchemant » l'absolution, puis l'accueil dans une blanche abbaye de moniales cisterciennes, à laquelle il l'a adressée.

Les deux familles de religieux ont contribué conjointement à l'essor du culte de la « mère de Dieu », dont témoigne la proportion croissante des miracles de la Vierge dans les deux dernières séries de *La Vie des Pères*. Mais leur complémentarité a des racines historiques.

Dès l'apparition des courants hérétiques du XIIe siècle et jusqu'au pontificat d'Innocent III (1198-1216), les Cisterciens ont été envoyés en première ligne pour combattre l'hérésie, tâche à laquelle ils étaient mal préparés. Conscient de ces difficultés, l'évêque Foulques de Toulouse, qui était un cistercien, demande à Dominique de Guzman de fonder un ordre de prédicateurs dont la mission serait de combattre l'hérésie[20]. Dominique et ses frères vont ainsi travailler avec les Cisterciens ou sous leur autorité, une grande partie des évêchés languedociens étant occupés par des moines passés par Cîteaux. Les liens entre les deux ordres ne seront pas rompus, les Cisterciens ayant servi de modèles aux Prêcheurs pour certains aspects de leur observance et de leur organisation. Dans le second quart du XIIIe siècle, Cîteaux, malgré quelques dérives, pouvait encore apparaître avec les Chartreux comme l'un des sommets de la vie monastique, tandis que les Prêcheurs et, avec eux, les Mineurs incarnaient presque à eux seuls la vie apostolique. L'implantation des deux familles en des lieux différents et leur orientation spécifique, l'une contemplative, l'autre active, pourrait-on dire en schématisant un peu, limitaient les risques d'empiétement, de concurrence ou de rivalité et assuraient au contraire leur collaboration et leur complémentarité. Le XIIIe siècle n'est plus ainsi, à proprement parler, « le temps des moines », comme on a pu le dire des époques antérieures.

L'ouverture aux laïcs explique l'importance réduite des prologues et des épilogues dans les *Deuxième* et *Troisième Vies*, la simplification de l'enseignement qu'ils délivrent, l'appauvrissement du contenu de certaines histoires de miracles en particulier, enfin leur caractère parfois convenu. La critique a d'autre part souligné que les conteurs des deux dernières séries n'ont pas le talent de celui de la première, que Michel Zink place au tout premier rang des poètes du Moyen Âge[21]. Malgré certaines maladresses, ces trente-deux contes méritent cependant d'être portés à la connaissance d'un large public : à des titres divers, c'est le cas pour la majorité des récits de la *Deuxième Vie*, avec une mention particulière pour « Coq » (XLV), « Mère » (XLVI), « Patience » (XLVII), « Infanticide » (XLVIII) et surtout pour « Anges » (L), « Ange et ermite » (LIII) et « Frères » (LVII). Dans la dernière série, que Félix Lecoy considère peut-être un peu sévèrement comme « un regroupement de pièces et de morceaux », on retiendra principalement « Écoliers » (LXIII), « Brandons » (LXV), « Purgatoire » (LXXIII) et en premier lieu « Âme en gage » (LXVII), qui n'ont rien à envier aux meilleurs des contes précédents.

20 L'auteur de la *Deuxième Vie* assigne bien aux Prêcheurs, « ciax de saint Jacque et les Menors » (v. 26067), la tâche de lutter par la prédication contre les faux chrétiens, les juifs, les sarrasins et les hérétiques (épilogue du conte LVIII, « Crâne »).

21 Michel Zink, *Poésie et conversion au Moyen Âge*, Paris, PUF, 2003 (« Perspectives littéraires »), p. 204.

Dans chacune de ses parties, *La Vie des Pères* associe des histoires venues d'horizons divers : contes moraux, et surtout récits d'antiquité et miracles de la Vierge, dont les dominantes s'inversent progressivement. Cette hybridité, qui fait la spécificité de l'œuvre, permet la prise en compte de la complexité du réel et des mutations qui s'opèrent dans les sensibilités religieuses et dans les institutions de l'Église durant la première moitié du XIIIe siècle. Les trente-deux derniers contes se situent dans la continuité de la première ; leurs auteurs (celui de la *Deuxième Vie* surtout, et dans une moindre mesure celui de la troisième), reprenant le même principe organisateur, ambitionnaient clairement de poursuivre l'entreprise commencée deux à trois décennies plus tôt, de la compléter et de l'achever, en revisitant certains motifs[22] ou par l'introduction de nouvelles thématiques[23].

L'œuvre n'était certainement pas conçue pour être écoutée ou lue en continu et d'une seule traite, mais de manière à la fois suivie et fragmentée, pour ménager entre chaque histoire un temps de méditation, que l'on situerait volontiers au moment de la « prière du soir », chère à Agrippa d'Aubigné : conte après conte, les prises de parole de l'auteur et la diégèse dénoncent les vices qui interdisent à *l'homo viator* l'accès à la « bonne cité » (« Frères », LVII) et surtout illustrent par l'exemple les vertus jalonnant le chemin qui y conduit, telles que l'humilité, la simplicité, la force d'âme, la patience, la justice, la compassion, le pardon, l'espérance et, les subsumant peut-être toutes, la charité[24]. À la différence des vices, les vertus se complètent et s'unifient pour construire, pierre par pierre, au fil de l'œuvre, un modèle de vie conforme à la volonté de Dieu, telle que la conçoit la première moitié du XIIIe siècle.

Certains aspects de *la Vie des Pères* sont historiquement datés, comme la croyance en la quotidienneté du miracle ou en l'intervention de Dieu et de Notre-Dame dans les affaires des hommes ; certaines prises de positions clivantes, polémiques ou haineuses, à l'égard des Juifs, des

22 Voir par exemple les contes IV et XLVIII (« Renieur »), XLI et LXXI (« Image du diable »), ainsi que XL et LXVII (« Inceste » et « Infanticide »).

23 C'est le cas pour « Enfant jureur » (XLIV), « Ange et ermite » (LIII) ou « Purgatoire » (LXXIII).

24 Le titre de l'étude qu'Adrian P. Tudor consacre au premier recueil annonce d'emblée une singulière pénétration du sens de l'œuvre et de son fonctionnement (*Tales of Vice and Virtue, The First Old French* « Vie des Pères », Amsterdam / New-York, Rodopi, 2005).

Sarrasins ou des hérétiques, doivent être contextualisées (ce qui ne veut pas dire justifiées). Faute d'une information sur les conditions de production d'une œuvre, sur l'imaginaire collectif qui l'a engendrée et sur les codes qui la régissent, la compétence du lecteur sera prise en défaut. L'arbre cachant la forêt, ces lacunes sont à l'origine de jugements superficiels et erronés, qui frappent la littérature médiévale, dans sa branche édifiante en particulier, trop souvent traitée avec condescendance et tournée en dérision en raison de sa prétendue crédulité ou de « son enfantine simplicité[25] ». Nos contes au contraire méritent d'être pris au sérieux, et, pour la plupart d'entre eux, longuement médités. On verra alors que, considérées non plus du strict point de vue de Dieu, mais de celui de l'homme, les vertus qu'ils exaltent, parallèlement à la dénonciation des vices, construisent, au prix de quelques ajustements mineurs[26], une morale sans références religieuses, fondée sur des valeurs humanistes intemporelles, dont le rappel n'est pas inutile dans un monde trop souvent dominé par des contre-valeurs telles que l'individualisme, la course sans limite aux richesses et aux biens de consommation[27] et le cynisme triomphant. Comme toute grande œuvre, *La Vie des Pères* compte parmi ses mérites une plasticité garante de sa pérennité.

J'exprime ma vive reconnaissance à Virginie Rouquette et à Marcel Faure, sans lesquels ce travail n'aurait jamais pris forme, et ma gratitude à tous les musiciens de jazz qui m'ont accompagné pendant mes heures laborieuses.

---

25 Gaston Paris, à propos du *Jongleur de Notre-Dame* (*La Littérature française du Moyen Âge*, Paris, Hachette, 1888, p. 208).

26 De vocabulaire, en particulier : on parlera ainsi de « détachement » plutôt que de « mépris du monde », expression fortement connotée.

27 Appétit dont plusieurs contes montrent le caractère compulsif. Peut-être n'est-ce guère forcer le sens de ces textes que de voir dans l'appel qu'ils lancent à la retenue et à la modération une prise de position écologique avant la lettre.

LA VIE DES PÈRES

DEUXIÈME RECUEIL

XLIII – SEL (v. 19206-19519)

Les arbres reverdissent et se couvrent de feuilles et de fleurs quand arrive la saison nouvelle, agréable, belle et lumineuse, où le temps s'adoucit ; c'est bien la douceur du printemps qui redonne aux arbres leur verdure. Ce renouveau nous éclaire sur nous-mêmes lorsque nous décidons de nous attacher au bien et de nous repentir, par la confession et la pénitence, des méfaits que notre folie nous a fait commettre. Vous ne devez pas douter un instant que, si nous ne faisons pas pénitence, nous perdons notre temps et gaspillons notre vie. Nous en avons la certitude absolue : la pénitence fait s'épanouir et mûrir nos bonnes œuvres. De même que, selon le dessein de Dieu, le printemps fait fleurir l'arbre qui est enraciné dans la bonne terre qu'on lui a préparée, de même opérera la pénitence qui nous fera reverdir et fera fleurir notre âme devant Dieu. Disposons-nous donc à porter des fleurs, des feuilles et des fruits. Nous devons nous garder des futilités pour œuvrer au bien et nous inspirer des histoires, des saints exemples et des témoignages écrits des anciens pères qui, fidèles à leur règle, s'imposèrent autrefois une vie de souffrances, de mortifications et de pénitence dans des contrées sauvages et isolées. La plupart allaient pieds nus, portaient un vêtement de laine et se nourrissaient d'un peu de pain d'orge et d'avoine sans levain. Ainsi mortifiaient-ils leur chair et fuyaient-ils les agréments du monde, car ils avaient la conviction que le riche ne peut aller à Dieu et que les plaisirs du monde ne font que passer comme le cours de l'eau que pousse le vent. Sage et sensé l'homme qui s'efforce de renoncer aux joies éphémères pour accéder à la joie la plus précieuse, à l'exemple des saints pères qui abandonnèrent leurs richesses et qui, sur cette terre, martyrisèrent leurs corps pour obtenir le paradis. Ils jouissent maintenant de la joie éternelle. Si j'en ai le savoir et la compétence, je souhaiterais raconter brièvement leur sainte vie pour employer mon temps au service du bien. Que Dieu me donne la capacité et le talent d'en rendre compte fidèlement comme le réclame le livre qui, en latin, relate leurs actes et leurs paroles. Mon projet est de prendre le relais du texte latin, sans en altérer le contenu, et de le traduire en français avec exactitude pour qu'il soit intelligible à nous, laïcs, qui l'entendrons[1]. Prions Jésus-Christ et ses saints pour qu'il nous accorde d'entreprendre ce travail en son honneur. (v. 19275)

De l'ermite qui sala son pain

Il y avait jadis en Égypte un saint homme qui vivait pauvrement dans un ermitage. Il passait l'hiver misérablement vêtu, exposé au froid, à la pluie et au vent. Loin de prendre ses souffrances en aversion, il les trouvait à son goût et se mortifiait sévèrement. Il consacrait ses nuits aux veilles et aux prières et martyrisait son corps pendant le jour. Il parcourait les hauteurs et les étendues rocailleuses à la recherche de palmiers dont il coupait les feuilles pennées poussant en cercle, qu'il utilisait pour son ouvrage. Quand il en avait fait un fagot, il l'emportait à son humble et modeste logis. Sa petite maison et son enclos étaient situés dans un endroit perdu et sauvage. Je ne crois pas que le saint homme ait jamais allumé de feu pour faire cuire ses aliments. Il avait dans une cruche de l'eau qu'il allait chercher bien loin et il avait perdu le goût des mets délicats, auxquels il avait totalement renoncé. Après avoir, pendant la semaine, tressé des corbeilles, il les chargeait sur ses épaules et les emportait à la ville pour les vendre et se procurer du pain. Ceux qui lui achetaient le produit de son labeur disaient de lui : « Voyez le fou », car il le leur cédait pour un prix dérisoire. Et le saint homme rapportait du pain grossier, dont il vivait, le plus noir qu'il pouvait trouver. Il n'aurait pas osé en manger à satiété et n'en prenait qu'une fois par jour. Pour avoir longtemps mené cette vie, il était maigre et très faible. (v. 19314)

Un jour où il était allé dans la palmeraie chercher de quoi faire de la vannerie, il faisait si lourd et si chaud qu'il était trempé de sueur, à

1 « a nos gens laies qui l'orrons » (v. 19272). Nous reprenons la traduction proposée par Göran Bornäs (p. 18) qui s'étonne cependant que l'auteur « dise que le latin sera traduit pour qu'il "nous" soit compréhensible ». Le critique émet l'hypothèse que l'auteur ne serait pas le traducteur et qu'il aurait collaboré avec un clerc qui lui aurait expliqué le texte latin. Sur ce « canevas », le poète laïque aurait alors composé les contes en français (p. 21). Voir Göran Bornäs, *Trois contes français du XIII*e *siècle, tirés du recueil* des Vies des Pères *: De l'ermite qui sala son pain, De l'ermite que le deable conchïa du coc et de la geline, De Nostre Dame qui vint el prael ou la dame estoit*, Lund, (« Études romanes de Lund » 15), 1968.

force de couper des feuilles pour faire son fagot. Il revint ensuite à son ermitage et s'assit, perclus de douleur. Son corps lui signifiait qu'il était temps pour lui de prendre son seul repas quotidien[2], composé d'eau et de pain. Comme d'ordinaire, il sortit de sa corbeille du pain, qui était sec et rassis. Une planche de bois lui tenait lieu de table. Il prit de l'eau dans un récipient, se signa et s'installa. Il rompit à grand peine son pain d'orge et d'avoine et en mit dans sa bouche un morceau qui lui causa une telle douleur et l'étrangla au point qu'il faillit étouffer. Sa gorge était obstruée, et la chaleur le faisait suffoquer. Le morceau de pain le mettait au supplice ; il l'expulsa au prix d'un violent effort, puis il prit du pain, le mit dans de l'eau et en fit du pain trempé. Il avait chez lui un peu de sel, qu'il s'était procuré je ne sais où ; il n'avait pas pour habitude de saler son pain, mais cette fois, il en saupoudra sa soupe[3], à laquelle il trouva une saveur agréable. Dans ce désert vivait un saint homme qui allait d'un frère à un autre pour les visiter. Il vint ce jour-là chez l'ermite dont je vous parle, qu'il n'avait pas vu depuis longtemps. Arrivé à l'ermitage, il frappa à la porte et dit « Benedicite », à quoi l'ermite, qui prenait alors son repas dans sa maison, répondit « Dominus ». Il dissimula aussitôt son pain, l'eau et le sel sous les corbeilles et les paniers dont il avait commencé le tressage, revint jusqu'à sa porte, qui était toute branlante. Il l'ouvrit sans perdre de temps, s'inclina devant son visiteur et l'accueillit joyeusement, comme il devait le faire. Celui-ci entra, regarda l'ermite et lui demanda : « Dis-moi ce que tu faisais, la porte fermée. Je veux le savoir sans délai. – J'étais assis pour prendre mon repas, très cher seigneur, répondit l'ermite, car j'en ressentais le besoin ; c'est ce qui m'a poussé à manger à cette heure-là et à bloquer ma porte avec un bâton pour la fermer. D'ailleurs il m'est rarement arrivé de manger avant d'avoir dit mes complies. Je crois bien que j'ai commis une faute, mais c'était une nécessité. – Pourquoi, à mon arrivée, as-tu caché tes affaires et ta nourriture ? On va bien voir ce que tu mangeais et je vérifierai si tu conformes ta manière de vivre à ton état. Apporte sans tarder ce que tu avais devant toi, je sais bien que tu l'as caché à cause de moi. » Honteux de la faute qu'il avait commise, l'ermite tira de dessous sa corbeille le pain, l'eau et le sel. « Seigneur,

2 « L'heure et ses cors lui demandoit / que il a une fois mengast » (v. 19323-19324). Le texte édité par Göran Bornäs porte « L'uevre et li cors ».

3 La soupe est à l'origine une tranche de pain trempée dans un liquide chaud, souvent du bouillon, parfois agrémenté de vin. L'ermite se contente ici de mettre son pain dur dans de l'eau froide.

dit-il, il n'y a rien d'autre. C'est cela que j'avais caché et rien de plus, par Dieu. – Cher frère, dit le saint homme, tu as donc du sel dans ta maison et tu manges des soupes salées ! Veux-tu perdre ainsi la récompense et le profit de tes souffrances ? Cher frère, ta pénitence et ta mortification ne valent pas pour moi une gousse d'ail si tu cherches du plaisir dans les saveurs des nourritures terrestres, comme le font les jouisseurs. L'eau et le pain doivent te suffire ». À genoux et les mains jointes, l'ermite implora aussitôt son pardon. « Cher père, ayez pitié de moi ! Au nom de Dieu, pardonnez ma faute, et écoutez-moi, s'il vous plaît. Pendant cette journée, par une chaleur accablante, j'ai sans répit coupé des tiges et des palmes, dont je fais des nattes et des paniers. À mon retour ici, j'étais à bout de forces et recru de fatigue, et j'avais faim. Voilà pourquoi j'ai commis cette folie. Quand je voulus manger mon pain, je n'eus même pas la force de le mâcher, tant il était dur et rassis, et je faillis m'étrangler. J'en fis alors une soupe en le trempant dans de l'eau et je la salai, ce qui aggrava ma faute. Je vous en demande pardon et implore votre pitié. – Cher frère, répondit le saint homme, si tu veux manger ton pain salé, tu n'as rien à faire dans un ermitage. Va en Égypte[4], et tu auras des mets selon tes désirs, si tu as de quoi te les payer. Tu n'as aucune raison de rester ici, retourne dans le monde d'où tu es venu. – Très cher père, cher ami, dit l'ermite, ne vous emportez pas contre moi, car je suis bien décidé à prendre garde à moi dans l'avenir. Quels que soient mes tourments et mes souffrances, je ne récidiverai jamais. Mon corps fera pénitence pour la faute qu'il a commise en consommant du sel. » Le saint homme le réconforta au mieux et reprit son chemin. Quant à l'ermite, il n'oublia pas les recommandations de son visiteur et il resta dans son ermitage, où il s'infligea beaucoup plus de pénitences que jamais ; il mortifia et humilia tant son corps qu'il rendit son âme nette et pure : grâce aux bonnes œuvres que son corps avait accomplies sur cette terre, elle gagna le paradis dans l'allégresse et l'assurance du salut. (v. 19456)

Ce conte nous montre que nul, à aucun prix, ne doit abandonner son cœur aux plaisirs du monde, qui précipitent tant d'âmes dans le puits de l'enfer. Il a le cœur plus dur que le fer celui qui ne tient aucun compte

4 « Va en Égypte » (v. 19434). Le début du récit situe l'action en Égypte, où le héros du conte vit « en hermitage povrement » (v. 19278). Le visiteur parle ici vraisemblablement de l'Égypte habitée par opposition aux régions désertiques. Voir Göran Bornäs, *Trois contes français…*, *op. cit.*, p. 172.

de ce qu'il entend. Hélas ! Hélas ! Ils paieront un prix très élevé ceux qui s'attachent trop au monde et qui se fient trop à lui, qui, à force de se plier aux volontés du corps, s'écartent du bien, qui ne peuvent s'abstenir de manger plus que de raison, et qui boivent une gorgée à chaque bouchée. C'est vivre comme un pourceau : boire et manger, profiter des plaisirs, croyez-vous que cela plaise à Dieu ? Sûrement pas, c'est tout le contraire. Celui qui oublie l'âme pour repaître le corps, je le compare à celui qui se met en tête de porter son âne sur son dos, alors que c'est lui qui doit le monter. En vérité, on est en droit de traiter de stupide celui qui agit ainsi. Il est encore plus sot celui qui repaît son corps de bons mets et lui passe tous ses caprices et tous ses désirs, sans se soucier de son âme. C'est alors l'âne qui impose ses volontés et qui foule aux pieds son bon seigneur, sans aucun égard pour lui : l'âme est de nature spirituelle et le corps est méprisable et mortel. Aussi l'âme doit-elle être honorée et juchée sur l'âne. Pour l'âme, le corps doit tenir lieu d'âne, chacun doit le savoir. C'est à l'âne de porter le fardeau et c'est le corps qui doit travailler et quotidiennement faire pénitence, car il n'est digne de rien d'autre. Depuis le jour où Adam mordit dans la pomme, la pénitence quotidienne fut ordonnée à l'homme et à la femme sur cette terre et nul ne peut par un autre moyen approcher Jésus-Christ et accéder au paradis. Chacun doit donc être attentif à bien agir et soustraire son cœur aux plaisirs dont on peut jouir ici-bas car, si nous voulons être agréables à Dieu, il nous faut nécessairement, sachez-le bien, faire pénitence. Que Jésus-Christ nous accorde d'agir de telle sorte que nous puissions finir notre vie dans le bien, comme le fit ce père dont vous venez d'entendre l'histoire et qui a sa demeure en paradis. Que Jésus-Christ nous accorde de suivre son exemple, afin que par nos œuvres nous soyons dans la joie quand nous quitterons ce monde. (v. 19519)

XLV – COQ (v. 19520-20527)

D'un ermite que le diable abusa au moyen d'un coq et d'une poule

Dans ce qui suit, je vais vous conter l'histoire d'un ermite qui mortifiait sa chair pour être agréable à Dieu. Il s'était établi depuis des années dans un ermitage situé au milieu d'un bois. Il jouissait d'une grande renommée : il n'y avait dans le pays personne d'aussi sage que lui ; lorsque quelqu'un avait besoin d'un conseil pour une affaire d'importance, il ne manquait pas d'aller le consulter. Ordonné prêtre depuis longtemps, il avait une longue expérience de la vie érémitique. Il avait plaisir à chanter sa messe au point du jour et n'aurait jamais omis de le faire à moins d'un empêchement. Il se levait régulièrement à minuit pour psalmodier et dire matines, puis il veillait jusqu'à l'aube en s'infligeant des punitions corporelles, après quoi il chantait la messe. Il passait sa journée en larmes, en prières et en dévotions. Telle était sa vie. Près de là, il y avait une ville où demeuraient des personnes charitables qui, par amour pour ce saint homme, lui faisaient l'aumône sur leurs biens, mais il ne voulait se réserver pour lui-même que le strict nécessaire ; il en retenait bien peu, à peine de quoi se nourrir frugalement. Les gens du pays se rendaient souvent auprès de lui pour se confesser et le bon ermite s'appliquait à les libérer de leurs péchés. Si souillés qu'ils fussent par leurs fautes, ceux qui venaient à lui s'en retournaient le cœur en joie car il les avait engagés sur la voie du bien. Il avait aidé maintes personnes de qualité, qu'il excellait à conseiller, ayant Dieu pour ami, qui le comblait de ses biens. Le diable en concevait du dépit et, hors de lui, s'exaspérait de ne pouvoir le prendre au piège. Le soumettant à toute sorte de tentation, il le harcela pendant plus de quinze ans, sans pouvoir lui faire le moindre tort. En ce monde, rien n'aurait pu le protéger et, s'il n'avait reçu aide et secours, il n'aurait pas tenu trois jours. Jésus-Christ était son secours, en qui il se fiait totalement.

Sachez bien, car c'est la vérité, que personne en ce monde ne pourrait, s'il n'avait Dieu pour ami, soutenir une heure durant le combat contre le diable sans être vaincu par ses assauts. Il y a sur cette terre quantité de gens lâches et veules à qui ne viendrait même pas à l'esprit l'idée qu'ils pourraient se voir pris dans la mêlée, et qui se laissent abattre sans chercher à résister. Ce sont les infâmes débauchés, les usuriers[1], les pillards, les orgueilleux, les hommes pleins d'arrogance, qui convoitent tout ce qu'ils ont sous les yeux pourvu que cela leur plaise. Toujours à la recherche des satisfactions du corps, ils sont de fidèles serviteurs du diable. Ils font alors beaucoup plus pour son service que le diable lui-même n'ose l'espérer ou les y exhorter. Mais je ne veux pas m'attarder sur ce douloureux sujet, car j'ai autre chose à raconter. (v. 19600)

Revenons au personnage de mon conte que le diable, je crois, tenta de piéger pendant vingt ans ou plus sans pouvoir le soumettre. Jésus-Christ retira son soutien au bon ermite et, le laissant porter seul son fardeau, il consentit à ce qu'il succombe au péché, afin qu'il se relève avec plus de force et qu'il ait une moins haute opinion de lui-même. C'était aussi pour inciter chacun à plus de vigilance, car nous devons toujours rester sur nos gardes. Notre bon ermite fut tenté nuit et jour ; le diable ne lui laissait aucun répit et le combattait sans relâche : il était très fâché et il comprit qu'il ne pourrait pas s'emparer de lui en comptant sur ses mauvais instincts ou sur son penchant pour la volupté. Il pensa qu'il serait plus efficace en fomentant une ruse. Feignant de bons sentiments, il irait le trouver, lui apporterait du réconfort et lui jouerait un tour à sa manière. Écoutez quel fut le stratagème de Satan. Sous la forme d'un homme qui semblait être de grand mérite, revêtu d'un élégant et riche manteau, il alla droit à la celle de l'ermite, lequel était plongé dans l'étude d'un livre ; il vint à l'étroite fenêtre sous l'apparence d'un maître clerc et frappa. L'ermite s'approcha, ouvrit aussitôt sa fenêtre et dit « Benedicite ». « Au nom du Seigneur, répondit le diable, cher ami, très cher frère, je vous ai longtemps cherché et vous ai enfin trouvé. Je me reproche de ne pas avoir fait plus tôt votre connaissance. Je n'habite pas loin, de l'autre côté de ce bois, mais le monde nous accapare tant

1 Göran Bornäs note que « usure et ses dérivés s'appliquent au Moyen Âge à toute action de prêt à intérêt, quel qu'en soit le taux ». Cette activité « étant alors totalement interdite [...] le mot *usurier* n'est donc pas moins réprobateur que de nos jours. » (*Trois contes français...*, *op. cit.*, p. 175).

qu'on en oublie l'essentiel. Vous êtes né sous une bonne étoile, je le sais bien : vous n'attachez aucun prix aux choses terrestres et vous devez en remercier Dieu. Cher frère, cher ami, je veux vous prier de me garder dans vos pensées et, pour quelque raison que ce soit, de ne rien me cacher à propos de vous. Je souhaite ardemment compter parmi vos proches. Je possède beaucoup d'argent et de richesses, cher père. Je veux les mettre dorénavant à votre disposition. Mon nom est Jacques de Saint Amant et je suis maître en droit canon et maître ès arts[2]. » À la manière de Renard, le diable se joua si bien de l'ermite que, avant qu'il ne le quitte, celui-ci était devenu son ami et le pria de revenir. L'autre lui répondit que, à moins d'être retenu, il ne manquerait pas de venir le voir chaque jour. Il prit congé de lui et s'en alla, puis revint le lendemain. À force de lui rendre visite jour après jour, il gagna l'affection du bon ermite. L'ennemi lui donnait de bons enseignements, mais il le trompait sans que le moine en ait le moindre soupçon. Le diable vit enfin que le moment était venu où il pourrait passer à l'action. Un jour, il lui demanda inopinément : « À quelle heure vous levez-vous la nuit ? Vous n'avez ni horloge ni aucun signal sonore pour vous réveiller. Si vous vous leviez toujours à la même heure, vous vous porteriez mieux et seriez en meilleure forme. Il vous faut un coq. Il ne vous coûtera pas cher ; il chantera les heures de la nuit et il vous fera lever à point nommé. – Jamais un coq n'entrera dans ma maison, s'il plaît à Dieu, dit l'ermite. Si je possédais un si grand bien, j'aurais vraiment le sentiment d'être en faute. – Pas du tout, il n'y a là rien de répréhensible, puisque vous n'agirez pas par convoitise. Vous en servirez mieux Jésus-Christ, car vous vous lèverez au bon moment. Vous ferez cela, soyez-en sûr. » Le bon ermite lui donna son accord, ne pensant pas faire quelque chose qui puisse lui causer du tort. Le diable s'en alla sur-le-champ et le lendemain apporta le coq à l'ermitage ; il le donna à l'ermite, qui le fit entrer dans sa maison. Le coq s'ébroua et, tout heureux, se mit à chanter. L'ermite lui émietta un morceau de pain que le coq mangea devant lui. Cette nuit-là, il le fit lever quand il fallut. L'ermite n'aurait pas consenti à le laisser gambader un peu partout. Il a du mal à supporter la mort celui qui ne s'y est pas

2 Le texte dit « maistres sui de decrés et d'art » (v. 19658). On attendait le pluriel « ars » ; le singulier se justifie par les exigences de la rime et permet de plus de jouer sur l'ambiguïté du mot qui, au singulier, prend aussi le sens de « ruse, adresse ». Le « maître ès ars » avait obtenu la maîtrise dans les arts libéraux (*trivium* et *quadrivium*), qui donnait accès aux facultés de théologie, de droit et de médecine.

préparé : le coq ne put vivre reclus, ses ailes s'affaissèrent, il les laissa traîner de faiblesse tant il dépérit. Atteint d'une langueur mortelle, il ne pouvait se mouvoir ni chanter. (v. 19715)

Le bon ermite s'en inquiétait. Le diable revint ; il rendait visite au saint homme pour faire son malheur. Après qu'il lui eut longtemps parlé et que l'ermite l'eut entretenu de son coq qui se laissait mourir, le diable lui dit : « Je saurai bien trouver une solution, par ma foi. Cher père, le coq, que vous le vouliez ou non, et ne vous en déplaise, était toujours entouré de poules qu'il promenait avec lui, et il s'en souvient encore. Il lui en faut donc une, car c'est de là que viennent tous ses maux. Il aura vite retrouvé ses forces et la santé. – Seigneur, dit le saint homme, quelle honte pour moi si cela venait à se savoir ! On pourrait dire que je possède des biens et je ne serais pas un véritable ermite puisque je ne dois rien posséder. – Je m'étonne beaucoup, dit le diable, de ces craintes dont vous m'entretenez. Si c'était un mauvais conseil, je préférerais me couper un doigt plutôt que de vous le donner. – J'y consens volontiers, dit le saint homme ; vous devez m'être plus cher que quiconque tant vous m'avez apporté de réconfort. » Par sa ruse, le diable se jouera de l'ermite. Après avoir pris congé de lui, il s'en retourna et, le lendemain matin, il apporta une poule qu'il donna à son ermite pour son malheur. Il la mit aussitôt en compagnie du coq qui, ne se sentant plus de joie, se mit à chanter à l'instant et, séance tenante, il monta sur elle et la couvrit vite fait. L'ermite dit à son maître avec un sourire : « Il est guéri, ce mariage me plaît bien. » Tournant la tête, le diable lui fit, à son insu, une grimace de dérision : « Je m'en vais, te voilà en bonne compagnie, dit le diable. – Cher seigneur, revenez avant la fin de la semaine. J'attends votre retour avec impatience. » Le diable s'en va, l'ermite reste, tandis que le coq ne se prive pas d'honorer la poule, son amie proche. (v. 19773)

L'ermite les regardait et, à ce spectacle, il baissa la garde et se souvint du monde, ce qui ne lui était pas arrivé depuis longtemps. Le saint homme courut aussitôt se mettre en prière, battant sa coulpe et implorant la grâce de Dieu pour qu'il le protège du diable. Mais il fut incapable de persévérer longtemps en ses oraisons. Le diable qui, par ses discours, s'était rendu maître de lui, revint et lui demanda comment il allait. L'ermite lui répondit qu'il allait bien, que son coq était en pleine forme et que, grâce à la présence de la poule, il était en état de chanter à ses heures, comme il en avait pris l'habitude. Le diable prit congé sans s'attarder. Le moment était venu de passer à l'action et de vérifier son pouvoir de nuisance. (v. 19795)

Dans la ville la plus proche vivait un chevalier, entouré de sa femme et des siens. Il avait une fille, d'environ dix-huit ans, bien éduquée, belle et gracieuse, qui allait souvent se délasser dans un verger à côté de sa maison. Le diable l'avait soumise à la tentation et avait allumé en elle le feu de la luxure : il lui avait inspiré l'envie de se rendre à l'ermitage et d'inviter l'ermite à coucher avec elle. Elle aurait voulu que cela se fît à l'instant ! Écoutez le récit de ce malheur, de cette ignominie. Une fille toute jeune, dont la beauté et les nobles manières l'auraient rendue digne d'être reine ! Par une ruse perfide le diable abusa cette tendre enfant sans malice, d'un noble lignage, fille d'un chevalier et d'une haute dame et qui n'avait jamais connu d'homme. L'ennemi s'est emparé d'elle de manière si ignoble que j'ai honte de conduire à son malheur cette enfant par mon récit. Et pourtant vous allez entendre son histoire. Si vous êtes engagés dans la voie du bien, vous craindrez, vous redouterez le diable qui s'empara ainsi de cette enfant si belle et dotée de tant de qualités. Il y avait dans le pays quantité de femmes dépravées, de pauvre condition, que le diable aurait pu facilement manœuvrer à sa guise. Pourquoi s'en prit-il à cette enfant ? J'en ai le cœur ému de compassion. La petite ne pouvait par aucun moyen trouver le sommeil et elle n'osait ouvrir son cœur à personne. Après l'avoir soumise à la tentation, l'ennemi retourna voir le bon ermite et lui demanda comment il allait. « Je suis malade, répondit-il, et je ne sais quelle en est la raison ; je sais seulement que c'est la volonté de Dieu. – En vérité, cher seigneur, vous l'avez bien cherché, dit le diable. Vous martyrisez votre corps par d'excessives mortifications, sans lui consentir le moindre plaisir. Ce faisant, vous cédez peut-être à une tentation et ce serait pour nous, dans ce pays et dans toute la région, une grande perte. Très cher père, le diable vous a pris en haine, soyez-en sûr, parce que vous aidez les gens de vos conseils. Il serait trop heureux de vous faire mourir. S'il vous était agréable de me faire confiance, vous vous porteriez bien, tout en vous soumettant à une stricte pénitence. Je n'ai aucun doute là-dessus. Mais vous me prenez toujours pour un insensé et vous refusez mes conseils, si bien que je n'ose pas vous parler. – Très cher ami, que dites-vous, n'ai-je pas suivi toutes vos recommandations ? Vous ne m'avez jamais pris en défaut d'obéissance ;

jamais vos conseils n'ont été ignorés. Bien au contraire, pour vous, je ferais tout ce que je pourrais. Je souhaite vivement recevoir un conseil qui me mette en situation de respecter fidèlement ma règle. – Eh bien, je suis en mesure de vous donner ce conseil, qui vous rendra la santé et qui mettra fin à toutes vos souffrances. » Le bon ermite lui dit : « Je ferai donc sans hésiter tout ce qui vous plaira. – Très cher seigneur, répondit le diable, personne ne doit mépriser et avoir en horreur ce qui a été institué par Jésus-Christ, quand il créa le premier homme, Adam, qu'il fit à sa ressemblance : c'est pour moi chose certaine. Puis il créa la femme et la mit auprès d'Adam ; il leur ordonna de se connaître sans ressentir de honte. C'est dans cette intention que furent créés l'homme et la femme, je vous l'affirme et vous le jure sur mon âme. Cher ami, poursuivit-il, sachez bien qu'il faut que vous ayez à vos côtés une fille qui soit jeune et belle ; vous pourrez alors recouvrer la santé. En regardant faire votre coq, vous pouvez savoir si j'ai dit la vérité. Il s'en manquait de peu qu'il ne passe de vie à trépas. Quand la poule que j'avais apportée fut mise avec lui, il se rétablit complètement. Il en sera ainsi pour vous bientôt, car je vous amènerai une fille belle et jeune. – En vérité, cher ami, voilà qui est rude à entendre, dit l'ermite. Vous n'avez que mépris pour ma personne et vous m'avez donné un très mauvais conseil. J'ai passé ici de longues années à châtier et à martyriser mon corps jour et nuit. Et pour un pauvre plaisir qui ne dure qu'un bref moment s'éteindrait la lumière qui est en moi, mes souffrances n'auraient servi à rien, et la joie du ciel me serait retirée ? Je ne suis pas homme à faire une telle chose, à me lancer dans cette aventure, je suis désormais trop laid, trop vieux et mon désir s'est éteint. Ce fer est trop froid pour qu'on le batte ; pour rien au monde je ne ferais cela et jamais je ne pourrais avoir de l'amitié pour quelqu'un qui me parlerait de cette manière. – Je savais bien, cher seigneur, que vous ne me seriez pas reconnaissant et que vous ne tiendriez aucun compte de mes conseils. Vous me prenez pour un fou. Soyez recommandé à Dieu ; je m'en vais, pour ne plus revenir. – Très cher maître, dit le reclus, partez, je vous en prie. » Le diable s'en alla alors, mais il grava dans le cœur du reclus la tentation à laquelle il l'avait incité. L'esprit du reclus en était obsédé et, de la sorte, il s'oubliait. Il s'oublia tant qu'il sortit de la bonne voie, car son cœur était prisonnier de cette pensée. Il ne pouvait se défaire de l'idée, inscrite au fond de lui-même, que cette fille viendrait à lui, s'il le voulait. Il passa toute la nuit dans cet état et, le lendemain, au plus tôt qu'il put, l'ennemi revint le voir. L'ermite, qui n'avait pas dormi, lui dit : « Cher maître, je ne sais quelle pensée m'obsédait, mais je n'ai pu trouver le sommeil cette nuit. – Seigneur, vous allez vous rendre malade, dit le diable. – Il faut bien que je m'y résigne ; ainsi fait celui qui ne peut plus rien pour lui-même. – Vous n'êtes fait ni de fer ni de bois, cher seigneur. Qu'y aurait-il d'extraordinaire si, suivant mon conseil, vous donniez du plaisir à votre corps de la manière que je vous ai dite ? – Je n'oserais pas, répondit le bon ermite, car les gens l'apprendraient et me couvriraient de honte et de mépris. De plus, où trouver une femme assez débauchée et méprisable pour accepter de coucher avec moi ? Il n'en existe pas, par ma foi. Je suis trop vieux, laid et couvert de poils. » Le diable dit : « C'est une affaire conclue ! Vous aurez une femme de dix-huit ans, noble, belle et vierge. Par amitié pour vous je ferai en sorte de vous la livrer avant la nuit. » (v. 19971)

Sur ce, le diable s'en va, laissant l'ermite mal en point, enfiévré par la tentation. Le diable se rendit immédiatement là où se trouvait la jeune fille qu'il tenait prisonnière dans ses liens. Après le repas, elle était allée dans le verger où elle avait ôté son vêtement de dessus, une pelisse fourrée de petit gris que la chaleur accablante ne permettait pas de porter. Elle avait passé une chemise blanche plissée. Gracieuse, la taille bien prise, elle s'était fait une tresse et portait un chapeau entrelacé de fils d'or et de plumes, sur lequel elle avait mis un voile. On ne vit jamais de plus belle femme de son âge. Elle avait quitté la maison à la dérobée, sans compagnie, dévorée par un désir irrésistible ; elle ne se contrôlait plus. Brûlant de faire le mal, la demoiselle aperçut dans le jardin[3] le diable qui avait pris l'apparence parfaite d'un jeune noble. Sûr de son fait, il s'approcha d'elle et la salua. Elle s'adressa à lui : « Soyez le bienvenu, cher seigneur. – Que Dieu vous récompense pour votre accueil. Je suis venu à vous pour une affaire pressante. Je vous apporte le salut et les amitiés de l'ermite qui habite dans le bois. Je lui fais de fréquentes visites. Ma douce sœur, allez le voir, vous trouverez en lui un bon ami. Je sais bien que vous l'aimez, ne vous en défendez pas, et mon seul désir est que vous fassiez ce qui vous est agréable. Il est bien

3 On peut hésiter sur le sujet de « a coisi » (v. 19975). Le manuscrit porte « le diable », forme de complément. Mais une faute de déclinaison n'est pas à exclure. Pour une autre interprétation, voir Göran Bornäs, *Trois contes français…*, *op. cit.*, p. 182.

temps que vous goûtiez au plaisir et que vous connaissiez un homme. Votre beauté et votre nature réclament leurs droits. Vous avez dix-huit ans ou un peu plus et personne ne saura jamais ce que vous ferez quand vous serez à l'ermitage, dans ce bois. L'ermite, sachez-le bien, vous désire plus que tout. Vous n'avez pas à craindre qu'il vous dénonce. Si c'était un chevalier ou un jeune homme, vous ne tarderiez pas à vous attirer le blâme. Mais là, le secret sera bien gardé. Venez donc, ma chère amie. » La jeune fille répondit d'une voix douce : « Seigneur, je ne peux m'en défendre, car vous connaissez toutes mes pensées. Je vous suivrais volontiers, si je ne craignais mes proches. – Soyez sans inquiétude, ma chère amie. » Il la prit aussitôt par la main et la conduisit hors du jardin sans qu'elle proteste. Il lui fit prendre un sentier à travers le bois pour hâter les choses. Ainsi le diable emmena la jeune fille qui, embrasée de désir, le feu au corps, avait complètement perdu la raison. Dieu, quel malheur ! Quelle pitié ! Le diable a tant pressé le pas qu'il est parvenu à l'ermitage, où le reclus, qui s'était fait berner, attendait cette visite. Il avait revêtu sa meilleure cotte et avait soigné sa mise, car le feu de la luxure lui avait enflammé le cœur. Il tourna son regard du côté du chemin et aperçut son hôte qui arrivait, tenant la belle par la main. Quand il vit son élégance, sa grâce et son teint éblouissant, son front se couvrit de sueur. L'ennemi frappa aussitôt à la fenêtre et, pour son malheur, l'ermite s'y rendit. (v. 20063)

L'ennemi engagea la conversation : « Voici votre amie, cher seigneur. Réjouissez-vous, car elle est très belle. – Voilà qui me ravit, dit le misérable, le sot qui s'était laissé si bien duper qu'il avait totalement oublié Dieu. La lumière du cierge qui brillait en lui, à savoir le bien qu'il avait fait, s'était éteinte. Près de son lit se trouvait une petite fenêtre, étroite, habituellement fermée. L'ermite l'ouvrit et le diable, en la poussant, réussit à y faire passer la fille[4], que le reclus accueillit. L'ennemi, qui le tenait dans son piège, lui dit : « Maître, je vous laisse. Faites donc

4 « La cellule des reclus, parfois adossée à un sanctuaire, comportait souvent une seconde ouverture, l'hagioscope, par laquelle était administrée la communion durant les offices. Au regard de la fonction religieuse dont la seconde fenêtre est investie, la réception de la femme constitue un véritable sacrilège. Ce n'est pas le corps du Christ que l'ermite "reçut", mais celui d'une femme ; ce n'est pas le salut, mais la damnation que cette entrée préfigure. » (Françoise Laurent, « Les fenêtres du reclus. À propos du 64e conte de la *Vie des Pères* », p. 261-272, ici p. 268, dans *Par la fenêtre. Études de littérature et de civilisation médiévales*, réunies par Chantal Connochie-Bourgne, Aix-en-Provence, Presses universitaires de Provence, 2003, (« Senefiance » 49).

tranquillement ce que vous avez à faire. » Il s'en alla alors, se gaussant joyeusement de l'avoir pris à l'hameçon. Dans sa maison, l'ermite jouit de la jeune fille, qui était si douce et si belle. Quelle tristesse, quel malheur ! Ce misérable, ce sauvage, vieux et repoussant, s'y prit si bien avec elle qu'il la dépucela. C'est bien en vassal du diable que se comporta l'ignoble canaille qui déshonora cette créature de Dieu et qui perdit le bénéfice de tout le bien qu'il avait fait dans son ermitage. Pendant trois jours entiers, il prit son plaisir avec la jeune fille comme il lui plut. (v. 20099)

Je quitte un moment ces deux personnages, dont j'éprouve de la honte et du dépit à vous raconter l'histoire, pour parler de la mère, qui s'inquiétait pour sa fille. On la cherchait partout en criant son nom : qui ne trouve pas n'a aucune chance de prendre. Quand le père apprit ce qui se passait, il s'alarma, sachez-le bien, car il aimait sa fille plus que tout. Le jour même, il se mit en personne à sa recherche dans la ville et dans les environs, mais il ne recueillit pas la moindre information. Le lendemain, il partit à cheval avec deux de ses fils, qui étaient chevaliers, chacun accompagné d'un écuyer. Ils parcoururent tout le pays, s'informant et se renseignant, sans apprendre quoi que ce soit. Le diable, qui avait abusé l'ermite, vint à leur rencontre : il avait bien préparé son coup et le temps était venu où il arriverait à ses fins. « Seigneurs, dit-il, que cherchez-vous donc ? On dirait que vous avez perdu quelque chose qui vous touche tous de près. – C'est la vérité, cher frère, renseignez-nous ; il s'agit d'une fille âgée de quinze ans, belle et avenante. Il y a bien trois jours qu'elle a disparu. – Seigneurs, dit le diable, vous aurez vite fait de la retrouver, si vous le voulez. Crevez-moi les deux yeux, si je ne dis vrai. – Très cher ami, par la grâce de Dieu, dites-nous où elle est et nous irons la chercher. Nous serons très heureux de la revoir et nous saurons bien t'en récompenser. – Vous la trouverez chez l'ermite que vous tenez en si haute estime. Je ne crois pas qu'il y ait d'ici à Rome un être aussi infâme, pervers et débauché, car il a emmené par la ruse cette femme, il l'a dépucelée et en a fait sa concubine. – Tais-toi, tu as la rage au corps et tu hais ce saint homme, par ma foi. – La fille est entrée dans la maison sous mes yeux, je la connais bien. Puisse Dieu m'accorder joie et bienfaits, je vous ai dit la vérité. » Les chevaliers le quittent alors et chevauchent vers l'ermite, proférant tous à l'envi des menaces de mort : même si on leur donnait quatre châteaux, ils ne le laisseraient pas s'échapper. Le diable s'en vint à toute allure à l'ermitage ; il appela le reclus qui était couché à côté de la belle. Quel malheur, quelle tristesse ! Abandonnant l'enfant étendue sur sa couche, l'ermite se précipita à sa fenêtre. « Allons, vite, dit le diable, je suis très inquiet pour vous. Vous êtes en mauvaise posture, vous êtes perdu ; vous avez été dénoncé. Vous êtes aujourd'hui, à cause de la fille, déshonoré et en grand danger. Voyez son père arriver ici à bride abattue, accompagné d'une véritable armée. Les chevaliers vous tueront sur-le-champ quand ils trouveront leur sœur dans la maison. – Ah, cher maître, dit l'ermite, vous devez m'aider. C'est à cause de vous que je suis ainsi pris au piège. Vous m'avez fait commettre une folie, maintenant tirez-moi de là, quoi qu'il vous en coûte. Il est de votre devoir de le faire. – Va, dépêche-toi, et tue la demoiselle sans perdre un instant ; glisse-la sous ton lit et recouvre-la d'un peu de paille. Ils arriveront ici d'un moment à l'autre. Hâte-toi et tu en réchapperas, sinon tu es un homme mort. » L'ermite quitta la fenêtre au plus vite ; il y avait dans la maison une petite hache dont il se servait parfois pour fendre du bois. Pris de folie et cédant à l'épouvante, il s'en saisit et s'approcha du lit où il avait pris son plaisir. La demoiselle, fatiguée tant l'ermite l'avait besognée, s'était abandonnée au sommeil sur la couche, en toute quiétude, sans couvrir son beau visage au teint frais de rose vermeille. Le diable au corps, l'ermite ajusta soigneusement son coup, la frappa entre les yeux et lui fit sauter la cervelle ; puis il la poussa sous le lit, le plus près possible du mur. Il la disposa de son mieux, afin que personne ne puisse la découvrir, après quoi il alla se tenir à la fenêtre. Il n'y trouva pas son maître et, en nage, il tremblait de tous ses membres. C'est alors qu'arriva la troupe au grand galop, hurlant d'une même voix : « Sus à l'ermite, ce vieux débauché, cet hypocrite, qui a déshonoré notre lignage. Il y perdra la vie. Allez, saccagez la maison, que personne ne se retienne. » Les hommes en armes s'élancèrent alors ; ils eurent vite fait d'ouvrir une brèche dans le mur et se ruèrent ensemble à l'intérieur, brandissant bâtons et massues. Menacé par les assaillants, l'ermite cria d'une voix forte : « Sainte Marie, aidez-moi ! aidez-moi ! Seigneurs, vous faites fausse route. Que cherchez-vous ? Je n'ai ni trésor ni aucun bien, soyez-en sûrs. Ne me tuez pas pour mes habits. – Vous êtes un fieffé menteur, rétorquèrent-ils, espèce de scélérat, de débauché ; vous êtes un fourbe, un perfide, vous avez enlevé notre sœur, vous l'avez séquestrée en usant de maléfices, vous l'avez violée et lui avez pris son honneur. » L'ermite leur répondit : « Au nom de Dieu, pitié, c'est donc cela que vous cherchez ici ? Je préférerais être brûlé vif plutôt que d'avoir été seulement effleuré par une telle pensée. Sainte Marie, reine des cieux, qui a pu me soupçonner d'une telle fourberie ? Seigneurs, cherchez-la partout, et si l'on trouve ici une femme, je me soumets de bon gré à un jugement : que je sois traîné à la queue d'un cheval, écartelé et brûlé, comme un malfaiteur. – Si elle y est, nous la trouverons, répondirent-ils, nous la chercherons partout. » Ils fouillèrent de fond en comble, brisèrent les coffres pour s'assurer qu'elle n'y avait pas été mise. Mais ce fut peine perdue : Dieu voulut qu'il en fût ainsi et aucun d'eux n'aurait pu penser qu'une femme avait été tuée là. Le seigneur appela alors ses hommes et leur dit : « Allons-nous-en, nous sommes complètement fous de refuser de croire l'ermite. L'insensé qui nous a donné cette information nous prend pour des imbéciles et des abrutis. Il nous faut chercher la petite ailleurs. » Ils s'en retournèrent alors, laissant l'ermite en plein tourment. Le diable était contrarié qu'ils ne l'aient pas tué, mais il ne le lâchera pas encore. Il lui inspira le désir de s'enfuir et de retourner dans le monde. « Pauvre malheureux, dit le reclus, qu'ai-je fait ? J'ai réduit à néant tout le bien que j'avais accompli. Je ne peux plus obtenir le pardon, j'ai perdu toute raison et toute sagesse. Je m'en irai sans attendre dans le monde, où je continuerai à vivre comme un impie. Puisque j'ai perdu le paradis, je ne pousserai pas l'infortune jusqu'à perdre le monde d'ici-bas. » (v. 20284)

Il rassembla aussitôt les affaires auxquelles il tenait le plus et en fit un bagage. Le fou quitta son ermitage de nuit[5] pour s'abandonner entièrement au monde et se fit goliard[6]. Il passait ses jours et ses nuits dans les tavernes et dans les lieux de débauche, sans se soucier de travailler. Il choisit de mener une vie indigne et abjecte, qui ne lui valut que honte et détresse. Le plus souvent nu comme un ver, il vivait un véritable enfer. Il passa trois ans dans la pauvreté, dans le péché et l'abjection, sans prendre conscience de sa faute car il était sous l'emprise du diable. Un jour où il traversait une église pour se rendre plus facilement d'une rue à une autre, il leva les yeux et vit une statue sur un autel. Il sentit

5 Le motif traditionnel de la conversion nocturne est ici inversé. Le héros ne quitte pas le monde pour le désert, mais le désert pour le monde.

6 Dans son glossaire, Félix Lecoy propose pour « clers gouliardois » (v. 20290) le sens de « religieux qui a abandonné son couvent » ; autrement dit « clerc vagant ».

soudain battre son cœur. C'était une statue de Notre-Dame, représentée sous l'apparence d'une femme tenant son enfant dans les bras. Le malheureux s'approcha de la statue et la contempla. Il sentit son cœur se gonfler de chagrin et exhala de profonds soupirs. Jésus-Christ, qui jamais ne ment ni n'abandonne personne, lui fit prendre conscience de son péché pour qu'il s'en repente ; comme l'ermite l'avait longtemps servi, il ne voulait pas qu'il soit damné, mais il lui plaisait au contraire qu'il amendât sa vie et qu'il implorât son pardon. C'est le don qu'il accorda à l'ermite qui, adossé à un pilier, fondit en larmes et se mit à pousser des lamentations qu'il mêlait à ses pleurs. « Sainte Marie, de quel monde est-ce que je reviens ? Celui de la mort ou celui des songes ? Suis-je encore l'homme que j'étais autrefois, qui vivait dans son ermitage ? Cher Seigneur Dieu, de quoi suis-je prisonnier ? Qui m'a chassé de mon enclos ? Hélas, pauvre malheureux, pauvre dupe, je suis vaincu par l'ennemi. Vaincu ! Pauvre malheureux, que ferai-je, moi qui ai tué cette belle enfant ? Ce fut un abominable forfait que la fornication suivie d'un meurtre, et plus grave encore fut la désespérance dans laquelle j'ai sombré. Il n'est personne, si nombreux que soient les péchés qu'il a commis, qui ne puisse pleinement se réconcilier avec Jésus-Christ par le repentir, la confession et la pénitence. Jésus-Christ, père, protégez-moi. Je vous promets, je vous jure par ma foi que je retournerai à mon reclus et que je vous servirai à tout jamais d'un cœur gémissant de douleur. Rien ne pourrait me détourner d'aller là où j'ai commis mon péché ; c'est là que je l'expierai et l'effacerai par de bonnes actions. Et si j'y suis outragé et humilié, que cela me soit compté comme pénitence. » Quand il eut longtemps gémi et pleuré, il s'en alla aussi rapidement qu'il le put, vêtu d'une cotte sans surcot. On voyait bien qu'il avait le souci de s'amender au plus vite. Il ne cessait de pleurer, en proie à une profonde affliction ; il rechercha les saints pères dans le désert et se confessa à un abbé à qui il raconta son histoire. Celui-ci, voyant le repentir dont il était pénétré, lui imposa sa pénitence, puis lui donna l'absolution et le bénit. Libéré d'un lourd fardeau, l'ermite le recommanda à Dieu. En robe de bure et pieds nus, il marcha tant qu'il eut la grande joie de parvenir à son ermitage ; il le trouva encore debout et s'y enferma du mieux qu'il put. Dieu assurait sa protection et personne dans le pays ne sut son histoire. Quand les gens des villes eurent appris que le bon ermite était revenu, ils le tinrent à partir de ce jour en grande affection ; ils allaient souvent le visiter et lui apportaient quelque aumône. Quant à lui, il méprisa son corps et se mortifia avec tant de rigueur que nul ne saurait vous dire la pénitence qu'il endurait. Il chassa de son corps le goût des plaisirs et n'avait plus que la peau sur les os. Pendant quarante ans, il s'infligea tant de souffrances qu'il avait perdu ses forces et qu'il aurait eu du mal à se mettre debout. Ses crimes furent effacés car Jésus-Christ agréa les épreuves qu'il s'était imposées par pénitence. Quand il quitta cette vie, son âme pure et fleurie fut emportée au paradis, car elle avait été jugée belle. Le corps avait fait sa pénitence et Dieu mit l'âme dans la gloire. (v. 20399)

Par ce conte, vous pouvez voir que l'homme, si haut qu'il s'est élevé, peut facilement trébucher et que celui qui est tombé peut se relever. C'est pourquoi celui qui est en haut ne doit pas se vanter et celui qui est tombé se désespérer. Rien en ce monde n'est établi car les cœurs sont faibles et inconstants. Aussi ceux qui sont attachés au monde s'attirent-ils malheur et épreuves[7]. Le diable entend agir partout et chacun doit se garder de lui. Tous affirment qu'ils se tiendront sur leurs gardes, mais pour autant ils ne changeront rien à leur comportement. Le loup se couvre toujours d'une toison trompeuse[8]. Il y a longtemps que je n'ai été dans un lieu où j'ai pu trouver la perfection. L'ermite de mon conte était un homme de mérite qui avait fait ses preuves ; il combattit pendant vingt ans les tentations sans jamais subir la moindre défaite. Après quoi, sous l'apparence du bien, l'ennemi le trompa ignominieusement au moyen du coq puis de la poule qu'il lui apporta. Quand l'ermite fut sous son emprise et qu'il agit selon sa volonté, il n'eut aucun mal à l'abuser, comme vous venez de l'entendre. Ainsi fait-il encore chaque jour : petit à petit il nous abuse, car il a les bonnes actions en horreur. Il serait trop heureux de les réduire à néant et de nous placer dans une mauvaise situation. Il a fait perdre leur honneur à maintes jeunes filles, excité au mal maintes veuves et souillé maintes femmes mariées. À celui

7 Pour les vers 20407-20409, la traduction suit la ponctuation établie par Félix Lecoy. Le texte proposé par Göran Bornäs peut se traduire ainsi : « Car changeants et instables sont les cœurs de ceux qui vivent selon le monde. Tant de malheurs et de périls en résultent ! »

8 « adiés i a du poil de leu » (v. 20414). Sur ce dicton, voir Alfred Jeanroy, « Le poil du loup (ou de l'ours), symbole de perfidie », *Revue des Langues romanes*, LXIX, 1947, p. 265-270. Voir aussi Mt 7,15 : « Prenez garde aux faux prophètes ! Ils viennent à vous vêtus en brebis et au-dedans ce sont des loups rapaces ».

qu'il tentera il cachera le mauvais côté des choses, mais il lui fera voir les plaisirs et ce que cherche le corps, ce qu'il exige, la luxure, le vin, les viandes, la bonne chère, toutes choses qu'il lui fait désirer et se procurer jusqu'à ce qu'il puisse s'emparer de lui, comme le fait l'oiseleur, maître de son art, qui attrape les oiseaux par la ruse : il tend bien à plat son filet, qu'il dissimule de manière à le rendre invisible, puis il répand de la balle de grains sur le chemin et jusque sur l'espace que couvrira le filet. Les oiseaux s'approchent, pensant y trouver du bon grain, et se posent pour s'y rassasier. L'oiseleur abat alors sur eux ses rets, les enferme et les tue. De même, sachez-le bien, l'ennemi a tendu ses lacets et ses filets, de manière à ne pas manquer son coup ; il a répandu partout de la balle de blé : la balle, ce sont les richesses, les trésors, les grands honneurs, la bonne chère et les plaisirs, les vêtements confortables, les belles literies, les palais et les maisons splendides, les réjouissances et les chansons, tous les divertissements et tous les fastes. Tout ce que vos yeux peuvent voir n'est que chimère et vanité, c'est la paille que le vent emporte. En une heure nous n'aurons plus rien. À coup sûr, nous sommes perdus et frappés de mort si le diable nous dupe ainsi. Avant de nous duper, il ne nous montre pas la souffrance et le goût amer du péché, et il nous fait mourir dans l'ignominie. Alors il ne se cache ni ne se dissimule plus : il exhibe au contraire ses pièges à cause desquels le malheureux qui s'est fait duper ou la misérable débauchée qui s'est abandonnée au péché reçoivent leur terrible et honteux châtiment. Dans la souillure infâme de l'enfer ils sont tourmentés pour l'éternité. Il aurait mieux valu qu'elle ne naisse pas l'âme qui sera placée en ce lieu, où pas un seul jour elle ne connaîtra le repos. Il n'est personne en ce monde qui saurait décrire ou rapporter le terrible martyre que les damnés endureront en enfer, dont ils ne sortiront jamais. En ce monde ils ont pris la paille. Si elle peut leur être utile, fort bien ! Mais elle ne vaut rien, elle est chose périssable. Saint Paul blâme et fustige celui qui vit d'une manière telle qu'il n'oserait affronter la mort si elle venait à lui. Aise du monde n'est que tromperie. L'Évangile[9] ne raconte-t-il pas l'histoire d'un homme qui, au temps jadis, se vêtait de riches habits et mangeait tous les jours à satiété, sans une pensée pour les pauvres ? Il n'était ni voleur ni usurier, mais il se plaisait à contenter son corps et en vérité il ne pratiquait pas l'humilité. Il assouvit ses désirs et ses envies

9 Lc 16,19-31.

jusqu'au jour où il passa de vie à trépas. La mort se montra si cruelle qu'elle ne lui accorda aucun délai. Quand son âme quitta son corps, il lui fallut aller en enfer, car il avait en ce monde satisfait à toutes les exigences de son corps. Il a agi de manière indigne celui qui, au bout du compte, se déshonore. Que chacun considère sa vie et qu'il fuie la paille et les pièges. C'est ainsi que vous pourrez vous sauver. Que Dieu nous accorde de nous soustraire au danger afin que nous puissions faire une bonne fin. Servez Notre-Dame sainte Marie et vous agirez avec noblesse. Nul ne la sert sans en recevoir des bienfaits. Je veux tous les jours m'en souvenir. Sans plus tarder, je vais brièvement vous raconter, si j'en ai les capacités, un de ses miracles. (v. 20527)

XLVI – MÈRE (v. 20528-20821)

De Notre-Dame qui sauva l'enfant qui était perdu

Il y avait autrefois à Rome un homme pauvre marié à une femme vertueuse. Elle était couturière, je crois, et son mari exerçait l'activité de tisserand et de buandier. Par leur travail, ils assuraient leur subsistance. Ils avaient un fils pervers, cupide et porté au vice qui, réfractaire à toute éducation, ne voulut jamais apprendre un métier. Plus il prenait de l'âge et grandissait, plus ses défauts s'aggravaient. Il fréquenta les mauvais garçons, les débauchés et les vauriens qui hantaient les tavernes et les bordels pour se livrer aux plaisirs et qui souvent se ruinaient aux dés. Il avait à ce point perdu la raison, lui le fils du pauvre travailleur manuel, qu'il n'hésitait pas à violer les femmes seules qu'il rencontrait. Insatiable jouisseur, il se conduisait plus mal qu'un brigand ; influençable et lâche, il était devenu un voleur de grand chemin et un coupe-jarret. Si la justice avait mis la main sur lui, elle ne l'aurait pas jeté en prison, mais elle l'aurait fait traîner à la queue d'un cheval et l'aurait pendu. Il ne suscitait que haine et insultes. (v. 20559)

Son père tomba malade et ne put échapper à la mort. Restée veuve, sa mère gagna son pain par son travail. Dès l'enfance, elle avait pris l'habitude d'honorer la mère de Dieu et de la servir d'un cœur sincère. Elle habitait à côté d'une église proche de la grand-rue. Elle était très pieuse et gardait toujours Notre-Dame dans ses pensées ; elle avait choisi une place devant un autel qui lui était cher, où se trouvait une belle statue de notre amie Notre-Dame, représentée comme une mère tenant son enfant. La statue, sculptée avec art et dorée à l'or fin, était particulièrement belle et attrayante. La pieuse femme l'aimait tant qu'elle ne voulait pas en détacher son cœur. Tous les samedis après-midi, dès l'heure de none, elle s'était préparée : elle apportait une brassée plus ou moins grosse d'herbe verte, bien fraîche, et en jonchait le pavement devant l'autel ; elle y joignait habituellement deux cierges, et elle aurait préféré se priver de pain plutôt que de ne pas les acheter. Les autres femmes, qui savaient qu'elle était pauvre, se moquaient d'elle et la tenaient pour folle. Mais, dès qu'arrivait l'heure de none, elle se tenait prête : elle allumait les deux cierges, les plaçait pieusement devant la statue qu'elle vénérait, et elle répandait l'herbe sur le sol. Sous aucun prétexte, elle n'aurait quitté le lieu avant la nuit ; elle se tenait devant l'autel dans la joie et le ravissement, le cœur tourné vers les réalités spirituelles, et Dieu la comblait de ses grâces, comme il le fait souvent pour ceux qui savent l'aimer. La pieuse femme goûtait si bien aux félicités célestes que jamais, selon son sentiment, elle n'aurait quitté de si douces pensées. Elle était moquée par les autres femmes, qui la prenaient pour une sotte, une grenouille de bénitier, une bigote. De tout temps les mauvais ont jalousé ceux qui veulent œuvrer au bien. Toujours ils s'efforcent de les en détourner. C'est une chose étonnante ! La sotte cherche la compagnie de sa semblable, et le sot celle du sot ; ils sont logés à la même enseigne. L'homme de bien fuit le sot et, de son côté, le sot s'écarte du chemin de l'homme de bien ; ainsi chacun porte sa propre charge, l'un le mal, l'autre le bien. (v. 20626)

La pieuse femme prit le parti du bien et servit toujours Notre-Dame, loyalement et le cœur en paix. Un samedi, alors qu'elle se tenait en prière devant la statue, en femme sage et vertueuse, il advint que son fils, qui se comportait si mal, fut reconnu coupable de vol. On reçoit la récompense qu'on mérite. Le vaurien paya sa faute tout de suite : le prévôt le fit aussitôt attacher à la queue d'un cheval et le fit traîner tout le long de la grand-rue jusqu'au gibet, excitant la foule à le suivre. Ils faisaient un vacarme étourdissant dans la rue et beaucoup criaient : « C'est le fils de la bigote, la vieille sotte, la folle qui croupit dans cette église. C'est bien le moment pour elle de prier quand on traîne son fils. » Une vielle femme se précipita et entra dans l'église où, en poussant des cris, elle arriva près de la mère et la tira par la manche : « Hélas ! Quelle mère que voici ! Misérable sans compassion ni bonté aucune, que Dieu attire sur toi le malheur ! Ton seul enfant, la chair de ta chair, qu'on traîne là-bas au gibet, est sur le point d'être pendu et toi, tu te tiens ici devant ce morceau de bois, comme s'il pouvait te venir en aide. Ta bigoterie ne sert à rien : tu ne peux en obtenir aucun secours. Toute tes souffrances ont été vaines. » Épouvantée pour l'enfant qu'elle avait porté, elle était abattue par la douleur. Une mère est une mère : paralysée par la peur, elle ne savait que faire. Elle se releva, horrifiée, mais elle réussit à maîtriser son émotion et pensa que, si elle sortait, elle se ferait conspuer pas la foule. Elle se tint debout devant la statue, le visage mouillé de larmes, tant le cœur lui brûlait. Regardant la statue bien en face, elle dit : « Dame sainte Marie, dans ma détresse, je vous supplie de m'aider, douce dame de majesté, dame, vos vertus vous ont valu de concevoir en vous le fils de Dieu, sans connaître d'homme. Parce qu'il vous savait immaculée, il a fait de vous sa mère et sa fille. C'est la vérité, je le sais bien. Dame du lignage de Jessé, vous n'avez pas déshonoré votre royale lignée, puisque de vous surgit la verge portant la fleur où le fils de Dieu reposa : il se mit par humilité dans le temple de virginité et ne voulut pas le quitter en raison du parfum qu'il trouva dans la fleur ; c'est un article de foi, douce Dame. Aussi protégez le corps et l'âme de l'enfant que j'ai porté. Très douce dame, que vais-je devenir ? Sans mon enfant, je ne survivrai pas. Dame, rendez-lui la vie. » Dans sa poitrine, son cœur frémissait de désespoir. Puis elle s'écria de toute la force de sa voix : « Sainte Marie, par la vraie croix, douce dame, resterez-vous sans rien faire ? Jamais vous n'avez abandonné celui qui vous a invoquée de tout son cœur. Noble dame, très douce sœur, plutôt que de rester sans enfant, je vous prendrai le vôtre. » Elle saisit par les pieds l'enfant fixé sur le bois de la statue et le tira à elle violemment. « Dame, laissez-moi votre enfant ou alors rendez-moi le mien. » Notre-Dame, qui voyait bien qu'elle était en grande souffrance à cause de l'enfant qu'elle était sur le point de perdre, ne voulut pas permettre qu'il périsse dans des conditions aussi humiliantes. En raison de la dévotion que sa mère lui avait manifestée, elle le sauva et le maintint en vie. Au gibet où il avait été amené, le bourreau lui avait passé la corde au cou et il pendait déjà quand Dieu, aux yeux de tous, fit pour lui un grand miracle. La foule, en contrebas, vit qu'il était soutenu dans les airs, tous liens relâchés et défaits. Une dame lui faisait escorte, si belle, si éblouissante que le regard pouvait difficilement soutenir la lumière qu'elle irradiait. Elle le conduisit sous sa protection à l'intérieur des murs de la cité, dans l'église où se trouvait sa mère qui, folle de douleur à cause de son fils, tenait par les pieds l'enfant qu'elle voulait arracher à la statue. Sous la conduite de Notre-Dame, son fils vint à elle promptement et l'attira contre lui : « Chère mère, laissez cet enfant, lâchez-le et retrouvez la paix. La mère de Dieu m'a libéré. Ma place était déjà réservée en enfer, je l'ai bien vu, mais la mère de Dieu n'a pu le supporter : elle m'a arraché des mains de ceux – à savoir les démons de l'enfer – qui s'étaient emparés de moi avec leurs masses d'armes et leurs crochets, à cause de mes péchés. J'étais passé en leur pouvoir. Ainsi m'a ramené à la vie la dame que vous avez servie. Servez-la donc jusqu'à la fin de vos jours. Quant à moi, je vous déclare solennellement que je l'honorerai de tout mon cœur, en loyal serviteur, dans un ordre de moines blancs. Je veux me consacrer au bien avec plus de zèle que je n'en ai jamais mis au service du mal. Rien ne me fera différer mon départ. Je m'en vais et vous invite à me suivre. – Volontiers, mon très cher fils, par ma foi », répondit la mère, transportée de bonheur. Elle s'est étendue à terre devant l'autel, rendant mille grâces à Dieu, et a versé tant de larmes de joie qu'elle en a inondé le pavement. Elle s'est levée à grand-peine et s'en est ainsi allée avec son fils qui venait d'échapper au péril. Ils se rendirent à une abbaye où ils demandèrent à être reçus par l'abbé. Notre-Dame les assista jusqu'au terme de leur démarche. L'abbé accueillit le jeune homme, le revêtit de l'habit monastique et lui fit une place dans le monastère. Quant à la mère, d'après ce que j'ai compris, elle rentra chez elle où elle persévéra dans ses pratiques de dévotion ; elle servit tant Dieu et Notre-Dame que son âme alla au paradis. Son fils, qui ne s'écarta jamais de la voie du bien, fut ordonné prêtre. Il aima Notre-Dame de tout son cœur, la servit et l'honora tant qu'elle fit de lui un être comblé de grâce, d'amour et de bonheur, au point que tous ceux qui observaient son comportement le prenaient pour un saint. Il fut ensuite élu abbé de son monastère et se sanctifia par sa vie exemplaire. Il servit quotidiennement Notre-Dame, sans jamais oublier la faveur qu'elle lui avait faite. Il vécut longtemps, puis il quitta ce monde. Notre-Dame sainte Marie le conduisit tout droit au paradis, où Jésus-Christ le couronna. Au nom de Dieu, restons tous au service de cette dame : pour autant que vous ayez le souci de votre âme, je vous exhorte à servir jour et nuit celle qui porta le doux fruit, et qui nous mettra sur la bonne voie. Chacun fera bien de réciter souvent un *Ave Maria* pour être délivré de ce lien dont le jeune homme fut libéré. Que Jésus-Christ nous favorise de ses grandes bontés et nous mène tous dans son paradis, là où les bons auront leur place. (v. 20821)

XLVII – PATIENCE (v. 20822-21141)

De l'ermite dont on arracha les poireaux

Il y avait jadis dans un ermitage un saint homme qui vivait dans le jeûne et l'abstinence et s'imposait de dures pénitences. Il tenait son corps en mépris pour sauver son âme. C'était un laïc, un homme de grand mérite et de haut rang, qui jouissait dans le pays de la considération de tous. En mortifiant son corps pendant la journée, il satisfaisait aux exigences d'une sainte vie de laïc. Devant sa maison se trouvait un enclos où il plantait des poireaux et des choux et s'adonnait au jardinage. Il travaillait là pendant la journée et passait la nuit en prière, enfermé dans sa maison. Ainsi répartissait-il utilement son temps : le jour, il imposait à son corps d'épuisantes contraintes et la nuit, pour le bien de son âme, il se consacrait à la prière et remerciait Dieu pour les grâces qu'il prodigue quotidiennement à ses amis. Il pleurait alors ses péchés et il lui arrivait souvent de ne pas se mettre dans son lit, tant il trouvait de plaisir et de joie à prier. Voilà la vie que menait le saint homme. Le matin il se mettait à l'ouvrage, plantait ses choux et ses poireaux ou faisait d'autres travaux de jardinage ; il avait de la sauge et du persil. Au moins une fois par semaine, pour autant que je puisse en être certain, il récoltait de grands ballots de légumes pour les vendre en ville. Il les chargeait sur ses épaules et les apportait au marché, mais pour rien au monde il n'aurait voulu en retirer un seul denier qu'il n'employât à acheter du pain noir pour se nourrir. Il jeûnait hiver comme été, ne prenant qu'un seul repas par jour[1]. Après s'être réservé pour vivre une

1 Sur les modalités du jeûne, voir notre ouvrage *Les Ermites et les moines dans la littérature française du Moyen Âge (1150-1250)*, Paris, Champion, 1995 (« Nouvelle bibliothèque du Moyen Âge » 32), p. 422-423, et sur le travail des moines et des ermites, p. 414-422. Pour l'ermite et son jardin, on se reportera à notre *Littérature et édification au Moyen Âge. « Mult est diverse ma matyre »*, Paris, Champion, 2012 (« Essais sur le Moyen Âge » 56), p. 279-402. Signalons enfin que l'article « Patience » du *Vocabulaire de théologie biblique*, Paris, Cerf, 1977, col. 921-924, constitue une lumineuse introduction à la lecture théologique de ce conte.

modeste partie des gains de son travail, il distribuait le reste aux pauvres qui venaient à son ermitage demander l'aumône et solliciter sa bonté ; il leur donnait des légumes qu'il avait préparés et liés en bottes. Il avait fait beaucoup de bien dans le pays et Jésus-Christ lui avait accordé une grâce très enviable, la patience, qui, je le crois, est la voie la plus directe et la plus rapide qui mène au paradis. Celui qui a la foi fermement enracinée dans son cœur, qui s'est confessé dans le repentir et qui accepte dans un authentique esprit de pénitence toutes les offenses et toutes les avanies, celui-là peut dire avec certitude qu'il possède la mère des vertus. Ce bon ermite en était pourvu, paré et pénétré au point qu'on ne le vit jamais céder à la colère ou à la mauvaise humeur quoi qu'il pût lui arriver. Souvent on l'insulta, on l'humilia, on l'outragea sans qu'il ait fait le moindre tort. Le tenant pour un imbécile, les méchants sans cesse se moquaient de lui et tournaient son comportement en dérision. « Ce débauché, cet hypocrite a bien mérité la corde. » On le molesta souvent et plus d'une fois on le dépouilla de son habit. Ainsi les fous le méprisaient tandis que les gens de bien lui témoignaient du respect. L'ermite remerciait Dieu des mauvais traitements qu'on lui infligeait, dont il tirait du contentement et de la joie. Jamais il ne se laissa aller à la colère ou au ressentiment. Tout le monde s'en étonnait : chevaliers, nobles dames et bourgeois en parlaient fréquemment pour s'en amuser et en plaisanter, et ils en faisaient un sujet de raillerie. Dès que quelqu'un se mettait en colère, un autre lui disait : « Vous ne ressemblez pas à l'ermite, la perfection n'est pas en vous, vous ne devez pas vous laisser aller à la colère, au contraire il vous faut remercier Dieu pour les outrages et les affronts que vous subissez. Le saint ermite en est arrivé au point que personne ne peut le faire entrer en courroux. – Je vais lui faire commettre une faute, dit l'un d'eux, j'en suis sûr. Je parierais même cent marcs d'argent, si je les avais. Avant la nuit, il se mettra en colère sans que je porte la main sur lui ni même que je le touche. » Un autre dit : « Je gage que tu échoueras, quoi que tu fasses. » Le pari fut pris pour savoir s'il était possible qu'il se mette en colère. Poussé par la folie du péché, celui qui avait engagé le pari prit le chemin le plus court pour se rendre à la maison du religieux, face à laquelle il se tint un bon moment en observation pour savoir où se trouvait l'ermite, lequel ne se doutait pas de ce qui se passait. Il regarda dans le jardin où il le vit qui plantait ses poireaux dans un grand carré de terre qu'il avait soigneusement aménagé, au prix d'un travail épuisant de trois grosses journées. Animé de mauvaises intentions, l'homme se dit qu'il briserait la clôture, entrerait dans le jardin et que, sans lui adresser la parole, il arracherait les légumes que l'ermite avait plantés. Il éventra la clôture et entra en passant devant le saint homme, qui ne prononça pas un mot ni ne fit mine de s'en apercevoir : il continuait à dire ses patenôtres et priait Dieu en toute quiétude. Dès que le vaurien eut pénétré dans la parcelle, il se précipita sur les poireaux ; l'ermite le vit et continua son ouvrage en silence ; l'autre se mit à arracher les poireaux à la va-vite les uns après les autres pour décontenancer le saint homme qui redoubla d'efforts, et il accomplit du mieux qu'il put son œuvre de destruction, de saccage et de vandalisme. Il s'exaspérait, furieux du fait que l'ermite ne protestait pas et ne le prenait pas à partie. Mais celui-ci n'en avait nullement l'intention et affichait une totale indifférence, ce qui mettait le malfaiteur hors de lui. Il se donna beaucoup de peine et se fatigua à détruire sans répit ce que l'ermite avait fait : toutes ses plantations, son labeur de trois jours, furent dévastées avant l'heure de none. Il arracha tous les plants jusqu'aux pieds du saint homme, réduisant à néant le produit de son travail. Alors l'ermite le regarda et lui adressa la parole : « Cher frère, quel mal vous vous êtes donné ! Vous vous êtes éreinté à tout saccager et moi-même je ne suis plus en état de continuer. – Que dites-vous ? fit le vaurien, qui était habité par le mal. Vos paroles traduisent-elles vos pensées, et vous ne vous emportez pas contre moi ? – Pas du tout, par Dieu, je vous le dis. Mais vous avez le visage cramoisi et l'amitié me pousse à vous inviter à entrer avec moi dans ma maison ; nous y mangerons, cher compagnon, nous l'avons bien mérité compte tenu des efforts que nous avons faits côte à côte. – J'ai bien l'impression que vous vous moquez de moi. Ainsi vous m'offririez à manger ? – Oui, par Jésus-Christ, avec autant de sollicitude que si vous étiez mon enfant. Je crois que vous êtes aussi épuisé que moi, et même beaucoup plus car vous vous êtes donné plus de peine. » L'homme fut touché dans son cœur, lui qui voulait nuire à l'ermite. En pleurant, il lui raconta alors toute son histoire, lui révéla les raisons de sa venue et s'agenouilla devant lui : « Cher seigneur, pardonnez-moi ma faute. – Allons, très cher ami, n'en parlons plus. Levez-vous et cessez de penser que je pourrais avoir envers vous de la rancœur ou du ressentiment. Je préférerais être écartelé plutôt que d'être dans ces dispositions d'esprit et d'avoir à votre égard de mauvaises intentions. Vous êtes mon ami, cher seigneur. » L'homme lui répondit : « Que Dieu vous en récompense ! Je n'ai pas mérité de l'être et pourtant, je vous en donne ma parole, je réparerai le crime que ma folie m'a fait commettre à vos dépens. – Non, je vous le pardonne ; oubliez cela, venez donc manger à présent. – Seigneur, ce n'est pas raisonnable, je n'en suis pas digne. Je m'en irai plutôt. Que Dieu, dispensateur de toutes les grâces, vous protège. » Il prit congé et s'en retourna auprès de ses compagnons, auxquels il raconta tout le mal qu'il avait fait à l'ermite, l'outrage et le dommage qu'il lui avait infligés. « D'aucune manière je n'ai pu susciter le trouble dans son cœur ni le faire sortir de ses gonds et pourtant je m'y suis employé ». Il leur fit un récit aussi fidèle que possible, qui les étonna tous. Cette histoire fut contée en maints endroits, ce qui valut à l'ermite une belle réputation. Sa vie fut si parfaite et jalonnée de tant d'austérités qu'après sa mort son âme alla directement au paradis, où elle fut couronnée dans la joie. (v. 21051)

Ce conte enseigne à tous et à chacun en particulier que l'on doit supporter l'adversité avec patience, faute de quoi personne, homme ou femme, ne peut aller au paradis. En ce monde, me semble-t-il, on cite constamment ce proverbe : « Qui veut se venger de tous n'en tirera jamais de grands profits ». C'est pourquoi je vous dis qu'en vérité nul n'entrera jamais au paradis s'il ne se soumet pas auparavant à la pénitence pour tous ses péchés, de bon gré et avec patience, comme il convient de le faire. Ils font une grave erreur ceux qui toujours veulent se venger : ils sont nombreux à préférer être pris de folie furieuse plutôt que de ne pas ruminer leur vengeance et d'y renoncer. Ces gens ont totalement perdu la raison. Que chacun reprenne ses esprits et considère ce que fit Jésus-Christ qui pour nous accepta d'être mis sur la croix. Il refusa la gloire ; s'il avait voulu, il aurait pu facilement rendre le mal pour le mal, mais il n'y consentit pas. C'est l'exemple qu'il nous a montré et que nous devons suivre. À présent que chacun répare ses torts : doivent être dans l'effroi ceux qui se sont élevés par leurs richesses et qui en ce monde font leurs quatre volontés. Si le paradis leur est interdit à cause des plaisirs qu'ils prennent ici-bas, alors ils sont voués à la honte et à la mort. Ils sont nombreux à se vouer à la mort et à la honte ceux qui dans cette vie n'en font qu'à leur tête. La richesse est une ennemie dangereuse. Jésus-Christ éprouve ses amis, les frappe de maladie ou les soumet à la pauvreté ; il permet ainsi qu'ils endurent de grandes souffrances, pour accorder ensuite le bonheur à leurs âmes. Il laisse ses ennemis prendre de l'importance car il veut leur donner la possibilité de combler leurs désirs ; du monde il fait leur paradis et les autorise à posséder richesses, deniers, rentes et biens ; il veut que le monde les honore et les traite avec respect ; ils règnent en maîtres en maints endroits, mais en peu de temps ils perdent la partie. Quand ils sont au plus haut sur la roue, persuadés de tout dominer, Fortune les nargue, les fait tomber et les jette à bas. Ils relèvent alors les pans de leur vêtement pour courir à toutes jambes vers l'enfer immonde. C'est pour leur malheur qu'ils ont joui des plaisirs et des richesses ; ce sont choses nuisibles, qui ont causé la perte de maintes âmes. Sont livrés à la mort et abandonnés à leur sort celles et ceux qui n'agissent que selon leur propre volonté. Puisque la richesse et la beauté périssent et que les honneurs, quels qu'ils soient, sombrent dans le néant, que font en ce monde, que font ceux qui recherchent les plaisirs ? Ils sont perdus s'ils ne s'amendent pas. (v. 21121)

Frère Ernout de Leigni dit qu'il fait son nid en un lieu maudit celui qui y perd tout ce qu'il possède. Malheur à celui qui agira ainsi ! Mettons-nous en pénitence et fuyons les plaisirs de ce monde, sans y attacher nos cœurs pour quoi que ce soit. C'est ce que, au bout du compte, il nous faut faire. Ayons en nous la patience, comme cela nous est demandé, et tenons-nous à l'écart de la rancune et de la bassesse. Que Notre-Dame sainte Marie prie son fils Jésus-Christ de nous guider et de nous aider à suivre l'exemple de ce saint homme. Ayons en nous la patience afin d'accomplir notre pénitence. Que Dieu nous accorde d'agir en sorte que nous ayons notre demeure au paradis quand nous quitterons ce monde. (v. 21141)

XLVIII – INFANTICIDE
(v. 21142-22025)

Nul n'aime sans que son affection soit clairement visible et nul ne peut haïr à l'insu de tous. C'est aux actes que l'on peut juger si les cœurs sont bons ou mauvais. Chacun agit selon le sien et au bout du compte se révèle forcément ce qui y a pris racine. Il en va comme du noyau mis en terre qui se conserve longtemps avant de germer ; il se fortifie, puis son enveloppe se décompose et le germe sort du noyau ; il se protège ainsi et se conserve avec son germe mais, ne pouvant plus se dérober aux regards, il lui faut dévoiler sa nature, quelle qu'elle soit, de sorte que le jardinier comprend quelle espèce de greffe il aura et quel fruit celle-ci donnera. Il l'entoure alors de soins attentifs jusqu'au moment où elle devra porter du fruit. Si le jardinier voit que l'arbre est de bonne qualité et que son fruit n'a pas de défaut, il s'en occupe avec amour, comme il est normal. En revanche, si l'arbre portait de beaux fruits, d'une belle couleur mais de mauvaise qualité, blets et pourris à l'intérieur, en homme consciencieux il n'hésiterait pas à le déraciner et à l'arracher et il le brûlerait sans attendre. L'Évangile dit ainsi : « Tout arbre qui ne veut porter du fruit doit nécessairement être arraché, coupé et brûlé[1]. » Nous pouvons dire de même de celui que Dieu a créé et qu'il a doté de raison et de sagesse : s'il n'agit pas bien, il est perdu pour avoir manqué à tous ses devoirs. S'il a porté du bon fruit, il trouvera le repos et la félicité. Il faut s'étonner que nous, nous n'ayons pas sur nos arbres des fruits sains et délicieux. De nos jours le monde est bien mal en point, comme nous le voyons. À dire vrai, il est difficile de trouver un homme ou une femme qui veuille avoir du bon fruit sur son arbre, c'est-à-dire produire de bonnes œuvres. Chacun s'abrite derrière une bonne action dérisoire et fait le faux dévot. On sert Dieu hypocritement, à la manière de Renard, et on s'imagine s'en sortir par la ruse. Mais Jésus-Christ n'est

1 Mt 3,10 ; 7,19.

pas un enfant dont on se joue et l'on ne tardera pas à s'en apercevoir. Voici venir les temps derniers où chacun doit persévérer dans le bien et aimer Dieu de toute son âme pour avoir de bons fruits sur son arbre. C'est ainsi que nous pourrons parvenir à Dieu ; de plus, je vous prie de vous appliquer quotidiennement à servir la mère de Dieu et de garder en vos cœurs le souvenir du miracle que vous allez entendre. Je suis sûr que vous l'en aimerez mieux. Nous trouvons sur elle une abondante matière. J'ai entendu dire que ce miracle se produisit à notre époque, en Allemagne, une contrée toute proche. (v. 21215)

De Notre-Dame qui guérit celle qui avait mangé les trois araignées

Dans sa demeure vivait heureux un homme riche. Il n'était pas marié et avait un frère ; celui-ci avait des enfants, dont je ne saurais dire le nombre, parmi lesquels une fille merveilleusement belle, de dix-huit ans ou un peu plus peut-être. La mort, qui ne fait jamais relâche, ravit le père de la jeune fille, qui resta orpheline, sa mère étant décédée depuis longtemps. Son oncle craignit que, en raison de sa grande beauté, elle ne commît quelque action qui lui fasse du tort : si elle n'est pas sage et réfléchie, une femme au contact du monde se laisse facilement surprendre et séduire, pour peu qu'elle soit souvent priée d'amour. Aussi l'oncle, qui devait veiller sur elle, emmena-t-il avec lui sa nièce, dont les terres et les richesses lui furent confiées ; comme il était son parent le plus proche, il lui revenait de marier la jeune fille et d'assurer son avenir. La nièce avait, comme de raison, confiance en son oncle et celui-ci l'accueillit volontiers car elle avait une conduite honnête. Loin de la traiter comme sa femme de chambre, il mit à sa disposition sa fortune, qu'elle ne refusa pas. En raison de sa beauté et de ses qualités, il avait beaucoup d'égards pour elle. Ils mangeaient à la même écuelle, prenaient volontiers du bon temps ensemble et buvaient sans retenue, n'éprouvant pas de honte à mener cette vie. Il vécut ainsi deux ans en sa compagnie sans lui trouver un mari. Elle était jolie, de haute taille et séduisante, et attachait du prix à ses toilettes. Il n'y avait pas de plus belle femme dans le pays. À force de se tenir à ses côtés, son oncle se laissa égarer ; ils étaient tout le temps ensemble, car il ne quittait jamais la ville, et elle était charmante, belle, gracieuse et désirable. Elle entra avec lui en étroite intimité. Mal se nourrit qui reste sur sa faim :

ils ne tardèrent pas à être pris au piège, car le bien-être dans lequel ils étaient eut raison de leur vigilance. Ils prirent tant de plaisir à parler, à s'embrasser et à se prendre par le cou que le diable fit son œuvre et mit le feu à l'étoupe. L'oncle coucha avec sa nièce, la connut charnellement et lui prit sa virginité. Elle ne se montra pas farouche et trouva la chose fort à son goût. De leurs deux lits ils n'en firent qu'un, dans lequel ils passaient la nuit ensemble sans s'inquiéter de rien, tant ils étaient égarés par le péché. La rumeur s'en répandait par toute la ville, mais le fait n'était pas vraiment établi ni révélé au grand jour. L'homme était on ne peut plus riche et savait bien tenir ses gens. Il mena ainsi cette vie, s'abandonnant entièrement à sa nièce qui, de son côté, s'était toute donnée à lui. Pour eux le mariage ne pouvait être envisagé. Leur relation n'avait pas encore un an quand, à la forme que prenait son ventre, il fut évident qu'elle était enceinte. Alors, pour la première fois, elle eut peur que les gens ne l'apprennent : couverte d'opprobre, elle n'aurait jamais pu faire un mariage convenable. La misérable avait perdu la raison et ne craignait point Dieu : redoutant le déshonneur, elle était inquiète pour sa réputation mais nullement pour son âme, tant elle était aveuglée par le péché. Le péché aveugle, tourmente et met les coupables dans un état pitoyable qui leur fait perdre Dieu de vue. Ainsi était-elle prise au piège. Loin de renoncer au mal en raison de sa grossesse, elle décida de prendre du plaisir jusqu'à la naissance de l'enfant. Il serait temps alors de se préserver du mal. Elle demanda à son oncle : « Cher seigneur, que vais-je devenir ? Vous m'avez mis sur les épaules une lourde charge et me voilà déshonorée aux yeux du monde – N'en parle plus et sois sans crainte. Tu ne dois pas t'inquiéter et tu n'as rien à redouter ; nous ferons garder l'enfant comme il faut. – En vérité, seigneur, si cela se savait, tout le monde me mépriserait et je serais perdue, couverte d'opprobres. – Ma chère sœur, rassure-toi », répondit son oncle, qui savait bien se jouer d'elle. Elle cessa de se tourmenter et mena une vie de plaisirs. La situation n'était pas pour lui déplaire et elle dissimula son état de son mieux. Possédant quantité de beaux vêtements, elle arrangeait sa mise de sorte que personne ne put remarquer sa grossesse. Une femme riche masque plus facilement ses agissements et ses fautes qu'une pauvre qui, n'ayant pas de quoi cacher son corps, se ferait vite remarquer. Elle était tombée dans la déchéance mais elle trompa son monde jusqu'au moment de son accouchement. Quoique triste et accablée de honte, elle avait du courage et de la détermination et plutôt que de courir le risque d'être démasquée, elle se serait laissée cent fois mourir. Aussi, pour s'isoler, elle s'enfuit dans une grange située à l'écart. Elle ne voulait point de compagnie, en dehors de celle de l'ennemi, qui se trouvait tout près d'elle pour l'inciter à faire le mal. Elle referma soigneusement la porte derrière elle, puis alla dans un recoin où il y avait de la paille toute propre ; elle s'y allongea et fut prise aussitôt des douleurs de l'enfantement. Elle serra les dents pour s'empêcher de crier et fit tant d'efforts que l'enfant fut expulsé. Sans perdre de temps, elle le saisit de ses mains et l'étrangla au plus vite, puis se releva en toute hâte. Comme prise de folie, sous l'emprise du diable qui s'était emparé de son esprit, elle jeta le corps du petit enfant dans des latrines. En se rendant coupable d'un si abominable crime, elle se fit l'ennemie de Dieu car, eût-elle eu sept enfants, il aurait été de son devoir de bien s'occuper d'eux et de les élever. Mais elle n'était plus maîtresse d'elle-même car elle était possédée du diable, qui était acharné à sa perte. Il ne pouvait lui inspirer pire atrocité que d'étrangler son enfant. Elle se dit qu'elle retournerait à sa maison et qu'elle se mettrait au lit en prétextant une maladie. Abattue et affolée, elle avait le visage blême et livide ; elle avait beaucoup souffert, et celles qui ont enduré les douleurs de l'enfantement savent de quoi je parle. Je ne crois pas que, même si on faisait d'elle la suzeraine d'un pays, une femme de bien, aussitôt après avoir accouché, serait capable de parcourir rapidement la distance d'une portée d'arbalète, à moins qu'elle n'ait perdu la tête. Elle se couvrit de son mieux avec les effets qu'elle avait emportés, sortit de la grange la tête basse et referma la porte derrière elle. Par une rue obscure elle revint à la maison de son oncle, où n'étaient présents que les domestiques. Elle se mit au lit dans sa chambre et se prit la tête entre les mains ; la chambrière l'y suivit : « Dame, lui demanda-t-elle, d'où venez-vous ? Il me semble que vous avez quelque contrariété ou quelque maladie. – Ne fais pas de bruit, mon amie, car j'ai un peu mal à la tête. – Alors, pour le mal de tête, il faut manger, répondit la chambrière. Vous n'avez encore rien pris aujourd'hui ; d'ordinaire, vous ne restez pas aussi longtemps sans manger. Ne vous tourmentez pas et soyez sans inquiétude, car mon maître vous fait savoir qu'il ne sera pas là pour le repas. Il serait sage que vous vous alimentiez ; vous vous sentirez mieux ensuite. » Elle lui servit au lit une collation ; la jeune femme se força à manger pour chasser ses douleurs et elle recouvra la santé. Elle se garda habilement de rien laisser paraître, si bien que personne ne soupçonna qu'elle avait été aussi souffrante et mal en point. Son oncle, lui, savait bien de quoi il retournait et quelle était la cause de son mal ; mais je ne veux pas vous parler de lui, ayant autre chose à vous raconter. (v. 21431)

Il fit entourer sa nièce de soins attentifs ; elle refusa cependant de garder le lit plus de trois jours, se leva et vaqua à ses occupations afin que personne ne remarque quoi que ce soit et ne puisse médire à propos de son état. Elle veilla à bien se nourrir et commença à reprendre des forces ; son teint retrouva des couleurs et elle oublia ses souffrances. Elle fit de fréquentes apparitions dans la rue, vêtue et parée avec élégance. Les vins forts et les bons mets la firent renoncer à ce qu'elle avait décidé : elle jeta son bonnet par-dessus les moulins ; ayant abandonné sa résolution, elle agit à sa guise et remit le fer au feu, encouragée par son oncle, qui avait conçu pour elle un amour insensé. Il n'aurait pu trouver de femme plus belle, si bien qu'il ne pouvait la chasser de son cœur et se passer d'elle. Ainsi le diable l'avait-il aveuglé et sa nièce l'avait-elle subjugué. S'il se laissa aller de la sorte, c'était elle la vraie coupable en raison de l'attitude déraisonnable qu'elle affichait à son égard. Jamais il n'aurait abusé d'elle, mais elle ne se refusa jamais car elle était si éprise qu'elle avait perdu toute retenue. Elle coucha tant avec lui qu'elle se trouva enceinte une seconde fois. Affligée et angoissée, elle était au plus profond d'elle-même atterrée à l'idée qu'elle était retombée dans ce péché abject après l'abominable meurtre de son premier enfant. Elle dit une nouvelle fois sa détermination à mettre fin à toute intimité, à tout rapport avec son oncle après l'accouchement, et à ne plus partager son lit. « Mais puisque je suis enceinte, rien ne m'arrêtera : je donnerai du plaisir à mon corps et je comblerai les désirs de mon oncle. Je suis enceinte, autant en profiter. » Ainsi le diable la maintenait dans ces dispositions d'esprit et dans son vice. Par sa stupidité, elle avait perdu la raison et ne se souciait plus du tout de son âme. Elle s'était donnée au diable, qu'elle servait jour et nuit. Elle n'en fit qu'à sa tête et s'abandonna au plaisir jusqu'au terme de sa grossesse. Elle sut si bien dissimuler son état que personne, en vérité, n'en eut connaissance, à l'exception de celui qui, partageant sa couche, ne pouvait que constater l'évidence. Arriva le moment de la délivrance. Ne voulant pas rester plus longtemps dans la maison de son oncle de peur qu'on n'apprenne sa coupable conduite, elle se glissa à l'extérieur et s'élança par une rue abandonnée pour rejoindre au plus vite, sous la conduite du diable, la grange où elle avait accouché la fois précédente. Elle referma la porte à grand-peine et donna aussitôt naissance à son enfant – je ne sais si c'était une fille ou un garçon. Avant d'être délivrée, elle endura des souffrances si atroces qu'elle faillit en perdre la raison. Au premier cri de l'enfant, elle le tua, à l'instigation de l'ennemi qu'elle avait servi pendant trois ans. Elle jeta le corps dans les latrines, qu'elle obstrua avec de la paille. L'ennemi lui apparut et la réconforta : « Jamais personne ne se rendra compte de ce que tu as fait ni ne l'apprendra. Rentre à la maison sans te faire remarquer et retrouve la joie du cœur. Tu seras bientôt guérie et en bonne santé. » Marchant avec difficulté, elle revint à la maison de son oncle, où elle était estimée. Elle donna le change du mieux qu'elle put. Ne pouvant se tenir sur ses jambes, elle se mit au lit au prétexte qu'elle ne se sentait pas bien et qu'elle avait besoin de repos. Elle se fit bien soigner et mit tout en œuvre pour se rétablir. Elle aurait pu demander tout ce qu'elle aurait voulu, rien ne lui aurait été refusé, pourvu que la chose se trouvât dans le pays. Ne voulant pas s'attarder au lit, elle se leva avant le troisième jour et surmonta beaucoup de souffrances pour éviter qu'on ne se répande en moqueries à ses dépens. Elle fut guérie en peu de temps grâce aux soins qu'on lui prodiguait. Quand elle fut complètement remise et qu'elle se sentit parfaitement bien, habillée avec recherche et élégance, elle se rendit aux danses et aux spectacles. Le temps était agréable et elle vit les jeunes gens se divertir, briser des lances et jouter ; à la vue de son oncle, un homme estimé, beau, jeune et enjoué, elle ne sut plus que dire ni que faire. Elle reprit ses abominables pratiques, sans regretter ses péchés, les pleurer et les confesser, car elle était aveuglée par le diable, qui n'a de cesse d'égarer ses adeptes, leur interdit toute bonne pensée, tout repentir, toute contrition. Le diable a toujours détesté la confession : aussi en détourna-t-il cette femme, qui n'avait aucun souci de son âme. Son oncle coucha à nouveau avec elle, et elle y consentait pleinement. La misérable folle, embrasée par le feu de la luxure, succomba à nouveau, incapable de calmer les ardeurs de son corps. Je répugne à vous raconter ces faits infâmes, mais je dois être fidèle à l'histoire et rapporter les turpitudes, la conduite honteuse de cette femme et les offenses qu'elle fit à Dieu. Elle fit périr son âme et elle avilit son corps au point de mériter d'être damnée. Elle l'aurait été, vous le savez bien, puisqu'elle ne s'était jamais refusée à ses désirs. Elle fit tant et se conduisit de telle sorte qu'elle sentit bouger en elle son troisième enfant, ce qui fut loin de la réjouir. (v. 21583)

Toute contrariée qu'elle était, elle céda quotidiennement aux plaisirs que réclamait impérieusement sa chair. Mais elle se promit secrètement que, si elle pouvait se délivrer de son enfant, à coup sûr elle préserverait son corps de ces souillures. Elle refusa cependant de changer de comportement avant son accouchement. Jamais elle ne se confessa de son péché, de son crime. La luxure s'était emparée de son corps, si bien qu'elle ne quitta pas le lit de son oncle jusqu'à ce que son état l'y contraigne, quand elle ressentit les premières contractions. Elle sortit aussitôt de la maison, se rendit par la rue à la grange où elle entra en toute hâte en raison de l'urgence, et se blottit dans l'encoignure où elle avait précédemment commis ses forfaits. Elle endura de longues souffrances et poussa maints gémissements et maints cris avant d'être délivrée de l'enfant. Si elle avait été une femme vertueuse, elle aurait eu les chairs déchirées et elle en serait morte. En ces trois circonstances elle resta seule, sans personne pour l'assister et l'aider à accoucher, en dehors du diable qui voulait lui faire subir les pires tourments avant qu'elle meure, et qui aurait aimé la torturer davantage encore en raison de la beauté qu'on admirait chez elle. Elle souffrait atrocement. Dès qu'elle put tenir l'enfant, elle le fit périr avant son premier cri et le jeta, comme les deux autres, dans la fosse infestée de bêtes venimeuses. La malheureuse, la misérable eut du mal à regagner sa maison où, malade, elle garda le lit une semaine avant de pouvoir se lever. Elle reprit alors courage et se remit à bien boire et à bien manger, sans se priver. Elle fut bientôt guérie et en bonne santé mais elle ne changea pas ses intentions et se dit qu'elle se protègerait du monde, qu'elle redoutait. Elle récupérerait ses biens et son oncle n'aurait sur elle aucun droit, même si elle vivait jusqu'au jugement dernier : « À partir de maintenant, je veux vivre chez moi, mariée, à l'écart du monde. » (v. 21641)

L'ennemi l'entendit, l'accabla de menaces et lui rappela son forfait : « Ah, misérable, qu'as-tu fait ? Ton histoire sera révélée publiquement et, quand on l'apprendra, tu seras brûlée vive. Misérable, tu ne peux obtenir le pardon du monde ni celui des puissants, et ton âme sera livrée en esclavage au diable à cause de tes méfaits sordides et abjects. Dieu n'aura pas pitié de toi et on te montre du doigt. Ainsi, pour Dieu tu es perdue et condamnée, et pour le monde, déshonorée. Va te pendre ou te noyer, c'est à mes yeux le mieux que tu as à faire, ainsi tu auras effacé ta honte. » Désespérée, elle réfléchit au moyen le plus rapide de se donner la mort. Voyez donc comme est cruel et malfaisant le diable qui, excité par la haine, châtie toujours celui qui le sert. Il mit la dame dans de telles dispositions d'esprit qu'elle s'enfuit dans un grenier, au-dessus d'un plafond de planches, où l'on entreposait du matériel hors d'usage, coussins de selle, harnais et colliers. C'était un endroit isolé, envahi de vermine, d'araignées et de cloportes. Après avoir fermé tous les accès et toutes les portes, elle s'était mise en quête, dans toute la maison, de cordes, dans l'intention de se pendre. Mais elle se souvint qu'elle avait entendu dire que le venin entraînait une mort sûre et rapide. Pour peu qu'elle soit de grosse taille, l'araignée est un animal venimeux. Or il y en avait des quantités autour d'elle ; n'aspirant qu'à son malheur, l'insensée en prit une, qu'elle mit dans sa bouche et qu'elle engloutit. Puis, ne sentant pas encore venir la mort, elle en chercha une autre, plus grosse ; elle en trouva une, agressive et virulente, qu'elle prit et mangea. Son corps se boursoufla aussitôt démesurément mais la mort ne venait pas : « Comment cela se fait-il ? Que vais-je devenir ? Ce n'est pas celle-ci qui me tuera. » Elle saisit une autre araignée, énorme et gonflée de venin, que le diable lui présenta. Elle l'avala d'un coup ; le venin se répandit dans son corps, qui enfla tant qu'elle tomba à la renverse. Quelle cruelle destinée pour une femme si belle, si distinguée, si gracieuse de corps, si jeune, et de plus, très riche ! Voilà le salaire qui revient à celui qui a longtemps servi le diable, l'ennemi avéré. Elle reçut sa rétribution, allongée sur le carrelage, si enflée et mal en point qu'elle avait perdu la parole, mais elle était toujours en vie. Elle prit conscience que, si quelqu'un entrait dans le grenier et la trouvait dans cet état, elle serait perdue et ne survivrait pas à sa honte. Elle avait autour de la taille une belle ceinture de cuir de grande valeur, à laquelle était attaché un fourreau finement ouvragé contenant un petit couteau à bout pointu, qu'elle parvint à extraire au prix de grands efforts. Elle était vêtue légèrement en raison de la chaleur, ne portant qu'une robe de soie précieuse, digne d'une impératrice. Le couteau était très affûté ; elle s'en frappa, s'ouvrant le ventre de haut en bas. De la plaie béante jaillirent du sang et du venin, qui se répandirent autour d'elle en une large flaque. Elle était maintenant au seuil de la mort, mais son âme ne voulut pas quitter son corps, car le moment n'était pas encore venu. Ses yeux étaient affreusement révulsés. (v. 21743)

Quand, à la dernière extrémité, elle sentit la mort proche, elle réalisa à quel point elle avait perdu la raison. Elle se souvint de Notre-Dame et, les mains jointes sur la poitrine, elle l'invoqua en silence et l'implora : « Ah ! dame, très douce servante, qui, vierge et pure, enfantas, qui portas en ton sein ton père et ton fils, dame, en cette heure grave, viens au secours de la pauvre malheureuse, de la maudite que je suis. Dame, reine de miséricorde, pour le rachat des pécheurs Dieu voulut vous faire la grâce de prendre son sang et sa chair dans vos flancs. Dame, je n'ai pas la force de vous invoquer avec des paroles, mais je vous le dis du fond du cœur, douce Dame, très douce sœur, vous êtes la pitié même, dame, venez au secours de ma pauvre âme. Mon corps ne peut subir davantage d'opprobre et je n'espère pour lui, dame, d'autre aide que la vôtre. » C'est dans de telles dispositions d'esprit qu'elle approchait de la mort, à laquelle elle n'allait pas échapper, quand la dame, la reine du paradis, plus blanche que la fleur de lys, vint à son secours. Elle entra dans la pièce, qu'elle inonda de lumière, et se tint debout devant la femme qui n'avait pas la force de parler, mais qui la vit distinctement et la reconnut. Elle fut incapable du moindre mouvement en raison du poids qui l'oppressait au moment de mourir. Elle regarda fixement Notre-Dame qui dit aussitôt : « Misérable sotte, pourquoi dans ton aveuglement as-tu désespéré de la miséricorde du roi qui mourut sur la croix pour vous racheter, toi et tout le genre humain ? Le diable que tu as servi a bien su t'envoûter. Sache, en toute vérité, que tes crimes et le péché dans lequel tu as longtemps persévéré n'ont pas autant provoqué la colère de Dieu que ta seule désespérance. Tu aurais été certainement menée en enfer, mais j'eus pitié de toi et comme tu m'avais invoquée et que tu t'en étais remise entièrement à moi, ma requête a été acceptée. Je vais te dire à présent ce que tu feras. Mon cher fils m'a fait un don : tu recouvreras la santé et c'est par moi que tu seras guérie. Sers donc mon fils tout au long de ta vie, et moi-même également, et préserve-toi sagement du péché. Si tu écoutais ton corps et ta chair, tu t'assujettirais à nouveau au mal, et tu aurais ainsi tout perdu, ton âme, ton corps et ton salut. Mais cela n'arrivera pas. Tu partiras sans attendre, ma douce amie, tu te confesseras, tu te retireras du monde et entreras en religion pour obtenir pardon et miséricorde. » (v. 21820)

La femme écouta attentivement ces paroles, mais elle était trop faible pour crier pitié autrement qu'en pensée, du fond du cœur. La douce dame vint à elle et imposa ses douces mains sur elle, en commençant par la tête qui était couverte d'un voile et qui désenfla aussitôt. Puis elle les fit glisser sur les yeux et sur la bouche et de là sur tout le corps. Partout où elle posait ses mains la douleur se dissipait instantanément. Ainsi, touchant toutes les parties de son corps, elle en chassa le venin et referma entièrement la plaie de sorte que la femme ne ressentit plus aucun mal. Elle redressa vivement la tête et, animée d'une grande ferveur, voulut saisir les pieds de la douce dame pour les baiser tendrement dans les pleurs, les larmes et les cris. Mais qui ne trouve pas n'a aucune chance de prendre : il ne lui était pas permis de toucher ces pieds délicats et de les baiser, car elle n'en était pas digne. La douce dame quitta les lieux et les anges la conduisirent dans les cieux. La femme se releva, troublée et affligée de n'avoir pas étreint les pieds suaves de Notre-Dame. Si elle avait pu les baiser, elle en aurait reçu une grande consolation. Son corps avait retrouvé sa fraîcheur et son éclat et le trouble de son cœur avait été dissipé par la faveur qui lui avait été faite. Elle ouvrit promptement la porte et se rendit en hâte directement à l'église. Elle s'étendit sur le sol devant la statue de Notre-Dame, qui avait préservé son corps et son âme. Pleurant d'émotion, elle lui rendit grâce pour les bienfaits qu'elle lui avait accordés. Se trouvait là, de passage dans la ville, un prédicateur du nom de frère Jourdain. C'était le second maître général de l'ordre de Prêcheurs[2]. Elle le vit enfin, se jeta à ses pieds, implora sa pitié et, en versant des larmes, lui raconta sa vie, sans rien omettre, et fit une fervente confession. Elle lui révéla point par point comment elle tua ses trois enfants, comment elle avait été envoûtée, comment elle désespéra de tout secours et comment elle s'était conduite ; elle parla des araignées qu'elle avait avalées, du couteau dont elle s'était frappée ; elle lui exposa comment vint à elle la dame, la reine du paradis, à qui elle se confia entièrement, et elle n'omit rien de ce que la dame fit pour elle. Le saint homme, émerveillé par ce récit, multipliait les signes de croix et mêlant ses pleurs à ceux de la femme, il lui dit : « Ma sœur, ma chère amie, vous avez été en danger, sur le point d'être livrée aux supplices éternels. Vous auriez été damnée si vous n'aviez pas été secourue. – En vérité, seigneur, je le sais bien. – Ne vous inquiétez plus de rien, car

2 Jourdain de Saxe, ici frère Jourdain, est un personnage historique mort en 1236.

votre vie a pris un cours favorable. Votre âme est parvenue au port du salut. Partez sans attendre et entrez au plus tôt dans un monastère de l'ordre de Cîteaux, je n'en conseille pas d'autre. – Seigneur, j'en ai très envie. Je vais me mettre tout de suite en chemin, sans me faire prier. – C'est la pénitence que je vous impose et, pour la rémission de vos péchés, vous accomplirez toutes les bonnes actions que vous pourrez. » Il la bénit du signe de la croix sur la tête et lui donna l'absolution avec bienveillance. La femme fit alors venir l'abbesse d'un beau monastère de Cîteaux, de sainte réputation, où elle voulait être cloîtrée. L'abbesse vint rapidement la trouver chez elle et s'enquit de ses intentions. « Dame, je vous demande le pain quotidien, ne me le refusez pas. Je voudrais prendre l'habit au plus tôt. » L'abbesse fut déconcertée, pensant que la femme plaisantait ou même qu'elle se moquait d'elle, parce qu'elle était riche, qu'elle n'avait pas été mariée et qu'elle était belle et d'un tempérament enjoué. « Vous plaisantez, ma dame », dit l'abbesse en souriant. À l'instant, la femme se mit à genoux et implora sa pitié. « Allons, levez-vous, ma chère amie, je vous accepte très volontiers. » On eut beau la supplier, personne ne put la retenir. Par précaution, l'abbesse l'emmena aussitôt et, une fois dans l'abbaye, elle lui fit revêtir l'habit religieux sans attendre. Brûlant du désir de faire pénitence le reste de sa vie, elle livra un combat acharné contre son corps, qu'elle maltraita, tortura, martyrisa pour effacer ses péchés et purifier son âme. Elle servit Notre-Dame de tout son cœur en remerciement de ce qu'elle avait fait pour elle. Jamais la lassitude ne lui fit relâcher ses efforts et elle accomplit tant de bonnes actions que Notre-Dame lui apporta son aide et lui fit une place au paradis. (v. 21952)

Par ce conte je veux vous faire comprendre, si vous savez raisonner, que plus on est endetté, plus on doit rembourser si on veut réduire sa dette. Chacun devrait y réfléchir afin de mieux redouter le péché et de mieux le fuir, car il soumet à une servitude dégradante. La mort qui s'empare des fous et des sages, pour rien au monde n'accorderait de sursis. Si chacun réfléchissait au fait qu'il n'a pas droit à une heure de sursis, il n'aurait que mépris pour son corps. Le corps veut le péché, le vice et la luxure, tandis que l'âme aspire à la droiture, la vérité, l'amour de Dieu, la charité, la pureté du corps et du cœur. Aussi l'âme ne peut-elle à aucun prix aimer le corps, qui recherche les plaisirs du monde, les vins forts et les bons mets, et qui aime profiter des agréments de la vie. Quand le corps d'un homme ou d'une femme est repu, il est naturellement porté au péché et à la débauche, ainsi que vous l'avez appris par la vie de cette femme que je viens de vous raconter. Elle était bien vêtue, se nourrissait de mets délicats et se délectait de vins jeunes et frais ; vivant dans le plaisir, son corps exigeait la luxure, comme l'y prédisposait la nature. Que celui ou celle qui veut se sauver ferme toutes ses portes. Celui qui veut se préserver du péché doit se plier à des règles. Si souillé que l'on soit et quelque impiété que l'on ait commise, on doit absolument se garder de la désespérance. Je vous déclare solennellement qu'il n'est pas d'aussi grave péché et que rien ne met autant Dieu en colère. Parmi ceux qui se sont abandonnés au désespoir, on voit qu'il y en a peu qui aient eu une heureuse destinée : l'un s'est noyé, l'autre s'est pendu ; et il en va de même pour les femmes, comme vous l'avez souvent entendu dire : elle se sont pendues, étouffées et étranglées avec leur guimpe, ou se sont donné la mort à grands coups de couteau. C'est ainsi que le diable, notre perfide ennemi, prend les gens au piège. Prenez garde à ses ruses afin qu'il ne vous fasse pas sombrer dans la désespérance. Je vous dis donc en vérité, et soyez-en persuadés, que si vous péchez contre l'espérance, vous êtes livrés à la mort. Que chacun ait pitié de lui-même ; confessez-vous, amendez-vous, travaillez à votre salut et faites vos exercices de pénitence. Vous échapperez ainsi à l'ennemi, qui ne met sur la balance que le mal. Que la douce dame céleste qui enfanta, vierge et pure, nous secoure comme elle a secouru celle à qui elle épargna les supplices éternels. Pour cela, récitez l'*Ave Maria.* (v. 22025)

XLIX – PIÈGE AU DIABLE
(v. 22026-22625)

D'un ermite que le diable humilia

Je vais maintenant vous parler d'un saint père, dont l'histoire m'offre un beau sujet de conte. C'était un laïc, je crois, qui avait asservi son corps par le jeûne et par les privations de sommeil, de nourriture et de boisson. Il se mortifiait sévèrement, il se levait la nuit pour prier et regrettait amèrement les fautes qu'il avait faites quand il était dans le monde. Son enclos se trouvait dans un bois. Il était très aimé des gens du pays et ceux qui habitaient à proximité de son ermitage lui rendaient de fréquentes visites. C'était un homme simple et bon, dénué de toute méchanceté ; aussi avait-il toujours joui d'une bonne réputation. Sa maison était un pauvre reclus et il avait dans le bois un carré de terre où il faisait du jardinage. Il mena longtemps cette vie. Le diable, qui le détestait, le tenta nuit et jour sans répit ; le saint homme résistait de toutes ses forces et implorait souvent Jésus-Christ de ne pas le laisser tomber entre les mains de l'ennemi. Mais Dieu voulait qu'il souffre pour qu'il tire profit de ses épreuves. Vous devez n'avoir aucun doute là-dessus : pendant qu'il est mis à l'épreuve de la tentation, qu'il s'agisse de la luxure ou de la cupidité, et que sa chair, dépravée et corruptible par nature, en est troublée et décide de choisir le mal, c'est alors que l'homme de bien fait sa pénitence. À l'appel pressant de la chair, le cœur et l'esprit ne doivent pas rester passifs, mais au contraire unir leurs forces pour affronter le corps, le combattre et le fouler aux pieds, afin de l'empêcher de se livrer à des folies. Celui dont le cœur ne consent pas au péché que commettrait le corps s'il le laissait agir à sa guise, celui dont le cœur veut se réserver pour Dieu si bien qu'il se laisserait larder de coups de couteau plutôt que de faire un péché mortel qui réduirait à néant le bien qu'il a pu faire, celui qui mène ce combat, jamais le diable ne sera assez rusé pour le mener en laisse. L'ermite dont je vous parle résista si bien à la tentation que le diable ne put le mater et le vaincre, quelque énergie qu'il mît à l'assaillir. Mais il ne s'avoua pas vaincu pour autant ; il n'eut de cesse de le séduire et de l'exciter et le tourmenta cruellement. Le saint homme réfléchit un jour à la manière dont il pourrait se débarrasser du diable qui le mettait au supplice et le persécutait jour et nuit : « Par ma foi, se dit-il, je crois qu'il me sera facile de me défaire de lui, car j'ai souvent entendu dire que l'on attrape au collet les sangliers, les taureaux, les cerfs, les biches, les chevreuils, les ours et les lions, qui sont des bêtes sauvages, ainsi que tous les animaux des forêts. Et moi, alors, pourquoi ne prendrais-je pas le diable qui m'a tourmenté et torturé pendant vingt ans ou plus ? C'est décidé, je n'attendrai pas davantage pour le prendre au nœud coulant. Je saurai bien me jouer de lui. Il est toujours à aller et venir dans mon jardin et se tient régulièrement tout près de moi. Je le prendrai au collet et lui donnerai tant de coups de gourdin qu'il ne pourra plus bouger et qu'il n'osera pas revenir vers moi quand je l'aurai relâché. Je refuserai de le tuer ; pour le salut de mon âme, Dieu me préserve d'être un assassin. » Voyez quel benêt, quel sot il faisait, lui qui ne doutait absolument pas que le diable fût un homme et qui s'imaginait s'emparer de lui. Il prépara des collets et les confectionna soigneusement, se disant que le lendemain matin le diable y serait pris, si méfiant qu'il soit. Il les porta dans le jardin et les tendit dans les allées. Brûlant du désir de s'en prendre au diable, il s'était saisi de son bâton, bien décidé à lui en asséner des coups sur le dos. En le voyant faire de loin, le diable le tenait pour un fou et ses manœuvres ne lui inspiraient que moquerie et mépris. Il prit alors l'apparence d'un jeune homme bien fait de sa personne et de belle allure, et il tenait une baguette à la main. Arrivé devant le saint homme, il le salua avec courtoisie. Après lui avoir rendu son salut, l'ermite lui demanda : « Qui êtes-vous, très cher ami ? – Je suis un jeune gentilhomme, instruit dans l'art de placer collets et filets, et je manque rarement mon coup. Cher seigneur, je vous prie de me dire ce que vous essayez de faire. Vous vous donnez beaucoup de peine, me semble-t-il, pour attraper je ne sais quelle bête. – Sur ma tête, répondit l'ermite, ce n'est pas une bête ni un oiseau que je cherche à capturer ici, mais une créature maléfique. – Cher seigneur, sauriez-vous en dire le nom ? – Cher frère, je suis bien placé pour le savoir. Il n'a cessé de me combattre, de me harceler, de m'outrager. C'est l'ennemi puant, le maître de l'enfer, celui qu'on appelle Lucifer, le diable, qui partout est à l'affût. Je le frapperai bientôt et m'emparerai de lui sans faute. – Vous dites sérieusement, sur votre vie, que vous voulez attraper le diable ? – C'est pour cela que tu me vois placer ces collets, par Dieu, et pour rien d'autre. – Le diable est expert en ruses et en tromperies et il ne t'a pas épargné. – Ami, depuis dix-sept ans, il n'a jamais cessé de me torturer. Il ne s'est pas passé un seul jour sans qu'il me harcèle. – Brave homme, dis-moi, au nom de Dieu, quand il sera pris, que feras-tu de lui ? – Si tu es encore ici, tu le verras bien, dit le saint homme. Je le rouerai de tant de coups que je le laisserai pour mort. Je n'échangerai pas sa vie contre rançon, et que Dieu m'accorde honneur et joie. » Le diable répliqua : « Cher ami, tu es vraiment un fieffé naïf de croire que tu prendras l'ennemi. Tu t'es attelé à une sacrée tâche ! Va donc te noyer, espèce de fou, pauvre imbécile sans cervelle. Je suis le diable, regarde-moi, je me moque de toi et le pire est à venir. Ce n'est rien par rapport à ce qui t'attend. Je t'annonce que je te ferai tomber dans mes pièges puissants et terribles, sois-en persuadé. Je te pousserai à pécher au point que tu en perdras tout ton honneur. – Ce ne sont que mensonges, répondit le saint homme. Il y a longtemps que vous vous y employez. Faites-moi tout le mal que vous pourrez, jamais vous ne vous emparerez de moi par le péché. Partez d'ici tout de suite, je vous l'ordonne, vous n'avez rien à y faire. Vous ne tarderez pas à voir ce que je ferai quand je vous aurai pris au collet. » Il saisit son bâton et se précipita sur le diable qui se transforma d'un coup en taureau. Il rompit filets et collets sans en laisser un seul en état. Une telle puanteur se répandit dans le jardin que l'ermite, au bord de l'évanouissement, rentra au plus vite dans sa maison où il se mit en prière et reprit ses activités. Terrorisé par le diable, il s'en protégea du mieux qu'il put. (v. 22214)

Près de là se trouvait une cité. La veille au soir, dix dames s'étaient dit qu'elles iraient voir l'ermite et qu'elles lui feraient quelque aumône. Arriva le jour où elles se rendirent chez l'ermite. Elles s'entretinrent longuement avec lui et il leur fut d'un précieux soutien. La discussion se prolongea au-delà de l'heure des vêpres. Elles s'en retournèrent alors, mais s'étaient trop attardées. Elles n'avaient parcouru qu'une petite partie du chemin quand un orage éclata, avec des éclairs, des coups de tonnerre et une pluie si violente qu'elles étaient toutes apeurées, d'autant qu'elles furent surprises par la tombée de la nuit. Le temps était affreux et la route pénible. L'une d'elles, épuisée, se dit qu'elle rebrousserait chemin et reviendrait à l'ermitage où elle resterait jusqu'au matin. Elle ne se sentait pas la force d'aller de nuit jusque chez elle. « Dames, dit-elle, ma décision est prise ; continuez sous la conduite de Dieu, moi je retourne à l'ermitage où j'attendrai le lever du jour. Je suis très fatiguée, à bout de forces. » Sans l'attendre, les autres lui dirent : « Qu'il en soit ainsi, par Dieu. » Elle les quitta et revint sur ses pas. Elle frappa à la porte de l'ermite avec un petit marteau qu'elle trouva sur place. Celui-ci accourut, ouvrit la porte et la reconnut. « Seigneur, dit-elle, j'en suis réduite à vous demander l'hospitalité pour la nuit ; le mauvais temps m'a épuisée. – Dame, votre venue me laisse perplexe, et je ne sais que faire. En dehors de l'appentis où se trouvent mes pauvres affaires et mon lit, il n'y a pas ici d'abri couvert ou de pièce isolée par une cloison. Si l'on vous savait chez moi, je serais la cible de graves accusations. On croirait que j'abuse de vous, alors que je n'aspire qu'à faire le bien. – Ne parlez pas ainsi, saint homme, dit la dame, chassez vos scrupules et soyez sans crainte. Vous mettrez à ma disposition une petite litière de paille, puis vous vous coucherez en toute quiétude et dormirez jusqu'au lever du jour. – Dame, je n'ai pas d'autre choix, entrez ; si je le pouvais, pour vous je mettrais en gage ma personne. » Le brave ermite lui offrit l'hospitalité et, quand elle fut entrée, il se dit que ce serait manquer gravement de courtoisie que ne pas aller au-devant de tous ses désirs. Il avait du bois sec dont il fit un bon feu pour la réchauffer, puis il étala une nappe blanche sur la table et installa la dame face au feu. Il apporta du pain, du vin, du bon fromage de saison et une tarte qu'on lui avait donnée, à quoi il ajouta des fruits crus et cuits. La femme l'invita à s'asseoir à une place d'où il pouvait voir son visage. Il aurait mieux valu pour lui qu'il s'assît sur un four à chaux plutôt que de contempler la beauté de cette femme brune, grande, jeune, épanouie et souriante. À maintes reprises elle s'adressa au saint homme et l'encouragea à bien boire. Celui-ci, que le diable avait préalablement envoûté, fut échauffé par l'attitude inconvenante que la dame affichait devant lui. Le feu prit à l'étoupe et ce n'était pas surprenant car ils se touchaient presque. Chacun n'attendait qu'un geste de l'autre pour prendre son plaisir avec lui. L'ermite était dans un tel état, le diable le soumettait à une si forte tentation, et il était si excité qu'il oublia de rendre grâce à Dieu. Il se leva de table et culbuta la dame sur un siège situé au milieu de la pièce. Loin de se défendre, la dame agit comme une folle, le prit par le cou et l'enlaça et, sous l'emprise du diable, l'ermite coucha avec elle. Il resta sous le joug du diable toute la nuit, sans une pensée pour Dieu. Il obtint de la dame tout ce qu'il désirait et il y prit beaucoup de plaisir. Au moment de se lever, il reprit ses esprits : « Hélas, pauvre de moi ! Que m'est-il arrivé ? Le diable m'a donc fait succomber ? Assurément, je suis perdu. » Il bondit du lit, s'arrachant les cheveux et pleura, laissant libre cours à sa détresse : « Hélas, dit-il, misérable que je suis, que vais-je faire maintenant que j'ai perdu le bénéfice de toutes mes bonnes actions ? Cette femme m'a trompé, c'est sûr, et moi, je le lui ferai payer. Elle a causé ma perte, je la tuerai. Je n'ai pas d'autre solution car, si on apprenait les faits, nul doute que je serais pendu. Mais, si je le peux, je vais sans attendre la tuer de mes mains et personne n'en saura rien. » Il s'empara aussitôt d'un pilon de mortier, vint se placer devant la femme qui était épuisée, leva bien haut le pilon et, sans la toucher du pied ou de la main, il lui en asséna en plein front, entre les yeux, un coup qui lui défonça le crâne. Il traîna le corps et le cacha sous la huche à pain pour que le meurtre ne soit pas découvert : c'est ainsi que périt la femme. (v. 22352)

On s'enquit de la dame que l'on chercha partout. Son mari fit venir celles qui l'avaient accompagnée à l'ermitage et leur demanda des nouvelles de sa femme. Elles se présentèrent, effrayées, et lui répondirent : « En vérité, le temps était si mauvais et le chemin si pénible qu'elle n'a pas eu la force de rentrer, tant elle était fatiguée. L'ermitage n'était pas encore bien loin et elle y est retournée. Nous sommes sûres qu'elle y est allée. C'est tout ce que nous pouvons vous apprendre. Cherchez-la du mieux que vous pourrez. » D'un commun accord, ils décidèrent de se rendre au plus vite à l'ermitage : s'ils la trouvent là, l'ermite paiera de sa vie l'offense qu'il leur a faite. L'élite de la ville, les magistrats et le prévôt enfourchèrent leurs montures ; on aurait dit une armée. Arrivés à l'ermitage, ils en brisèrent violemment la porte. L'ermite s'écria : « Ah, braves gens, que cherchez-vous ? – Ce que nous cherchons, vous allez le savoir. Vous n'êtes qu'un pervers, une fieffée canaille vous qui avez osé enlever une femme de cette qualité et l'enfermer ici avec vous. – Une femme, seigneurs ? Jamais de la vie ! C'est donc ce que vous cherchez ? Si vous la trouvez ici, vous serez en droit de me massacrer. » Ils fouillèrent alors partout, jusqu'au moment où il se lassèrent. Mais ils ne pensèrent pas un instant à regarder sous la huche ; aussi ne la trouvèrent-ils pas. (v. 22391)

N'ayant pas obtenu d'autre renseignement à son sujet, ils quittèrent l'ermitage et laissèrent l'ermite tranquille. Ils continuèrent à chercher la dame, mais sans résultat. Furieux que l'ermite se soit tiré de ce mauvais pas, le diable ne voulut pas laisser traîner les choses et perdre plus de temps. Il prit aussitôt l'apparence d'un forestier. Monté sur un bon cheval, l'épée ceinte au côté, il s'avança fièrement au-devant de la troupe : « Seigneurs, dit-il, s'il vous plaît, j'ai la garde de ces bois ; aussi en suis-je le redresseur de torts. Vous a-t-on pris des gages ou des deniers ? Dans ce bois, personne ne circule sans que j'en sache la raison. – En vérité, lui répondirent-ils, nous avons perdu une femme de notre ville. Nous ne savons pas ce qu'elle est devenue. Jamais une femme n'a disparu aussi soudainement. – Chers seigneurs, que Dieu me bénisse, elle est perdue, vous avez dit vrai. J'en suis affligé et je suis furieux contre l'ermite qui l'a tuée. Il a poussé son corps sous la huche. J'en sais long sur ses agissements et il n'en est pas à son premier meurtre. Pour celui-ci, les choses seront avérées. Si vous êtes des gens de bien, on verra clairement à quelle peine vous le condamnerez. Allez donc à l'ermitage, vous y trouverez la femme qu'il a tuée d'un coup sur la tête et qu'il a poussée sous la huche. » Forts de ces informations, les chevaliers piquèrent aussitôt des éperons vers l'ermitage, du mieux qu'ils pouvaient. La preuve serait bientôt faite. Ils détruisirent les murs, entrèrent dans la maison et trouvèrent la femme sous la huche, le crâne éclaté. Ils se répandirent en pleurs ; son mari et ses amis s'arrachaient les cheveux. Le prévôt refusa que l'ermite soit mis à mort sur place et dit qu'au contraire, il le conduirait au gibet, exposé à la vue de la population. Il le fit monter sur un âne, les mains liées et les yeux bandés. Pour sa plus grande honte, on emmena l'ermite, escorté par une foule nombreuse qui voulait assister au spectacle de sa mort. Les proches de la dame la firent ensevelir ; mais je ne vous parlerai plus d'elle et vous entretiendrai de l'ermite, que le prévôt conduisait à l'exécution. (v. 22453)

Il envoya un écuyer à la ville pour battre le rappel à haute voix, afin que nul ne manque d'aller voir l'ermite, le meurtrier. La nouvelle fut ainsi annoncée partout. La population accourut alors sur les lieux, comme quand il s'agit d'éteindre un incendie, et tout le pays se retrouva là. Le prévôt ordonna l'exécution de la sentence. On passa la corde au cou de l'ermite et le bourreau était déjà sur l'échelle de la potence. Il n'y avait plus qu'à laisser les choses suivre leur cours, quand la foule entendit retentir dans les airs, au-dessus d'elle, un grand cri qui lui figea le sang. C'était un cri monstrueux, un cri horrible, effroyable, semblable au meuglement puissant d'un bœuf, comme on n'en avait jamais entendu. Tous comprirent qu'il s'agissait d'un rire, mais nul ne sut d'où il venait. Ce n'était pas le rire d'une créature mortelle ni d'un être spirituel, et nul ne douta que ce ne fût celui d'un démon. Chacun tint cela pour un prodige et en était épouvanté : ce rire était véritablement inouï. Tous dirent : « Nous sommes perdus si nous continuons sur cette voie. Peut-être avons-nous tort de pendre cet ermite, dont on a toujours dit qu'il était un saint homme ; allons le trouver et interrogeons-le sur ce que nous avons entendu. » Les dignitaires du pays s'approchèrent de lui : « Dis-nous, ermite, notre ami, par le pardon que nous demandons à Dieu de t'accorder, ce rire que nous venons d'entendre, sais-tu d'où il provient ? Les gens sont atterrés. – Je le sais bien, dit l'ermite, mais vous n'êtes pas du tout concernés. Traitez-moi comme vous le devez. Que ce châtiment me soit compté comme pénitence ; cela m'est nécessaire. – Cher ami, s'il vous plaît, dites-moi la vérité à propos de ce rire. » L'ermite répondit : « Je vais vous la dire. J'ai vécu en ermite pendant trente ans et plus, et je n'ai jamais faibli dans la pratique du bien ; je ne dis pas cela pour m'attribuer de faux mérites car je sais bien que je ne peux me soustraire à mon sort. C'est pourquoi je veux vous révéler la vérité. Pendant vingt ans et plus, le diable m'a tourmenté sans discontinuer et m'a soumis jour et nuit à la tentation, sans jamais avoir raison de moi. C'est la pure vérité. J'en ai conçu du ressentiment contre lui. Un jour, j'ai confectionné des collets et les ai tendus, pensant le surprendre par la ruse et le faire tomber dans mes pièges. » Les autres, soulagés, éclatèrent de rire et se réjouirent. L'ermite poursuivit toutefois son récit : le diable s'était présenté devant lui dans son jardin et lui avait demandé ce qu'il faisait et à quelle bête étaient destinés les collets qu'il plaçait. Il ne lui avait pas caché la vérité et lui avait dit qu'il frapperait le diable quand il le tiendrait dans ses cordes. Le diable était devenu furieux et lui avait annoncé sur un ton menaçant que c'est lui qui bientôt le prendrait au piège. L'ermite parla des manœuvres du diable, de la femme qu'il lui amena et qui le tenta au point qu'il ne se contrôlait plus, qu'il ne savait même pas s'il était mort ou vivant. En présence de tous, il dit la vérité sur son péché et sur le meurtre qu'il avait commis. « Me voici à présent pris au piège de l'ennemi, sur le lieu de mon châtiment. En raison de la corde que j'ai autour du cou, le diable me tient pour un sot. Je m'imaginais le faire prisonnier, et c'est lui qui a réussi à m'abuser. D'où son rire, en vérité, ce rire frénétique, hideux, et pour tout dire sinistre. Je ne sais que dire de plus. Je veux mourir à cause de mes péchés, ne me faites pas languir ici plus longtemps. » (v. 22553)

Les grands seigneurs, le prévôt et le maire se mirent d'accord pour libérer l'ermite et le remettre dans son ermitage. Il fut fait selon leurs souhaits et conformément à la volonté de Dieu qui avait œuvré à ce dénouement. On rendit à l'ermite toutes ses affaires et l'on fit réparer sa maison. Quand il eut retrouvé sa tranquillité, il imposa à son corps de grandes souffrances et le mortifia nuit et jour ; du matin au soir, sans mentir, il versait des larmes abondantes, dans un profond repentir. Il persévéra dans sa pénitence pendant quinze ans et le Seigneur, voyant ses larmes, sa repentance et sa contrition, lui fit une place au paradis et le libéra de la vie d'ici-bas. L'ermite rendit son âme pure et fleurie et il a maintenant sa demeure au paradis. Que Jésus-Christ nous fasse à tous le même don. (v. 22575)

Vous venez d'entendre la vie de cet ermite telle que je l'ai sous les yeux. Nous devons prendre exemple sur lui. Amendons-nous par la médiation d'autrui. Comme marins en mer, nous devrions être toujours en alerte. Le diable, en employant ses artifices, pour nous tous a tendu ses collets et nous ne nous en tirerons pas sans dommages. Nous devons tendrement prier Dieu, à genoux et les mains jointes. Pour Dieu, tenons-nous sagement sur nos gardes : nous avons face à nous un puissant ennemi. Que personne, ni vous ni moi, n'abandonne sereinement son corps au plaisir. Quand nous sommes ainsi esclaves de notre corps, c'est alors que nous faisons le lit du douloureux et mortel châtiment qui nous sera infligé. Nous devons mourir un jour prochain et nous n'emporterons rien d'autre avec nous que la peau qui enveloppera notre dépouille. Nous devons avoir en mémoire qu'un jour prochain, les vers qui naîtront de nos chairs nous mangeront. Nous mourrons tous, comme vous le savez ; corrigez-vous donc et amendez-vous. On dresse un chien à danser, on dresse un ours à faire des culbutes et ces bêtes ne sont pas douées d'intelligence. Et nous, misérables fous que nous sommes, nous refusons de servir Dieu comme il le faut ? C'est l'ennemi qui nous trompe. N'a-t-il pas trompé l'ermite dont vous venez d'entendre l'histoire, un homme qui ne vivait que selon l'esprit, comme il y en a peu de nos jours. Nous sommes mauvais et corrompus. Faisons de Dieu notre bouclier, notre protection, et servons-le comme nous le devons ; nous finirons notre vie dans de bonnes dispositions. Que Dieu nous accorde d'agir ainsi afin que nous puissions faire une bonne fin. Qu'il nous souvienne de Notre-Dame. Que chacun chérisse la dame qui porta Dieu en son sein. Celui qui l'aimera aura une heureuse destinée. Pour ma part, ne voulant pas l'oublier, il me plaît de vous conter brièvement un de ses miracles, dont l'enseignement est salutaire. (v. 22625)

L – ANGES (v. 22626-23087)

Du chevalier qui vit Notre-Dame dans le pré

Il était autrefois un chevalier qui avait une épouse jeune et belle. C'était la plus belle femme du pays ; elle avait un corps parfait, un visage au teint éclatant, d'une belle couleur vermeille. Elle faisait l'admiration de tous les chevaliers de la région. Mais sa beauté causait beaucoup de mal car ils étaient nombreux à la convoiter. La dame était agréable, bien éduquée, et elle avait des manières courtoises. Elle lisait sans difficulté le latin et le français et possédait le livre des heures de Notre-Dame, qu'elle récitait régulièrement pour qu'elle la protège et veille sur son âme. Elle s'y appliquait quotidiennement, sans oublier les vigiles des morts qu'elle disait une fois par semaine. Si un homme s'était mis en tête de la prier, de la supplier et de s'attirer ses faveurs, jamais elle ne lui aurait accordé son amour. Pour être admis dans son intimité, on livra maintes joutes, maints combats, et maintes lances furent brisées, mais en pure perte, si ce n'est au bénéfice de son mari, qui était un bel homme, doué de grandes qualités. Les époux s'aimaient d'un amour mutuel. La dame fut d'une conduite irréprochable, jusqu'au jour où il plut à Dieu de la mettre à l'épreuve. Il y avait dans le pays un jeune chevalier, réputé pour ses faits d'armes, joli garçon, d'humeur enjouée, avisé, courageux, beau parleur, bien élevé et fringant. C'était le plus grand seigneur du pays. Il avait enchaîné son cœur à la dame dont je vous ai parlé et avait dépensé des deniers en grand nombre pour se faire des amis dans la région, hommes et femmes, afin de se rapprocher de la dame, qui ignorait tout de son amour. Il n'osait le lui déclarer, car il craignait d'être éconduit. Fou d'amour, il souffrait le martyre et mettait sa vie en danger. Un jour, d'après ce que je sais, il alla voir la dame, qui se trouvait chez elle en compagnie de son mari. Il s'était fait précéder d'un écuyer qui annonça la venue de son maître. « Qu'il soit cent fois le bienvenu, car nous serons très heureux de l'accueillir chez nous ; j'avais très envie de le recevoir, dit le mari qui ignorait les intentions de son visiteur ». On arrangea la maison avec soin et la dame s'était mise en beauté, sans penser à mal. Tenant son épouse par le doigt, l'hôte vint au-devant du seigneur. Ils lui manifestèrent leur joie et le traitèrent avec beaucoup d'égard. Plutôt que de vous parler de la fête, je vais sans attendre vous raconter le miracle. Quand il jugea le moment favorable, le chevalier n'hésita pas à prier d'amour la dame et il lui révéla les tourments qu'il avait endurés pour elle : il fallait qu'elle sache qu'il se donnerait la mort si elle ne lui répondait pas favorablement. La dame se déroba habilement : « Soyez sûr, seigneur, que jamais pour rien au monde je ne consentirais à pareille chose. Il faudrait être le dernier des fous et des sots pour continuer à me parler ainsi. Jamais ma mère ne fit de folie de son corps, et je n'en ferai pas non plus. Je ne tromperai pas mon époux ni n'outragerai la Sainte Église et je ne mettrai pas mon âme en péril pour commettre le péché de luxure. Plus un mot, seigneur, car je n'ai cure de fréquenter un hôte tel que vous. » Le chevalier s'éloigna et repartit très abattu, après avoir recommandé à Dieu le seigneur et sa femme. Une quinzaine de jours ne s'était pas écoulée qu'il revint prier la dame d'être sa maîtresse et son amie. Mais je ne veux pas vous rapporter les paroles qu'ils échangèrent ; laissons cela de côté. Vous avez souvent entendu dire que, lorsqu'un homme poursuit habilement une femme de ses assiduités, il est bien rare qu'elle résiste et n'accorde pas son consentement. Le chevalier se montra si pressant auprès de la dame qu'il finit par la faire céder, troublée et vaincue, sans que toutefois elle s'abandonne à lui. Elle lui fixa un rendez-vous pour un jour où son mari serait absent, et lui donna ses instructions : pour la rejoindre, il traverserait un jardin, puis franchirait un petit pont et entrerait dans un pré, où elle se trouverait seule à l'attendre, juste avant la tombée de la nuit. Le chevalier s'en retourna alors, n'emportant de sa dame qu'un baiser. Il attendit avec impatience ce moment qui lui était si cher : Noël a beau se faire attendre, il finit par arriver. (v. 22747)

Vint le jour tant désiré : pour n'être pas reconnu, le chevalier avait changé son apparence. Il s'avança seul dans le jardin et attendit le déclin du jour, se tenant tout près du petit pont. Tôt dans la soirée, après le repas, la dame fit coucher ses gens. C'était l'été et, en raison de la chaleur, elle portait une chemise de lin plissée et n'avait rien sur la tête, ni guimpe ni voile, en dehors d'un cercle d'or du plus bel effet. Ses cheveux blonds ondulés, qu'elle venait de tresser d'un ruban de fils d'or, lui descendaient jusqu'aux talons ; elle était belle et resplendissante. De sa chambre, elle gagna le pré tout proche, où était étalée sur l'herbe, une couverture de soie tissée d'or. La dame s'y assit, à l'insu des gens de sa maison. Elle regarda autour d'elle, ne vit personne et en conçut un violent dépit : « Ah ! s'écria-t-elle, a-t-on jamais vu un tel misérable, un tel lâche ! Il aurait dû être ici depuis longtemps. Hé bien, jamais il n'obtiendra de moi le plaisir qu'il désire. » Elle se leva, regagna son lit où elle s'assit, puis se ravisa et décida de revenir dans le pré à la rencontre du chevalier qui, pensait-elle, se donnerait la mort s'il n'y trouvait son amie. Elle prit sur un coffre son livre d'heures, retourna dans le pré et s'assit. La lune était claire et elle se dit qu'elle chercherait dans son livre quelque belle oraison à dire en louange à Dieu. Elle l'ouvrit et commença à réciter avec ferveur et recueillement les vigiles des morts. À ce moment-là le chevalier s'avança jusqu'au pont, le franchit et, parvenu dans le pré, il y vit la dame assise. Le pré était couvert de corps qui avaient surgi de terre, enveloppés dans des linceuls. Ils étaient là à genoux et imploraient la pitié de la dame. Cette scène était bien réelle. Glacé d'effroi, le chevalier n'osait esquisser le moindre mouvement. Il regarda les corps à plusieurs reprises et se mit à pleurer, car il pensait que la dame faisait des miracles. Il était saisi d'angoisse à l'idée des propositions qu'il lui avait faites et des propos indignes qu'il lui avait précédemment tenus. La dame termina la récitation des psaumes par « *Requiescant in pace* ». Tous les corps se relevèrent alors, s'approchèrent de ses pieds, s'inclinèrent très humblement puis s'en allèrent sans attendre, laissant le pré désert. La dame commença aussitôt à chanter les complies de Notre-Dame[1]. Bientôt le chevalier aperçut la plus belle compagnie qu'on ait jamais vue en ce monde : au premier rang, il vit Notre-Dame, souverainement belle et aimable, éblouissante de clarté, coiffée d'une couronne si riche que les mots ne sauraient l'exprimer. La très douce dame vénérée, environnée d'anges, était assise sur un siège précieusement orné et travaillé, comme le sont les ouvrages du paradis, que dix anges soutenaient. (v. 22837)

---

1 « La complie Nostre Dame » (v. 22819). Le mot, dérivé du verbe « complir » (accomplir), désigne d'abord l'heure canoniale portant l'office divin à son achèvement. Le pluriel ne se généralise qu'au XVe siècle, par alignement sur « vêpres, mâtines, laudes ».

D'autres anges, qui ne portaient pas Notre-Dame, l'entouraient et chantaient. L'allégresse et la lumière étaient si intenses que le chevalier ne put pas rester debout et, ébloui par tant de clarté, il tomba à terre de ravissement. Quand il eut repris ses esprits, il porta son regard sur le pré et vit le rayonnement qui émanait de Notre-Dame et de ses anges, des vierges saintes et des archanges. Deux anges qui se trouvaient, d'après ce que je sais, de part et d'autre de Notre-Dame, tenaient deux cierges ardents. Quand la dame eut dit les complies, elle n'oublia pas de terminer son office par le *Salve Regina*, un hymne très ancien[2]. Les vierges saintes, les anges et la compagnie des archanges chantèrent avec la dame la louange de la mère de Dieu. Quand l'antienne fut finie, la mère de Dieu s'en alla avec les anges qui l'emmenèrent en chantant, laissant dans son pré la dame, à qui toute cette scène avait échappé. Le chevalier, lui, avait tout vu ; il vint à elle, tomba à ses pieds et lui dit : « Sainte femme, pitié ! Quelle aventure venez-vous de vivre en ce lieu ? » En pleurant, il lui baisait les pieds. La dame, qui ne comprenait pas ce qui lui arrivait, lui dit : « Misérable timoré, vous arrivez trop tard ! Allez-vous-en et sachez que vous ne prendrez nul plaisir avec moi. Je vous ai trop attendu ici. » Le chevalier était dans l'angoisse et versait des larmes abondantes, mais pour des raisons qui n'étaient pas celles qu'elle croyait. « Dame, j'ai assisté ici à des merveilles, qui sont arrivées grâce à vous. Je ne doute pas que vous soyez une sainte femme. – Qu'avez-vous donc vu qui me concerne, seigneur chevalier ? – Je vais vous le dire bien volontiers. Dame, je ne sais ce que vous lisiez, mais, par le Saint-Esprit, il y avait devant vous, enveloppés dans des linceuls, des corps en si grand nombre qu'ils couvraient toute la surface du pré. À genoux, les mains jointes, ils se tenaient ensemble devant vous et restèrent ainsi longtemps, jusqu'au moment où par des paroles que vous avez prononcées et que je ne pus saisir, vous les avez fait s'en aller. » (v. 22899)

Quand la dame entendit ce récit, elle se mit à pleurer, sachant bien que c'était en raison des vigiles que les corps étaient venus là et que, lorsqu'on chantait l'office qui leur était destiné, on soulageait leurs souffrances. « Dame, reprit le chevalier, j'ai vu ensuite la mère de Dieu descendre du ciel, accompagnée d'anges, de vierges saintes et d'archanges.

---

2 Le *Salve Regina* fut composé probablement par Adhemar de Monteil, évêque du Puy, mort en 1098 devant Antioche ; mais la tradition en fait remonter l'origine beaucoup plus haut.

Ils demeurèrent avec vous un long moment et quand ils durent enfin partir, les anges et les vierges qui se trouvaient là s'associèrent à vos chants. Puis ils s'en allèrent remplis d'allégresse. Je ne crois pas que personne voie jamais la mère de Dieu de manière aussi claire ; et je me suis donné à elle. Je la servirai pendant toute ma vie, je me retirerai dans un ermitage où je passerai le restant de mes jours. Et vous, dame, ma très douce amie, prenez soin de vous, car je m'en vais bâtir mon ermitage dans les bois, pour gagner le saint paradis. » Il se mit alors en chemin. (v. 22925)

Avant qu'il ne la quitte, la dame lui promit de tenter d'obtenir de son époux qu'il la délie de ses engagements. Elle entrera dans un ordre de moniales blanches en Égypte où, dans les gémissements et les pleurs, elle s'attachera à servir Dieu et Notre-Dame pour purifier son âme et la laver du péché. Le chevalier s'en alla et s'appliqua à servir Dieu ; il se confessa dès qu'il le put et renonça à tout sentiment d'orgueil et de fierté. Restée chez elle, la dame se convertit elle aussi. Dans le mois qui suivit, la mort qui ne manque jamais à sa tâche, emporta son mari, qui était un homme sage et courtois. Libre de tout attachement, la dame mena sa résolution à bonne fin ; au moyen de sa fortune, elle fonda une abbaye, la pourvut de bons revenus à la hauteur de ses désirs, et y fit entrer des religieuses en grand nombre. Elle-même fit le vœu de respecter la règle et de vivre dans la chasteté. Elle passa vingt ans dans le monastère en sainte femme de bonne réputation. Elle se protégea du péché avec sagesse ; Notre-Dame, à qui elle était chère, l'aida à persévérer et, après sa mort, fit emporter directement, dans l'allégresse, son âme au paradis, où Jésus-Christ la couronna et où elle trouva le repos éternel. Que Dieu nous accorde de nous comporter comme elle le fit, afin que nous puissions suivre sa voie. (v. 22961)

Par l'exemple de cette dame, je veux vous montrer que celui qui sert la mère de Dieu préserve son corps et son âme, car il obtient le paradis en retour, tandis que celui qui ne la sert pas n'y entrera jamais. Qui la sert sert son fils ; aussi n'a-t-il pas à redouter les périls celui dont la mère de Dieu est l'amie. Il en est bien ainsi, n'en doutez pas. Elle a le privilège de pouvoir secourir qui elle veut en peu de temps. Servons-la donc, nous ferons bien. Les dames qui connaissent les heures et les psaumes et qui ne les disent pas d'un cœur sincère pour servir

Dieu et Notre-Dame ne sont que des folles. Elle fait bien peu cas de son âme la dame qui feint d'être dévote et qui, pour duper les gens, servira Dieu avec la duplicité d'un Renard. Nous devons tous savoir que Dieu tient en mépris la femme hypocrite qui affecte l'humilité pour dissimuler ses péchés et qui, au lieu d'avouer ses fautes à son prêtre en confession, choisira d'endosser la toison de l'agneau pour sauver les apparences, alors qu'elle a le péché en elle, et refusera de se repentir. Ah, quel malheur ! Pour un péché qui dure si peu – péché d'avarice ou de luxure ou tout autre honteux péché mortel – l'âme gagnera en enfer l'affreuse demeure des damnés. Chacun devrait construire son pont pour franchir cet horrible lieu et, de toute urgence, courir se confesser et faire pénitence pour échapper à l'ennemi, qui pèse le mal dans sa balance. Tout ce qui se trouve ici sur terre est soumis à la souffrance et au danger ; nous sommes comme des exilés et c'est pourquoi chacun doit être sur ses gardes. Comment oublier le malheur, dont j'ai été souvent le témoin affligé, de ces femmes et de ces jeunes filles riches et couvertes d'honneurs ? Une fois apprêtées, vêtues et coiffées avec le plus grand soin, elles sortent dans la rue pour se donner en spectacle au regard des gens. Par leur faute, bien des hommes ont trébuché pour avoir été séduits par leur allure provocante. (v. 23020)

Une telle se rendra à Saint-Pierre, à Saint-Amant ou à Notre-Dame, son psautier à la main et, alors qu'elle devra y plonger son regard, dire ses heures, faire ses oraisons et prier Dieu en ne pensant qu'à lui, elle regardera du coin de l'œil toute personne qui entrera dans l'église. Maints versets seront alors dénaturés par son désir d'embrasser tout le monde du regard et d'observer chacun l'un après l'autre, un œil à la porte, l'autre sur le livre, livrant ainsi son corps au diable. Elle est venue là pour se vendre à l'étal, n'ayant manifestement en tête que le péché et la luxure, de sorte qu'elle est incapable de contenir ses regards, de dissimuler son désir et de donner le change. C'est une chose indigne, qui m'afflige – que les dames nobles et les bourgeoises le sachent bien –, quand par sa parure et l'indécence de son maintien une femme exhibe sa dépravation ; et si un homme commet le péché en ayant l'intention d'avoir des relations interdites avec elle afin de prendre du plaisir et d'assouvir ses désirs, c'est elle qui est responsable de ce péché. Maints hommes ont été ainsi abusés. En affichant sa beauté dans la rue, elle cause sa propre mort et celle d'autrui. (v. 23051)

Voici le maintien que doit avoir une femme : tenir les yeux baissés, couvrir sa chevelure et montrer un visage humble ; quand elle sort, qu'elle mette son manteau ou sa guimpe. C'est cette contenance que doivent prendre celles qui veulent se préserver, servir Dieu et l'honorer. Celle qui s'apprête de manière indécente, qui s'orne la tête de broderies dorées, est comme le tavernier qui fait annoncer son vin par le crieur et fait alors suspendre un cerceau à sa porte. C'est ce même type d'annonce, je crois, qui saute aux yeux au premier regard. À sa toilette on peut reconnaître que c'est une fêtarde et une débauchée. Ah, dame Sainte Marie, prenez en pitié les femmes qui vivent ainsi dans le mal. (v. 23071)

Dames, allez faire vos prières et allez vous confesser dans un esprit de contrition. Repentez-vous de vos fautes ; tout le mal que vous avez fait, transformez-le en bien et servez Dieu et Notre-Dame, qui est la lumière et la plus précieuse des gemmes. En elle sont réunies toutes les bontés que l'on puisse trouver. C'est elle qui vous conduira à bon port. Aussi, que chacun dise un *Ave Maria* pour que Dieu, dispensateur de toutes les grâces, le protège et qu'il accorde à nous tous d'agir de telle sorte que nous puissions trouver le paradis au terme de notre vie terrestre. À cela que chacun dise *Amen.* (v. 23087)

LI – SAC (v. 23088-23497)

Fou est celui qui s'attache au monde. Celui qui s'y livre et s'y fie le plus, qui en dispose le mieux à son gré, c'est lui qui sera le premier à le perdre. En aucune manière une forteresse, un puissant lignage ou de hautes dignités ne sauraient empêcher que la mort n'ait raison de nous. Que vaut un plaisir éphémère ? La mort nous tient en laisse, chaque jour elle nous prend au crochet ; nombreux sont ceux qu'elle terrasse, qu'elle renverse ; et il nous faut tous passer entre ses mains. La mort ne peut nous laisser l'esprit tranquille, la mort ne peut nous accorder le moindre répit, la mort a tant de mépris pour le monde qu'elle met à égalité contes et rois. La mort jette à bas ceux qui sont juchés sur de belles montures. Un jour prochain elle nous fermera les yeux et nous aurons pour linceul un drap dans lequel nous serons étroitement cousus. Quelles qu'aient été nos richesses, elles ne pourront nous libérer et nos parents pourront crier et se lamenter pendant un temps. Votre femme vous a beaucoup aimé, comme elle le devait, et avec raison, mais si on lui laissait votre corps pour qu'elle le veille quinze jours ou un mois, je crois qu'elle n'aurait pas le cœur à rester à son chevet et qu'elle quitterait précipitamment la place plutôt que de rester à vos côtés. Elle n'aurait pas tort, je le concède. Notre compagnie sera celle des vers et des crapauds qui nous mangeront comme ils ont mangé ceux qui nous ont précédés. Vous voyez bien alignées dans les cimetières les tombes où reposent vos ancêtres et vous les foulez aux pieds. Il est surprenant que vous ne vous demandiez jamais où vont les âmes de ceux qui quittent cette vie et ce qu'elles font. Vous croyez tous, je le sais bien, qu'il existe un enfer et un paradis, et que ceux qui sont emportés en état de péché mortel iront en enfer, où ils seront damnés pour l'éternité sans rémission. Cela est légitime et conforme à la raison. Vous savez aussi où demeureront les justes, au paradis où ils seront bien récompensés pour leurs bonnes actions. Dieu ne veut pas tromper les gens, c'est un fait bien établi, il vous a donné la connaissance du bien et du mal, cela ne fait pour moi aucun doute. Au nom de Dieu, ne vous mettez pas en retard et ne faites pas pour vous le mauvais choix. Ne causez pas votre perte et votre déshonneur, et libérez-vous des pièges de l'ennemi. Nous sommes en exil sur cette terre et il n'y a dans le monde que dangers, souffrances et misères. Mort est celui qui cherche à satisfaire ses désirs. Tous les biens de la terre et de la mer ne combleraient pas le cœur d'un homme cupide. Si nous voulons gagner le paradis, méprisons les biens terrestres et les honneurs et attachons-nous à la pauvreté authentique, à la vérité et à toutes formes de bonnes actions. Servons Jésus-Christ et ses saints et ainsi nous trouverons la richesse. En Dieu sont tous les trésors, tous les biens et tous les honneurs. C'est en lui que les ont trouvés les saints hommes qui ont ici-bas méprisé leur corps. Il est bon que nous prenions exemple sur eux. (v. 23166)

De l'ermite qui apporta le petit sac aux larrons qui avaient vandalisé sa maison

Je vais vous parler maintenant d'un saint père qui eut Jésus-Christ pour ami, un ermite qui s'était établi dans un bois, où il vécut, pendant trente ans je crois, pieds nus, un vêtement de laine à même la peau. Il mortifia cruellement son corps par la prière et le travail. Il ne mangeait qu'une fois par jour, sauf quand il était malade, et le mieux qu'il s'accordait, après avoir jeûné toute la journée, c'était du pain d'orge ou des herbes crues, de la sauge, du persil, des laitues et des racines, quand il en trouvait. Je ne pense pas qu'il ait jamais allumé de feu pour faire cuire ses aliments. Près du bois, dans une lande, il y avait, me semble-t-il, un château qui servait de repaire à des jeunes gens qui écumaient le pays ; je ne saurais dire combien ils étaient. Un jour où ils s'étaient enfoncés dans le bois, ils observèrent l'ermitage. « C'est sûr, dit l'un d'eux, cet ermite possède quantité de biens précieux qui lui ont été apportés ici et confiés en dépôt. C'est un gredin, un sale hypocrite. – Faisons une bonne œuvre, dit l'un des larrons, venons le dévaliser cette nuit. » Ils furent tous d'accord avec lui, puis ils s'en allèrent et s'activèrent pendant le jour en quête de butin. Quand la nuit fut tout à fait tombée, ils retournèrent dans le bois et, parvenus à l'ermitage, tendirent l'oreille et comprirent que l'ermite était couché, épuisé par son travail. S'ils s'étaient aperçus qu'il était éveillé, ils auraient renoncé à leur assaut. Ils donnèrent des coups à la porte, qu'ils brisèrent, et réveillèrent l'homme de bien, qui se demanda avec stupéfaction ce qui se passait : c'était une circonstance nouvelle pour lui et il n'est pas étonnant qu'il eût peur. Il se leva au plus vite et se mit aussitôt en prière dans un des angles de la maison, où se trouvait une statue. Les voleurs mirent le feu à la paille sur laquelle couchait l'ermite qui, priant Dieu, le remerciait de tout ce qu'ils pourraient lui faire subir. Ils brisèrent ses coffres, fouillèrent partout, renversèrent tout, firent un tas de leurs prises et emballèrent ensemble, sans rien laisser de côté, vases, trépieds, habits usagés et vieux vêtements de travail. En vidant la maison ils ne firent qu'un maigre butin, mais vous savez bien qu'un pauvre est plus affecté par la perte d'un œuf qu'un riche par celle d'un bœuf. Après avoir mis à sac l'ermitage, ils s'en allèrent et laissèrent l'ermite sans le recommander à Dieu. Qu'il se débrouille du mieux qu'il pourra ! Le brave homme se releva alors et constata que tout avait été emporté. De ce qu'il possédait, il ne trouva plus rien de la valeur d'un denier mais, dans sa grande sagesse, il prit en gré cette pénible épreuve et remercia Dieu de ce qui lui arrivait. Il trouva sous son lit un sac qui avait échappé à la vue des voyous. « Hélas ! dit-il, ces voleurs se sont fait avoir, en vérité, car ils ont oublié ce petit sac. Je crois qu'il aurait pu leur être utile ; ils auraient alors pleinement réussi leur coup et se seraient acquittés de leur tâche. Je suis sûr qu'ils s'étaient dit qu'ils emporteraient tout. À dire vrai, ils n'auront pas tenu leurs engagements ; ne devant pas souffrir que mon prochain manque à sa parole, je dois leur venir en aide et leur porter secours. Il me faut donc courir à leur poursuite et leur donner le sac. Ce n'est pas sans raison s'ils se sont comportés envers moi comme ils l'ont fait, j'en suis sûr. Si je trouvais d'autres choses à moi, si chères qu'elles me soient, je n'hésiterais pas à les leur apporter. Mais je ne vois plus rien ici. Je dois me dépêcher de les rejoindre. » Il prit aussitôt le sac et se mit en chemin, en retroussant les pans de son vêtement à cause de la boue. L'ermite, qui allait pieds nus et n'avait pris ni baguette ni bâton, se mit en marche puis accéléra l'allure à travers le bois. Il faisait déjà grand jour quand il aperçut les voleurs qui, sans faire de bruit, emportaient leur butin. Le brave homme leur cria : « Prenez ce beau petit sac, prenez-le, vous l'avez oublié. Attendez-moi, s'il vous plaît. » Les voleurs se retournèrent et furent stupéfaits de le voir. Les gens qui commettent des méfaits craignent toujours les embûches. Quand ils le virent arriver inopinément, tenant son sac à la main, ils furent rassurés. Le saint homme les salua : « Seigneurs, que Dieu vous protège tous ! Vous avez visité cette nuit la maison où j'habite. Mais, alors que vous auriez dû tout emporter, vous avez été un peu négligents. Vous n'avez pas bien su chercher, car vous avez laissé ce beau sac. Je crois bien que vous avez oublié de regarder à l'endroit où il se trouvait. Vous avez failli à la tâche, au risque de manquer à la promesse que vous aviez faite de vider entièrement ma maison de ce qui s'y trouvait. Je souhaiterais que nul ne dise de paroles mensongères ni ne raconte d'histoires. Pour vous obliger à la vérité, je vous apporte ici ce qui restait. Je m'en vais et vous recommande à Dieu. Puisse-t-il vous accorder le discernement ! » Il se hâta alors de retourner à son ermitage, laissant les jeunes gens profondément troublés. « Avez-vous vu, dit l'un d'eux, ce que cet homme de Dieu a fait pour nous ? Assurément nous nous sommes mis dans une méchante affaire en lui causant du tort. Jamais nous n'avons rencontré un tel modèle de sainteté. » Même le plus endurci s'apitoya et tous furent émus dans leur cœur. Ils se dirent qu'ils rebrousseraient chemin, qu'ils rapporteraient au saint homme tout ce qu'ils avaient pris dans sa maison et qu'ils imploreraient son pardon pour cet odieux préjudice. Ils revinrent à la retraite de l'ermite ; celui-ci les y avait précédés et ils l'appelèrent. Le religieux, qui était en prière, se releva et accourut ; il ouvrit sa porte et, les ayant reconnus, les salua aimablement. Les larrons, en pleurs, s'agenouillèrent devant lui. « Saint homme, aie pitié de nous et pardonne-nous le méfait que nous avons commis à tes dépens. Nous te rapportons tes affaires. Nous promettons à Dieu et à ses saints que nous ferons pénitence pour avoir longtemps vécu dans le péché et l'ignorance. Nous avons détroussé maints hommes de bien et commis maints actes de brigandage aux yeux de tous. Honte à celui qui sert un maître qui, au bout du compte, trahit les siens. Chacun de nous pendant toute sa vie a accompli les œuvres de l'ennemi. Mais, s'il plaît à Dieu, nous l'avons mis en échec, car nous le renions. Nous servirons de tout cœur Jésus-Christ. C'est le vœu que nous avons fait. » Après avoir longtemps parlé avec l'ermite, ils le recommandèrent à Dieu et le saint homme, à genoux, rendit grâce tendrement à Dieu qui avait redonné à ces hommes la clairvoyance et la lucidité qu'ils avaient longtemps perdues. (v. 23357)

Ainsi l'humilité montre-t-elle ses vertus. Bienheureux celui qui l'observe. L'humilité brise et détruit, l'humilité confond les cœurs durs, l'humilité partout vaincra ; l'humilité par personne ne sera abattue, l'humilité l'emporte sur tout, l'humilité renverse l'orgueil, l'humilité comble les cœurs, l'humilité balaie tous les maux, l'humilité démolit tout et met tout en pièces, l'humilité est si éminente qu'elle est couronnée devant Dieu. On ne la rencontre plus en ce monde. Je voudrais bien la chercher, mais il me serait très difficile de la trouver, si ce n'est dans la religion ; l'on ne doit pas l'en retrancher, car elle en est le fondement. Par conséquent si elle en était retirée, la religion s'effondrerait. Ce serait un crime de l'écarter et si quelqu'un pouvait en accroître l'importance afin d'en consolider les fondations, il ferait œuvre utile. Par la grâce de Notre-Seigneur, ce serait nécessaire en toute circonstance. Au nom de Dieu, que chacun se comporte de manière juste : l'orgueil tue, l'orgueil détruit, l'orgueil empêche tout bien de prospérer, l'orgueil ôte toute sagesse et tout bon sens, l'orgueil ferme la porte à la grâce, l'orgueil a été chassé du paradis et précipité en enfer, où iront les orgueilleux. Hélas, qu'ils sont nombreux ceux que l'orgueil retient dans ses chaînes ! Ce sont les mauvais chrétiens, les marchands malhonnêtes et les usuriers, qui ne font que tromper les gens ; ils vont en enfer, dans la souillure, les pans de leur vêtement noués à la ceinture. Ils y courent nuit et jour. Ah, infâme, quelle funeste satisfaction tu connaîtras ! C'est ce que tu recevras, je le sais bien, misérable, pauvre malheureux. Un âne ou un bœuf valent beaucoup mieux que toi, et je t'en donne la preuve : mène l'âne au gué et s'il a soif, il boira ce qu'il lui faut, mais tu ne réussirais pas à le faire boire davantage même si tu menaçais de le tuer. Et toi, misérable écervelé, toi, tu veux t'emparer de tout et tout posséder, au-delà de tes besoins. Tu cherches ton malheur et l'opprobre. Instruis-toi, infâme, toi qui ne connais pas la crainte et te vautres dans de graves péchés, qui causeront la damnation de ton âme. Si tu accordais quelque valeur au bien, tu pourrais t'instruire. Tu sais bien que tu serais fou à lier si tu voulais braver Dieu. Dieu a voulu nous donner un modèle qui passe par la pauvreté et la souffrance : c'est la règle qu'il nous a prescrite, et que tu t'imagines pouvoir enfreindre. En vérité, on devrait te couvrir de huées, pauvre misérable, possédé par la folie. Tu crois exister et pourtant tu n'es rien, toi qui travailles à faire tout le mal possible. En te dirigeant vers l'enfer tu y conduis les autres, et c'est toi qui porteras la bannière. Ce que tu auras gagné malhonnêtement, tu voudras le léguer à tes enfants, et pour cela tu veux écorcher les gens avant leur mort, c'est pure folie. L'équarrisseur, qui dépèce les chevaux, ne fait pas cela ; jamais il ne sera assez brutal ni assez cruel pour ne pas attendre qu'ils soient morts. Toi, misérable, tu n'agis même pas comme lui et tu écorches les gens alors qu'ils vivent encore. Jésus, le roi de paradis, te demandera des comptes sur leur propre sang. Le malheureux qui se saignera à blanc pour faire vivre sa famille, tu te jettes sur lui pour causer sa perte, jusqu'au moment où tu le prends dans tes pièges. Tu t'y entends si bien en ruses et en manœuvres frauduleuses que tu le dépouilles de tout ; tu veux tout avoir pour toi, ce qui a de la valeur comme ce qui n'en a pas. Tu veux en faire hériter tes enfants ? Par cette volonté, tu les emmèneras à ta suite en enfer, où tu iras. Tu es bien pire que Judas, toi qui veux leur malheur et leur honte. Misérable, qui connais bien la nature de l'orgueil, tu sais bien que ton enfant profitera des richesses qu'il recevra de toi. Pour rien au monde il ne consentirait à les restituer et il te suit, tu le vois bien, en enfer. Là, pas d'argumentation ni de débat dialectique. Le temps des disputes spécieuses sera passé. Pauvre misérable, stupide que tu es, toi qui aujourd'hui veux te faire passer pour si instruit, si intelligent et si respectueux des lois, tu ne pourras compter là-bas sur aucun secours ; là-bas ta bourse sera vide, là-bas tu paieras cher ton écot. Misérable, tu es comme l'escarbot tombé dans le fumier ; il ne cherche pas à en sortir, car il s'y plaît. De même le pécheur se vautre dans le fumier, c'est-à-dire dans le péché qui pèse si lourdement sur ses épaules qu'il aura du mal à s'en relever. Ah, quel malheur ! Pour deux jours que dure notre vie, nous perdons toute félicité et tout honneur. Que la malédiction de Dieu s'abatte sur celui qui agit ainsi ! Que chacun rende à autrui ce qu'il lui a pris, comme il a le devoir de le faire. Le pire malfaiteur pourra obtenir miséricorde ; pour cela il doit se hâter d'amender entièrement sa vie. Aimez la très douce Vierge Marie de tout votre cœur et servez-la. Elle vous apportera la paix ; elle est le secours des pécheurs et a fait maints miracles pour nous. Jésus-Christ accède à ses demandes. Je vous raconte maintenant une courte histoire à son sujet. Si vous savez ce qu'est son amour, le conte que vous allez entendre vous la rendra plus chère à jamais. (v. 23497)

LII – IMAGE DU DIABLE
(v. 23498-23853)

Du moine qui, dans sa chute, fut empoigné par la statue de Notre-Dame

Il y avait autrefois une abbaye où des moines de sainte vie servaient Dieu de grand cœur ; ils observaient leur règle, respectaient leur obligation de clôture et menaient une très honnête vie. Leur monastère avait été dédié à la Vierge Sainte Marie ; les bâtiments étaient bien disposés et l'église, de construction récente, était belle et bien entretenue. Le portail, qui donnait sur la rue, avait été exécuté avec soin et était de belle facture. Souvent les gens s'y rassemblaient pour en admirer les statues récemment embellies de peinture. Dans le monastère s'était retiré un moine qui avait été peintre dans le monde ; fort de son savoir-faire, il travaillait avec grand soin au portail pour qu'il fût richement décoré. Il s'y était déjà beaucoup employé : il avait fait une statue en majesté de Notre-Dame, notre amie, la très douce Vierge Marie, tenant son enfant dans les bras. Ayant toujours aimé et servi la mère de Dieu, il prit beaucoup de plaisir à faire cette statue aussi belle qu'il put pour qu'elle soit vénérée, et il la plaça au centre du portail de l'église, qui lui était dédiée. En surplomb, il représenta Jésus-Christ, qui est juste et qui ne ment jamais, tel qu'il apparaîtra à l'heure du jugement dernier, où chacun sera dans la peur. À droite, il représenta le paradis où Dieu envoie ses amis sous la conduite de ses doux anges ; ce côté était entièrement peuplé de saintes âmes et d'archanges. À l'opposé, le moine se mit en peine de reproduire l'enfer : il commença par faire un diable muni d'un crochet en fer, si hideux, si horrible, si monstrueux, si laid et si épouvantable que je ne pense pas qu'on ait jamais vu de lui une sculpture ou une peinture aussi abominable. Personne n'aurait pu le regarder sans en être nécessairement glacé d'effroi. Le diable fut très contrarié de se voir attribuer cette forme et cet aspect. Il prit l'apparence d'un homme et se présenta devant le moine : « Que Dieu te protège, que fais-tu ici, toi qui souilles ce mur. Je ne comprends pas ce qui a pu te passer par la tête. On n'a jamais rien vu d'aussi laid que ce que tu cherches à graver sur la pierre. » Le moine esquissa alors un sourire et dit : « Très cher seigneur, par Dieu, c'est encore trop beau pour l'enfer. Il n'est pas dans tes habitudes de voir le diable. Tu n'aurais que mépris pour lui. Sache bien que si j'en étais capable, je le ferais encore plus laid et plus hideux. Il est plus affreux que je ne saurais le montrer. » Le diable ne put s'empêcher de rétorquer : « Tu m'offenses gravement, moine. De toi à moi, quel intérêt as-tu à donner de l'ennemi une image fausse ? Regarde-moi tel que je suis ici. Je suis le diable et je viens de l'enfer. Je te tiens pour un sot et pour un fou, toi qui fais de moi un portrait aussi laid. Tu me feras perdre mes fidèles qui m'ont servi toute leur vie. Quand ils verront de moi une statue aussi repoussante, ils cesseront de m'aimer à cause de l'horrible caricature qu'ils auront sous les yeux. Tu as fait là, en dessous, une femme qu'ils aimeront pour sa beauté. Est-ce que j'ai décorné ton bœuf ? Je ne t'ai jamais causé le moindre préjudice, et toi tu me traites on ne peut plus mal. Tu te comportes comme un fou, répare ton méfait. Je ne te le demande pas, je l'exige. Efface l'offense que tu m'as faite avant que je ne te cause du tort, et représente-moi sous la forme d'un beau jeune homme. Moine, je ne te le cache pas, si tu ne le fais pas, tu le regretteras ; si tu ne répares pas ta faute, tu le paieras cher, sois-en sûr. Je m'en vais, n'oublie pas ce que je t'ai dit, ce serait vraiment stupide de ta part. Le cou pourrait t'en cuire ! » (v. 23599)

Le diable disparut sans s'en prendre davantage au moine. Il répandit une telle puanteur que celui-ci faillit en être infecté en la respirant, et ses miasmes pestilentiels envahirent tout le lieu. Le moine n'abandonna pas son ouvrage de toute la journée et le lendemain, quand il eut entendu la messe qui fut chantée en l'honneur de ma dame Sainte Marie, il se dit : « Ah, Dieu, que vais-je faire ? Le diable m'a menacé et il s'y connaît en ruses et en sortilèges. Il pourrait facilement m'asséner un coup dont je ne me relèverais pas. Si je remplaçais le laid par du beau et que je le rehausse d'une dorure, je deviendrais son ami et lui le mien, peut-être. Mais qu'ai-je dit, misérable cœur sans courage et sans espérance ! Je suis au supplice. Dois-je donc servir le diable, me soumettre à sa volonté et lui obéir ? En vérité, la peur du diable a suscité en moi d'indignes pensées. Ne suis-je pas au service de Jésus-Christ et de Notre-Dame ?

L'homme et la femme qui aiment Dieu et qui le servent fidèlement n'ont rien à craindre et je sais bien que nul ne saurait servir deux seigneurs en même temps : il s'acquitterait nécessairement mal de son service envers l'un des deux, et je suis convaincu que je commettrais une folie si j'abandonnais Dieu pour le diable. Plus belle sera la statue que je ferai de lui, plus je serai son esclave. Je sais bien qu'il méprise les amis de Dieu, qu'il les humilie autant que ses machinations le lui permettent, qu'il aime le mal sous toutes ses formes et déteste tout ce qui est bien. Et donc je le hais et je l'ai en horreur ; c'est pourquoi je consacrerai toute ma peine et toute mon énergie à l'offenser et à lui nuire. Si je le peux, j'aurai sculpté aujourd'hui le diable le plus laid qui soit. » Pour faire son ouvrage, il monta en haut de l'échafaudage où il s'efforça de faire le diable le plus repoussant possible. Quand le diable se vit si hideux et si épouvantable, tel qu'il est véritablement, il escalada l'échafaudage. Tout affolé, le moine aurait voulu être ailleurs, lui eût-on livré la ville de Paris. « Moine, lui dit l'ennemi, tu as fait du très mauvais travail. Hier déjà, je t'avais ordonné de ne pas me faire aussi laid. Il est donc juste que tu périsses. Tu me détestes et tu n'as pas peur de moi. Il te faut goûter à ma vengeance. Nous allons tous deux descendre de l'échafaudage, et si tu voles mieux que moi, sous peu tu t'en trouveras bien. » Le diable donna aussitôt des coups sur la charpente de l'échafaudage, qu'il mit en pièces. Si elle avait été placée en haut d'une tour, la chute n'aurait pas été plus violente. Le moine fut précipité dans le vide à la vitesse de la foudre. Étreint par l'angoisse et la douleur, il s'écria de toute sa voix : « Sainte Marie, aidez-moi, aidez-moi, Sainte Marie, je vais mourir. » Il cessa d'implorer et se tut, car les forces lui manquaient. Quand il passa à la hauteur de la statue de Notre-Dame qu'il avait faite, celle-ci n'hésita pas à lui porter secours : elle tendit son bras droit et saisit par la taille le moine dont la chute était si brutale qu'elle faillit tout briser. La statue l'empoigna si fermement qu'il n'eut aucun mal, et pourtant elle n'avait avancé que le bras droit, le gauche tenant son enfant, c'est-à-dire Jésus-Christ. Toute la population accourait sur les lieux pour voir ce prodige inouï : la statue tenait le moine sans plus d'effort et de peine, manifestement, qu'elle n'en mettait à porter son enfant au teint vermeil. Le bras de la statue était frêle et jamais personne ne fut miraculeusement soutenu comme le fut le moine. Tous les religieux du monastère se rassemblèrent en hâte et la foule des bourgeois de la cité les rejoignit. On prit le temps de dresser une échelle pour le moine, qui aurait voulu ne jamais quitter la place où il se trouvait ; il ressentait tant de bien-être et de joie qu'il en avait oublié toutes ses épreuves. On le fit descendre le long de l'échelle et la statue, qui l'avait relâché, replia son bras. Ayant ainsi échappé au danger, le moine alla devant l'autel de la très douce Vierge vénérée qui lui avait sauvé la vie ; jusqu'à la fin de ses jours, il lui rendit grâce en pleurant avec ferveur et grand respect. Il est bon de servir le Seigneur et aussi en vérité cette dame qui protège votre corps de la souffrance et qui conduira votre âme au paradis : bienheureux celui qui se mettra à son service. (v. 23727)

Consacrons-nous tous à ce service ; il est juste de le faire puisque nous avons en nous la sagesse et l'intelligence. Mais quels sont ceux qui sont lucides ? À mes yeux ils ne sont pas légion. Le monde est dans un tel état qu'il est devenu complètement fou et qu'il a inversé les valeurs. Désormais il n'aime que l'argent, les médisants, les flatteurs et les gens qui ne lui servent que des balivernes, des mensonges et de vains propos, qui outragent Dieu et sa loi. Par Dieu, ce monde me stupéfie, que je vois chaque jour aller de mal en pis. Dieu avait annoncé la progression du mal dans le monde quand viendrait la fin des temps. Je ne m'étonne pas de ce spectacle car je sais bien que la fin approche. L'ennemi tient le monde sous sa férule, comme vous le voyez. Les gens ne veulent pas qu'on leur parle de Dieu : entendre la messe, écouter des sermons leur est trop pénible, nous le savons bien. Jésus-Christ éprouva tant de pitié pour nous qu'il jugea nécessaire d'envoyer sur terre du secours pour ramener à lui ses créatures : ce furent les Frères Mineurs qui y ont été humiliés et qui y sont peu écoutés. Quelle tristesse et quelle honte ! (v. 23761)

Dieu ne voulut pas qu'eux seuls fussent envoyés pour prêcher l'Évangile ; il leur adjoignit les Jacobins qui, en maints lieux, outre-mer ou en Angleterre, s'en vont dans toutes les directions en quête des âmes. Ils prêchent partout la pénitence mais le monde, en raison de ses mœurs corrompues, s'est tant avili qu'ils y sont peu écoutés, et Dieu ne le serait pas non plus s'il venait sur terre. Il trouverait quantité de gens qui l'accableraient d'insultes, d'injures et d'outrages. Les gens feraient peu de cas de lui et n'auraient pas foi en lui, pas plus qu'ils ne croient les prêcheurs qui sont ses représentants sur terre, chargés de les édifier, et qu'ils ne cessent de couvrir d'invectives, de calomnier et de diffamer : ils prêchent en effet le contraire de ce qu'est leur vie et, s'ils le pouvaient, ils les ramèneraient sur la voie du bien. Mais les misérables n'en ont cure, qui courent en enfer, dont ils ne veulent pas se détourner ; aussi détestent-ils ceux qui leur reprochent leurs turpitudes. Le fou refuse qu'on lui enlève son fromage mou[1]. Ils appartiennent tous à la compagnie ordinaire du fou : le fou ne renoncerait pas à son fromage mou, même si on lui donnait un besant[2] ; et Dieu donnerait le saint paradis au pécheur s'il renonçait à la luxure et à ses péchés abjects. Mais de cela le monde ne se soucie pas. Le plus grand nombre, et c'est folie, préfère la goinfrerie et la luxure en cette vie au paradis qui dure éternellement, où ne mettront jamais les pieds ceux par la bouche desquels parle le diable : « Ces prêcheurs, Jacobins ou Mineurs, sont décidément des fous, avec leurs chaperons et leurs petites cordes[3]. Puissent-ils être apparus pour leur malheur, car, depuis, le bon temps est bien fini. Nous en sommes extrêmement catastrophés et abattus. Nous n'avons rien à faire de leurs sermons : ils veulent nous interdire les danses, les bordels et la luxure, et nous en priver. Que le malheur s'abatte sur ces gens qui veulent nous priver de nos plaisirs ! » Misérable individu, méprisable et puant, tu n'es qu'un sot indigne et maudit, le diable est entré en toi. Je te le dis solennellement sur mon âme, jamais Jésus-Christ ne fit don à personne, homme ou femme, de cette façon de penser. Le diable est entré en toi à cause du péché qui s'y trouvait ; ainsi fait-il porter son masque à ceux qui sont désertés par la grâce. Tu peux voir sur la place publique, dans les spectacles que donnent les sots, des gens qui ont mis ces masques pour ressembler au diable et pour épouvanter les spectateurs. Sachez, c'est une vérité qui ne fait aucun doute, que c'est ainsi qu'agit le diable : il se met dans vos corps, de sorte que vous n'êtes que des porteurs de masques. Misérables individus, méprisables et cupides, en plein jour la nuit s'abat sur vous ; vous êtes pris au piège et promis à la mort, vous qui sur terre ne cherchez à faire aucun bien.

---

1 Sur le fromage, en particulier le fromage mou, comme nourriture et attribut du fou, voir Philippe Ménard, « Les Fous dans la société médiévale », *Romania*, t. 98, 1977, p. 443-459, et Jean-Marie Fritz, *Le discours du fou au Moyen Âge*, Paris, PUF, 1992, (« Perspectives littéraires »), p. 46-56.

2 Le mot « besant » désigne toute monnaie d'or, donc d'une valeur élevée, frappée en Orient.

3 Les Franciscains ou Frères Mineurs étaient aussi appelés Cordeliers en raison de la corde qu'ils portaient en guise de ceinture.

Si l'on voulait parcourir le monde à la recherche de la vérité, on ne la trouverait guère – je me flatte de le savoir, et vous le savez aussi – que chez les Jacobins et les Frères Mineurs. Pour Dieu, ne différez pas, quoi qu'il arrive, le moment de vous corriger et de vous amender, tant que cela vous est encore possible, avant que la mort ne vous dise échec et mat. Vous avez entendu maintes paroles qui auraient dû vous amener au bien. Je veux vous raconter maintenant la vie d'un homme de bien, un saint ermite, telle que je la trouve dans un écrit. (v. 23853)

LIII – ANGE ET ERMITE
(v. 23854-24509)

De l'ermite qui tint compagnie à l'ange[1]

Il y avait en Égypte un saint père qui, tout jeune encore, s'était retiré dans un ermitage. Il s'y était imposé de sévères mortifications par le travail et le jeûne, dans les pleurs et la solitude. En quête de joie et de félicité pour son âme, il endura souffrances et tourments. Il arrive souvent qu'un homme seul connaisse un sort plus heureux que deux personnes vivant ensemble dans le monde ou dans des communautés religieuses. L'ermite dont nous vous parlons trouvait qu'il n'avait guère part aux biens spirituels que Dieu distribuait aux siens. Il aurait aimé recevoir les mêmes grâces que certains qu'il connaissait, car il y avait longtemps qu'il se consacrait à son service sans en être récompensé, lui semblait-il. « Dieu fait sur terre de riches dons à quelqu'un qui le sert très peu, alors qu'un autre, plus méritant, il le maintiendra toujours dans la pauvreté, le dénuement et la souffrance. » Telles étaient les pensées de l'ermite qui se demandait pourquoi les jugements de Dieu étaient si étranges. Tantôt c'est l'été, tantôt l'hiver, aujourd'hui un homme existe, qui demain ne sera plus : il en va ainsi de cette vie qui, comme une roue qui tourne, n'est jamais en repos. Certains jugements sont impénétrables, mais ils sont bons, justes et équitables. Dieu n'agit pas sans raison. Ces réflexions obsédaient l'ermite qui finit par se dire qu'il irait dans le monde voir s'il trouverait un homme instruit capable de lui

1 Sur ce conte, on consultera l'ouvrage d'Élisabeth Pinto-Mathieu, *La* Vie des Pères, *genèse de contes religieux du* XIII*e siècle*, Paris, Champion, 2009, (« Nouvelle Bibliothèque du Moyen Âge » 91), p. 522-549. On peut aussi se reporter à Claudio Galderisi, *Diegesis. Étude sur la poétique des motifs narratifs au Moyen Âge (de la* Vie des Pères *aux lettres modernes)*, Turnhout, Brepols, 2005, p. 141-154 et à Paul Bretel, « Des origines juives à *Zadig* : unité, évolution, diversité de la légende dite de l'Ange et de l'Ermite », *La Profusion et l'unité. Pour Françoise Haffner*, Presses universitaires de Perpignan (Études), 2013, p. 65-77, où l'on trouvera d'autres références bibliographiques.

expliquer pourquoi Dieu avait fait le monde comme il est et pourquoi les gens n'étaient pas égaux face à la prospérité et au malheur. Il tenait absolument à le savoir. Il ne connaissait dans les environs de son ermitage ni route ni chemin ; il prit un bâton et quitta sa petite maison. Le brave homme n'avait fait que quelques pas quand il aperçut un petit sentier dans lequel il s'engagea. Il chemina un peu, se retourna et vit un jeune homme de belle prestance qui, un petit glaive à la main, venait à lui en se hâtant, les pans de son vêtement relevés jusqu'à mi-jambe. Équipé comme un homme d'arme, beau de visage et bien fait de sa personne, il était manifestement au service d'un puissant seigneur. Il arriva près de l'ermite, qu'il salua respectueusement, et celui-ci demanda : « À qui appartiens-tu, frère ? Dis-le-moi. – Volontiers, seigneur, par ma foi. J'appartiens à Dieu, qui m'a créé. – C'est assurément un très bon seigneur ; tu ne pourrais en trouver de meilleur. Et de quel côté as-tu l'intention de te diriger ? – Seigneur, dit-il, je vais dans cette contrée, où j'ai des amis à qui je veux rendre visite. – Il me serait agréable d'aller avec toi, car je n'ai jamais été dans ce pays, que je ne connais pas. – Ah, seigneur, voilà de bonnes paroles ! J'accepte de bon cœur. Venez avec moi, cher père, car je connais très bien cette région. » Ils se mirent alors en route, le jeune homme devant, suivi de l'ermite qui s'était mis en prière. Leur chemin les conduisit à travers un petit bois, où ils trouvèrent le cadavre d'un homme qui avait été assassiné là. Il était resté si longtemps sur le sol que, à cause de la chaleur de l'été, le corps atrocement mauvais : il n'est personne au monde qui, passant par-là, n'en aurait été gravement incommodé, à moins de s'être bien bouché le nez avec de l'étoupe – ce que fit l'ermite qui faillit s'évanouir à cause de la puanteur. Mais le jeune homme s'avança jusqu'au corps, sans paraître incommodé le moins du monde par l'odeur pestilentielle. « Cher père, dit-il, approchez. Dieu nous a conduits en ce lieu pour que nous mettions ce mort en terre. – Cher frère, pitié au nom de Dieu, franchement, j'en serais incapable. Je n'aurais pas le courage d'y toucher à cause de la puanteur ; j'en ai des haut-le-cœur. » Le jeune homme répondit : « Je l'ensevelirai, si je peux. » Il le traîna alors dans une fosse qu'il trouva à proximité et le recouvrit de terre. L'ermite était stupéfait de l'insensibilité du jeune homme à cette odeur et de l'impassibilité qu'il affichait. Celui-ci se remit en marche, précédant l'ermite qui ne le lâchait pas d'une semelle. Ils marchaient depuis un long moment quand ils rencontrèrent des dames et des chevaliers, vêtus avec beaucoup d'élégance qui, sur leurs montures, se dirigeaient vers eux. Ils revenaient d'une fête ; je ne sais s'ils avaient bu, mais ils chahutaient comme le font les débauchés. Le jeune homme se protégea le visage, ne pouvant supporter l'odeur qu'ils dégageaient, et se détourna de leur chemin. L'ermite s'étonna du comportement de son compagnon, qui se bouchait le nez et les yeux à cause des chevaliers, ce qu'il n'avait pas fait pour le cadavre. Pourquoi en dire plus ? Ils cheminèrent ainsi jusqu'à la nuit et se logèrent chez un ermite qui leur réserva le meilleur accueil et leur offrit ses provisions. Les deux compagnons en furent satisfaits et quand ils eurent pris le repas du soir, vint l'heure de la prière. Le jeune homme vit que le bon ermite, leur hôte, prenait grand soin d'un hanap qui lui appartenait, si bien qu'il s'appliquait plus à l'essuyer qu'à prier Dieu ; il observa où l'ermite le rangea, le déroba et le dissimula, car il ne voulait pas le lui laisser. Au point du jour il l'emporta et le montra à son compagnon. (v. 24005)

Quand celui-ci le vit, il en fut très affligé et il ne put se retenir de lui dire : « Rapportons-le lui, pour l'amour de Dieu ; en volant ainsi ce saint homme, vous m'avez porté un coup dont je ne me remettrai pas. Vous lui avez pris un objet auquel il tenait beaucoup. Pourquoi avoir commis un tel forfait ? – Taisez-vous, ne parlez plus de cela, très cher père, dit le jeune homme. Sachez qu'il le fallait et je vous en donnerai l'explication. Dorénavant, ne vous irritez plus, quoi que vous me voyiez faire. Allons, dépêchez-vous, car je ne ferai rien qui offense la raison. » Il avait pris un tel ascendant sur l'ermite que celui-ci n'osa rien répondre et le suivit, la tête basse. Le soir, ils parvinrent à une ville ; ils demandèrent l'hospitalité en maints endroits, sans pouvoir trouver où se loger, et ils en furent réduits à passer leur chemin. Comme ils n'avaient pas d'argent, les gens les repoussaient. De nos jours encore, en maints lieux, on aime plus les deniers que Dieu ; c'est un grand et funeste malheur. L'ermite et le jeune homme, épuisés et trempés par la pluie qui était tombée toute la journée, s'assirent sur un perron devant la porte d'une grande demeure. Ils parlèrent tous deux au maître de la maison, mais celui-ci refusa toutes leurs demandes et ils n'obtinrent rien de lui. L'ermite dit au jeune homme : « À vrai dire, cher seigneur, je n'en peux plus. Ici nous ne sommes pas protégés de la pluie, allons-nous réfugier sous cet auvent. » Le jeune homme répondit : « Nous allons appeler à grands cris ; je coucherai cette nuit dans cette maison. » À force de tempêter et de hurler à la porte, ils furent, de guerre lasse, admis à entrer ; ils se mirent à l'abri sous un escalier[2], où il y avait un peu de vieille paille. « Vous pouvez rester là jusqu'à demain matin », dit la servante, avant de les laisser inconfortablement installés. Ils n'avaient pas mangé ni bu, et n'avaient pas de feu ni de lampe. Leur hôte était un usurier, riche de biens meubles et de grands trésors. Plutôt que de faire l'aumône d'un denier au nom de Dieu, il aurait préféré se priver de pain toute une journée. L'ennemi le tenait dans ses lacets. Quand il eut mangé, bu à satiété et passé une bonne soirée, il fournit à ses hôtes un peu de pois qui restait du repas et que leur apporta la servante, avec ou sans lumière, je ne sais. Ils passèrent la nuit dans cette situation et le lendemain, quand le jour fut levé, l'ermite dit : « Allons-nous-en. – Comment ça, seigneur, que me dites-vous ? Je ne m'en irais pour rien au monde sans avoir recommandé notre hôte à Dieu. Je veux prendre congé de lui. Pour le remercier de son accueil, je veux lui offrir ce beau hanap qui n'est pas en érable ou en sapin mais en bois veiné bien poli. C'est celui que j'ai pris à l'ermite. » Le jeune homme monta l'escalier et trouva son hôte à l'étage. « Seigneur, dit-il, nous prenons congé. À titre de compensation pour votre hospitalité nous vous laissons ce très beau hanap. Nous voulons être loyaux envers vous et ne vous être en rien redevables. – Par Dieu, voilà un bon hôte, dit le bourgeois en prenant le hanap. À ce compte, seigneur, revenez souvent. Que Dieu vous protège. » Le jeune homme prit congé du maître de la maison et partit, emmenant l'ermite à sa suite. Quand ils furent sortis de la ville, l'ermite dit : « Mon garçon, je ne sais si c'est pour m'humilier que tu te comportes ainsi. Tu as volé l'ermite, qui était un homme de religion, et tu as offert un présent à cet homme qui nous a reçus de manière indigne. Tu fais tout à rebours. – N'en dites pas plus, vénérable seigneur, vous n'êtes pas un homme sage. Vous avez été instruit dans ces bois et vous ne savez pas ce que sont le bien et le mal. Suivez-moi donc sans vous inquiéter de rien. Vous n'avez pas encore tout vu. » Ce jour-là, ils firent bonne route et le soir ils trouvèrent une abbaye dont les moines leur offrirent l'hospitalité de bon cœur ; ils les traitèrent magnifiquement et avec prévenance, car ils

2 Le « desoz des degrez » est le lieu des pauvres et des exclus. Voir Élisabeth Gaucher, *Robert le Diable. Histoire d'une légende*, Paris, Champion, 2003, (« Essais sur le Moyen Âge » 29), p. 171.

étaient riches de biens, de rentes, de terres à blé et possédaient de très belles granges ; aussi ne redoutaient-ils pas les périodes de vie chère. Les deux compagnons furent confortablement installés. Le lendemain matin, quand ils eurent mis leurs chausses, le jeune homme alluma le feu, dont il jeta un tison au pied de son lit : la couche de paille était épaisse et la chambre basse de plafond. L'embrasement fut immédiat. Le jeune homme pressa l'ermite : « Venez vite car je ne doute pas que le feu se répandra partout. » (v. 24125)

L'ermite, par peur du feu, sortit en toute hâte. Le jeune homme en tête, ils montèrent sur une hauteur et le compagnon de l'ermite se retourna et dit : « Voyez quel beau feu étincelant ravage l'abbaye ! » L'ermite se mit à crier et à se frapper la poitrine à coups répétés. « Ah, malheur ! Que vais-je devenir ? Maudits le père qui m'engendra et la femme qui me porta en son sein ; et moi, plus infortuné encore, j'ai tout perdu, mon âme et mon salut. Voilà que je brûle des maisons de religion. Jamais personne n'a été aussi abominablement trompé que je le suis. C'est pour mon malheur que j'ai rencontré cet homme, hélas, et que je suis devenu son compagnon ! Il m'a pris mon âme et m'a ôté la vie. » Comme il se frappait à coups de poing, le jeune homme s'approcha de lui et entreprit de le réconforter. « Pour rien au monde, je ne pourrais être ton ami, dit le brave homme, vous m'avez porté un coup fatal. » L'autre lui répondit : « Vous avez tort de vous désespérer ainsi pour rien. Je vous avais bien averti au commencement que je commettrais effectivement de telles actions mais que je dissiperais toutes vos inquiétudes. Venez donc et n'en parlez plus. » Il sut si bien trouver les mots qu'il l'emmena avec lui, rasséréné. Ils marchèrent ensemble toute la journée et parvinrent le soir à une ville, sise sur une rivière, dont les habitants étaient riches et prospères. Le jeune homme, qui était d'une beauté rayonnante et qui connaissait les bonnes manières, se dirigea tout droit vers une demeure où il espérait bien être reçu. Il se présenta à la porte avec l'ermite, son aîné, et demanda l'hospitalité au nom de Dieu. D'après ce que je sais, ils furent accueillis avec joie, car leur hôte était un homme de bien. Il était marié et avait un enfant, un jeune garçon que ses parents chérissaient. Ils n'avaient pas eu d'autre enfant et ils étaient d'un âge avancé. Le garçon avait une dizaine d'années. Après qu'on leur eut lavé les pieds, l'ermite et son compagnon eurent droit à un bon repas et ils dormirent jusqu'au jour dans un lit confortable.

Le matin, au moment de partir, le jeune homme dit : « Cher hôte, confiez-nous votre enfant pour un petit moment ; il nous conduira au-delà du pont, par où passe notre chemin. – Volontiers. Cher fils, allez donc. » Le garçon fut vite sur pied, et les voilà partis, eux derrière et lui devant. Quand ils furent sur le pont, où il n'y avait ni banquette ni parapet, le jeune homme donna à l'enfant une si violente bourrade qu'il le précipita de tout son long dans l'eau, où il se noya, emporté par le courant. « Voilà une bonne chose de faite, dit le jeune homme. Attardez-vous ici si vous le voulez, seigneur ermite, mais vous seriez bientôt mis à mort. » L'ermite prit ses jambes à son cou, transpirant de peur, prêt à se donner la mort, tant il était malheureux. Parvenu au milieu des champs, il s'assit : « Ah, pauvre de moi, que vais-je devenir ? dit-il. Je suis né pour mon malheur ; le désespoir me rend fou. Pourquoi suis-je venu sur terre ? Pauvre misérable, que suis-je allé chercher quand j'ai quitté la retraite où j'avais passé ma vie ? Le diable m'a trompé et m'a porté un coup fatal. Je ne connaîtrai plus jamais la joie ni aucune satisfaction. Ne suis-je pas impliqué dans l'incendie de l'abbaye ? Et j'étais là aussi quand l'enfant a été noyé. Jésus-Christ, que vais-je devenir ? Je vais me tuer de mes propres mains. » Le jeune homme se dit : « Allons réconforter ce vieux sot. » Son petit glaive à la main, il alla trouver l'ermite et lui dit : « Vous n'êtes qu'un fou, un esprit égaré. Maintenant écoutez : je n'ai pas perdu la raison. Calmez-vous et vous allez entendre des paroles qui vous tranquilliseront. Je vais vous dire la vérité sur mes actes dont vous craignez que je les aie commis sans justification. Écoutez-moi donc, vénérable seigneur. (v. 24227)

Je sais bien que vous êtes un ermite ; vous avez été en proie à la tentation quand vous vous êtes dit que vous vouliez aller dans le monde à la recherche d'un homme de savoir capable de vous expliquer pourquoi Dieu fit le monde tel qu'il est. Tu voulais comprendre ses jugements. Sur tes vieux jours, tu retombais dans les erreurs de l'enfance, alors que tu aurais dû progresser en sagesse. Tu ne fis rien pour lutter contre cette tentation et tu quittas ta maison, plus stupide qu'une brebis. Le diable aurait eu raison de toi si Dieu ne t'avait pris en pitié. Pour te mettre sur le bon chemin, il décida de t'envoyer un saint ange. C'est pour toi qu'il m'envoya sur terre. Je suis un ange, sache-le bien. Je t'ai montré ce que tu voulais savoir et que tu pensais trouver dans le monde. Mais tu ne l'as pas compris. Hé bien, écoute et tu t'instruiras. (v. 24251)

Le cadavre qui, dans le bois, pourrissait étendu à terre, vous n'avez pas été capable d'en respirer la puanteur. Il est normal qu'un cadavre sente mauvais ; c'est pourquoi il faut le mettre en terre. Cette puanteur ne m'incommode pas et ne déplaît pas à Jésus-Christ ; elle est naturelle, aussi n'ai-je pas pris la peine de me boucher le nez. Mais toi, qui n'es ni un saint ni un ange, tu n'as pas pu la supporter. En revanche, quand je vis les chevaliers, les dames et les écuyers, ces fêtards qui approchaient, chacun portant une couronne de fleurs sur la tête et suintant la luxure, je sentis une telle puanteur qu'il me fallut me boucher le nez, et cette odeur ne manqua pas de monter jusqu'à Dieu au paradis ; il s'en plaint à tous ses amis. Jésus-Christ en prendra une vengeance appropriée. Il y a en eux tant d'ignominie et de péchés qu'ils enflent de toute cette ordure[3]. Jamais Dieu n'eut de sollicitude pour de tels individus. C'est de leur puanteur que je me suis protégé. Passons maintenant à l'ermite dont j'ai volé le hanap. Cela te contraria, mais ce hanap lui faisait grand tort, car il se donnait plus de peine à l'essuyer et à le faire briller qu'il n'en mettait à prier Dieu. Il passait le plus clair de son temps à cette occupation et pourtant elle lui était dommageable. Dieu exige un amour sans partage surtout de la part d'un ermite, d'un religieux, comme cet homme. De même, il y en a beaucoup qui seront si attachés à leurs livres qu'ils refuseront de les prêter à autrui et préféreront les mettre en lieu sûr. C'est à mon sens une faute grave que d'en faire un objet de plaisir et de culte. Il peut bien dire qu'il cause sa perte celui qui, après être entré en religion, ne tourne pas son cœur vers Dieu seul. Le cœur de cet ermite était à son hanap, auquel il était trop attaché. C'est pourquoi Dieu a voulu que je m'en empare, afin de l'en priver. Maintenant je vais te parler de l'usurier : nous avons dû crier et appeler à sa porte jusqu'à ce que, de guerre lasse, il nous laisse entrer. Le lendemain matin, au moment de partir, je t'ai dit qu'en prenant congé de lui je lui laisserais le hanap. Dieu voulait qu'il en soit ainsi. Quand il se serait vu sur le point d'être damné, l'usurier aurait pu dire : « Dieu, j'ai donné l'hospitalité à tes serviteurs. Serait-il juste que je sois damné ? » Dieu n'a cure de l'aumône de ces gens ; jamais un usurier ne sera sauvé, à moins qu'il ne rende les biens d'autrui qu'il s'est appropriés malhonnêtement. Dieu refuse catégoriquement qu'un usurier se défasse de ce qu'il possède. S'il héberge un pauvre dans sa demeure ou qu'il lui donne de son pain, Dieu

3 Traduction conjecturale, le texte des v. 24275-24276 étant « obscur » selon Félix Lecoy.

le dédommagera sur l'heure. Sur l'heure, cela veut dire en cette vie. Il obtient ici-bas toute sa récompense. Il n'y aura pas pour lui d'autre paradis. C'est pourquoi, cher ami, Dieu a voulu qu'il reçoive de notre part une large rétribution. Cet acte est-il légitime ? Jugez-en donc. – Cela me satisfait, répondit l'ermite. Maintenant dites-moi, à propos de l'abbaye, pourquoi vous y avez mis le feu. Vous avez là très mal agi. – Je vais te l'expliquer, répondit l'ange, sans mentir d'un mot. Quand elle fut fondée, l'abbaye était pauvre et sans ressources. Les moines n'avaient pour vivre ni rentes ni biens meubles et pourtant ils avaient de quoi assurer l'ordinaire, car Dieu, qui était leur procureur, subvenait largement à leurs besoins. Les moines de cette abbaye étaient alors de sainte vie. Ils servaient Dieu de leur mieux et jamais ils n'auraient, matin ou soir, manqué ou quitté un office ! Mais ils en étaient arrivés ces derniers temps au point que leur observance s'était totalement relâchée et que plus personne ne suivait la règle, qu'ils ne voulaient plus respecter. Ils ne craignaient ni Dieu ni homme à cause de leurs rentes et de leurs avoirs. Ils se détournaient des pauvres qu'ils refusaient d'aider et avaient abandonné les œuvres de charité. Pour remplir leurs bourses et faire pleuvoir les deniers dans leurs escarcelles, ils se montraient cruels et déloyaux. Chacun aurait voulu être abbé, maître prieur ou cellérier et brûlait d'envie d'obtenir la plus haute charge. Les réunions du chapitre et le service divin étaient complètement négligés. Dans leurs cellules et dans les salles ils plaisantaient et racontaient des histoires. Dieu voulut qu'ils perdent leurs biens et qu'ils deviennent pauvres. D'un moine riche jamais vous n'entendrez de beaux chants, comme de juste : le moine, s'il est un vrai religieux, doit être un indigent. (v. 24371)

C'est dans les endroits pauvres que vous trouverez Dieu : là est sur terre sa vraie demeure. C'est pourquoi il voulut ramener ces moines à la pauvreté, afin qu'ils fassent réparation de leurs fautes et de leurs méfaits. Ceux qui convoitaient des charges n'en auront plus rien à faire, car elles ne leur rapporteraient rien. Ils construiront de nouveaux bâtiments plus modestes. Les pauvres travailleurs seront payés sur les deniers que possèdent les moines, qui désormais se montreront plus charitables. C'est pour cette raison que Dieu me fit allumer ce feu qui a tout réduit en cendres. » L'ermite dit : « Tu as très bien fait et sur ce point me voilà pleinement satisfait. Mais pourquoi as-tu noyé le fils de cet excellent homme qui nous a si bien traités ? Rien ne m'empêchera de penser que c'était un véritable meurtre. » L'ange répondit : « Vous allez comprendre que mon acte était légitime. Sage est celui qui s'instruit. (v. 24393)

Apprenez donc la vérité, très cher ermite : cet homme que vous avez vu hier soir et qui nous hébergea avec plaisir a vécu plus de trente ans avec sa femme en homme de bien. Il recevait dans sa maison tous ceux qui se présentaient, si pauvres fussent-ils, et n'était pas avare de ses biens. Il se montrait au nom de Dieu si généreux qu'il ne lui restait pas grand-chose et il brûlait du feu de la charité. Il avait ardemment désiré avoir un enfant à qui laisser sa terre après qu'il lui aurait appris à servir Dieu de tout son cœur. Pour cela, il fit maintes prières et versa maintes larmes, si bien que Dieu l'exauça. Quand l'enfant eut une dizaine d'années ou un peu plus, son père, qui voulait lui léguer un héritage, devint un homme dur ; obsédé par cette seule pensée, il s'employait à s'enrichir. Il avait abandonné ses vieilles habitudes, et, le cœur froid et insensible, il avait chassé de son esprit le souvenir du bien qu'il avait fait. Il serait devenu usurier plutôt que de voir son fils hériter d'un maigre patrimoine, serait entré dans des dispositions telles qu'il aurait perdu le bénéfice de ses bonnes œuvres, et aurait damné son âme et celle de son fils. La perte de son enfant l'a mis à l'abri de tout danger. L'enfant n'avait pas connu le péché et il était dans l'innocence ; aussi, à sa mort, son âme était si pure qu'elle se trouve déjà au paradis. Son père et sa mère répareront leurs fautes ; habités par la crainte de Dieu, ils se consacreront aux œuvres de charité. Ainsi tous trois seront sauvés. Dieu leur a accordé une grande faveur en se réservant leur enfant. Voilà, très cher ami, pour quelles raisons j'ai agi de cette manière. Par là Dieu vous a montré que ses jugements sont impénétrables : sur terre, il tourmente ses fidèles, les réduit à la pauvreté et à la misère tandis qu'il laisse partout ses ennemis s'enrichir ; c'est qu'ils n'ont pas les cieux en partage. Telle est la vérité. Je ne puis rester ici plus longtemps, je te quitte ; attache-toi à faire le bien, retourne au plus vite à ta retraite et mets-toi alors en pénitence. » Le jeune homme changea d'apparence et, sous sa forme d'ange céleste, il monta tout droit dans les cieux en chantant *Gloria in excelsis Deo*. L'ermite eut le sentiment de l'avoir trop peu entendu ; il aurait souhaité ne jamais être privé de la joie de sa présence. Il s'étendit à terre les bras en croix et, en versant des larmes, rendit grâce à Dieu pour les révélations qu'il lui avait faites. Il s'en retourna à son ermitage que le péché lui avait fait quitter et y passa le reste de sa vie. À sa mort, Dieu sauva son âme, qu'il couronna au paradis. Que le Seigneur nous donne le désir de faire le bien en cette vie, afin que nous ayons la clairvoyance dans la connaissance de Dieu et des hommes. (v. 24473)

Il est vain de semer sur la pierre sèche, car elle n'est pas de nature à porter des fruits. Je vous en dis autant du buisson d'épines, dans lequel il ne sert à rien de semer. Que celui qui ne veut pas perdre sa récolte ne répande pas sa semence en ces lieux, pas plus que sur un chemin battu, qui est également stérile et qui gâte sa semence, mais qu'il la confie à la terre bien labourée qu'arrose la pluie. Elle ne manquera pas de produire. Pour recueillir du fruit au centuple, c'est là que l'on doit semer. Ceci est une parabole riche d'enseignement : la pierre symbolise la dureté du cœur et la cruauté, et le buisson d'épines les orgueilleux, les cupides et les envieux ; le chemin battu et damé ceux qui se vautrent dans la luxure. Ces gens ne se soucient pas de Dieu et n'ont que faire d'écouter des sermons édifiants. La semence dont nous vous parlons doit être déposée dans un endroit propice pour n'être pas foulée aux pieds. Par la bonne terre nous entendons les femmes de mérite et les hommes de bien qui préservent la semence. À leur intention je commence un miracle de Notre-Dame, la douce Vierge Marie, notre amie. Qu'elle nous donne une semence qui fructifie en nous au centuple. (v. 24509)

LIV – PAIN (v. 24510-24713)

De l'enfant qui donnait à manger à la statue

Dans une cité belle et prospère, affirme le conte, il y avait une église dotée de bons revenus. L'évêque avait distribué maintes prébendes à ses amis ; en bénéficiaient, d'après ce que j'ai appris, de tout jeunes enfants peu instruits. Ils auraient été plus en âge d'être nourris au sein que de faire le service de l'église. J'en ai vu qui recevaient de grosses prébendes alors qu'ils savaient à peine dire *Amen*. En réalité, les évêques et les hauts prélats qui usent de telles pratiques frauduleuses pour servir Dieu ont totalement perdu la raison : ils lui vendent de la bourre pour de la belle laine en faisant de ces petits enfants des chanoines de la Sainte Église, qui ne rendront qu'un service dérisoire. C'est tout juste si un tel sait se moucher, mais l'évêque, qui le tenait en affection, l'avait fait chanoine parce qu'il était son parent et qu'il était pauvre. De nos jours, c'est ainsi que se passent les choses ; on ne fait pas, mais on défait, et les églises sont si mal administrées qu'elles sont à l'abandon, ruinées et privées de gouvernance, aux mains d'enfants et de profiteurs. Quant aux personnes compétentes du pays, on ne les emploie pas ; comme elles ne sont pas liées à l'évêque ou à l'abbé qui a la charge de l'église, on ne fait pas appel à elles. Il y avait de ces enfants à l'évêché de cette cité. L'église était vaste et imposante ; il s'y trouvait une statue de peu de valeur, vieille et défraîchie, qui avait été mise au rebut dans un coin. Elle représentait la douce Vierge Marie tenant son enfant. Lors d'une fête, alors que l'assemblée des chanoines et des prébendiers au complet célébrait le service divin, un tout petit enfant, portant un surplis, jouait dans le chœur tout en mangeant du pain ou de la galette. En folâtrant ici et là, il finit par arriver au recoin où se trouvait cette pauvre statue. Le petit clerc, qui était encore en bas âge, sans cesser de manger son pain, regarda l'enfançon que la statue tenait là sur son bras. Et, comme il n'avait pas encore beaucoup de jugeote, il se mit à lui parler pour l'inviter à jouer : « Mange de mon pain », lui dit-il en avançant la main et il lui mit le pain devant la bouche. Voyant que l'enfant n'y touchait pas, il dit : « Hé bien, tu ne sais pas parler ? » Le petit clerc supposa qu'un si jeune enfant n'aimait que la bouillie et le biberon. « Ma nourrice me disait, quand elle me donnait à manger : "Chipotez de cette bouillie, mon bébé." » Ainsi s'exprimait-il dans l'espoir de se faire comprendre. Il lui porta le pain à la bouche et lui dit : « Chipotez, mon cher enfant, si vous le voulez bien ; chipotez un peu de ce pain, allez, de par Dieu. Je crois que tu meurs de faim, goûte un peu de mon pain de bonne farine, qui a été cuit sous la cendre. Mais je vois bien que tu n'en veux pas, j'en suis désolé, par Dieu. » C'est alors que Dieu fit un miracle : la statue de Notre-Dame, sous les traits d'une femme, s'adressa à son enfant : « Mon cher fils, je vous réclame un don : dites-moi s'il vous plaît comment vous remercierez ce petit garçon pour le pain qu'il vous a donné. » L'enfant sculpté dans le bois lui répondit aussitôt : « Chère mère, s'il avait pu, ce petit clerc aurait pris soin de moi. Il y a longtemps que je n'ai pas eu autant envie de manger. Depuis que vous me tenez ici dans vos bras, personne ne m'a nourri de son pain, excepté ce jeune clerc que vous voyez là et qui me disait : "Chipotez de la bouillie". Chère mère, dans trois jours, il séjournera au paradis où il sera couronné et mangera sa bouillie avec moi, une bouillie si bonne qu'il n'en a pas mangé de telle depuis longtemps[1]. » Notre-Dame dit alors au petit clerc : « Tu as bien fait de nourrir mon enfant. Écoute-moi avec attention : dans trois jours tu viendras au ciel, où tu me verras avec mon enfant. Maintenant, va te coucher dans ton lit ; mon fils ne t'accorde qu'un bref délai. Dis à ta mère que tu mourras bientôt, et rapporte-lui exactement ce que tu as vu et entendu. » Le jeune clerc quitta alors l'église. (v. 24627)

Il alla chez lui et se coucha. Sa mère lui demanda : « Pourquoi es-tu revenu de l'église ? – Mère, c'est qu'il faut que je me couche, comme me l'a demandé la statue, qui m'a longuement parlé. Et son fils, qu'elle tient sur son bras, m'a dit que je dois mourir dans trois jours. Sa volonté est que je demeure au paradis avec lui. J'ai un peu mal à la tête ; je sais que je vais bientôt mourir. – Cher fils, est-il bien vrai que la statue t'a parlé ? – Oui, mère, n'en doutez pas, c'était dans le recoin où je l'ai vue. » La mère, bouleversée, courut à l'église raconter ce qui était arrivé à son enfant. Tous les fidèles se signèrent et allèrent voir la statue ; ils

1 Traduction conjecturale du vers 24616.

la retirèrent de l'endroit où elle se trouvait et la placèrent sur un autel en lui témoignant un grand respect. Puis ils allèrent voir l'enfant qui était couché chez lui. Toute la ville accourut et se pressa dans la maison. « Raconte-nous, disait-on à l'enfant, comment la statue s'est adressée à toi. » Le petit clerc raconta qu'il avait mis le pain dans la bouche de l'enfant et qu'il lui avait dit qu'il devait le chipoter comme de la bouillie. Il ne passa rien sous silence : « Les statues me parlèrent, m'envoyèrent me coucher dans mon lit et m'annoncèrent que je mourrai dans trois jours et que j'irai les retrouver au paradis, où elles me récompenseront d'avoir donné mon pain. Je serai roi, c'est chose certaine : le petit enfant qui est le fils de la grande statue, me l'a affirmé. Je désire du fond du cœur être avec lui. Je vous recommande tous à Dieu. Retirez-vous ; moi, je resterai et plus jamais je ne vous parlerai. » Puis il se tut et les gens s'en allèrent. Ses parents le firent veiller et il mourut le troisième jour, comme annoncé. Il fut mis en terre dans l'église en grande cérémonie et le miracle fut authentifié et consigné par écrit. Personne ne pourrait concevoir ni formuler les bontés de Notre-Dame. Celui qui la sert et la prie bien a choisi le bon parti ; il s'est confié à une bonne amie. Que Dieu nous accorde de la servir de manière à mériter son amour. (v. 24691)

Celui qui voit le bien et embrasse le mal, il est juste qu'il s'en repente. Nous sommes nés dans un temps heureux, et nous sommes perdus et voués à la mort si nous ne hâtons nos pas vers le bien. Nous devons qualifier de temps heureux notre époque et dès la venue de Jésus-Christ nous a été donné cet heureux temps. Auparavant, dans les ténèbres d'une obscure période, personne n'était sauvé ni ne pouvait se sauver, puis Dieu nous apporta la lumière. Chacun de nous sera sauvé s'il avance sur la bonne voie d'un pas rapide, tant que le moment nous est favorable. Mais pour nous il ne durera guère, car très prochainement la mort fondra sur nous, et c'en sera fini du temps heureux. Par pitié, que chacun s'applique à servir Dieu et à l'honorer. Je veux maintenant vous parler d'un ermite. (v. 24713)

LV – SERMON (v. 24714-25085)

De l'ermite qui fut converti par son propre sermon

Il y avait en Égypte un saint père qui était estimé pour sa grande sagesse et qui avait prodigué maints bons conseils. Ayant longtemps vécu au désert, il était le plus ancien ermite du pays. Il s'était entièrement soumis à la loi de Dieu et s'y tenait rigoureusement. Il châtia et mortifia son corps par le jeûne, les veilles, la récitation des psaumes et la prière et il ne s'accordait aucun repos, le jour comme la nuit. Sans le réconfort que Dieu lui apportait, il n'aurait guère connu de joie et je sais bien qu'il n'aurait pas longtemps résisté. Mais Dieu, qui n'abandonnera jamais celui qui le sert d'un cœur sincère, avait toujours veillé sur lui. L'ermite progressait de jour en jour du mieux qu'il pouvait. Devenu vieux et chenu, il avait du mal à manger son pain, qui était trop dur pour lui. Dieu pourvut à sa subsistance : il fit placer sur sa table un pain plus blanc que neige fraîche. L'heure étant venue d'aller manger, l'ermite vit qu'on avait changé son pain et comprit qu'il lui avait été envoyé par Dieu. Il s'assit et en mangea un morceau, auquel il trouva toute la saveur qu'il désirait. Lui eût-on servi des perdrix et des pluviers, il n'aurait pas eu de mets plus goûteux que ce morceau de pain. Quand il eut mangé, il jugea que c'était en raison de ses grands mérites que Dieu lui envoyait ce pain et qu'il était devenu un homme parfait. Il n'alla pas faire ses prières et son cœur se gonfla d'orgueil ; il renonça à ses œuvres et se laissa gagner par la paresse et par le mal : « Je suis, dit-il, au nombre des élus qui ont gagné le paradis. » Quand l'ennemi l'entendit, il le soumit à la tentation, lui inspira diverses pensées et alluma en lui le feu de la luxure. Le brave homme s'oublia complètement, obnubilé par le désir qui était entré dans son cœur. Il n'opposa qu'une faible résistance et passa ainsi la nuit, incapable de veiller pour prier. Le lendemain, au moment de manger, il trouva son pain plus noir qu'il n'était l'avant-veille. « Quelle mésaventure, dit-il, un mauvais sort a sans aucun doute été jeté sur mon pain. » Le misérable sot n'avait rien compris : à cause de son péché, c'est lui-même qui avait enchanté le pain et l'avait fait noircir. Il mangea, mais peu, et n'y trouva pas le plaisir de la veille. Il quitta sa table l'esprit en proie à la luxure. S'il le peut, le diable ne le laissera pas s'en tirer à si bon compte. « Réjouis-toi et sois de belle humeur, cher ami », dit le diable qui avait déjà pris possession de son cœur et l'avait ouvert au péché. « Tu as fait périr ton corps ici, pauvre malheureux, ajouta-t-il ; pendant les trente ans passés dans cet ermitage, tu as cherché à décrocher la lune. Tu as mal employé ta peine, tu as brisé ton corps. Après un an et demi d'effort, un autre ermite sera aussi bien récompensé que toi. – Malheur à qui restera ici ! Je m'en irai là-bas, loin, dans le monde et je livrerai mon corps au plaisir. L'adage dit "Celui qui ne reste pas en place, il connaît le plaisir", et le malheureux qui ne bouge pas se dessèche. Je ne dépérirai pas ici plus longtemps ; je quitterai cet ermitage pour faire ce qui me plaît. Il sera toujours temps de revenir, quand j'aurai connu le monde. » Ne voulant pas partir le ventre vide, il attendit cependant l'heure de son repas ; il alla à sa table et y trouva un pain que Dieu lui avait envoyé, mais ce pain était sec et moisi et l'on eût dit que les bords en avaient été rongés par des souris. « Les choses prennent pour moi une mauvaise tournure, dit l'ermite, je le vois bien. Cette nourriture ne vaut rien, qui d'une fois à l'autre est de pire en pire. Pauvre fou que je suis : j'aurais dû partir d'ici depuis longtemps. Malheur à celui qui s'obstinera à rester dans une cellule ou dans un ermitage, à la manière d'une bête sauvage ! Dans ce pays désolé, je n'ai eu d'autre nourriture que ce que je me procurais dans le bois. J'avais mérité une belle récompense, et me voilà misérablement payé. Il y a peu m'était envoyé le meilleur et le plus savoureux des pains, mais celui qui est chargé de me l'apporter le dénature un peu plus chaque jour, en quoi il me trompe et se joue de moi. Mais je ne veux pas être berné plus longtemps. » Ainsi l'ermite s'abandonnait-il à ses lamentations et le péché était déjà en lui. Il mangea pourtant de ce pain qui lui répugnait. Sous l'emprise du diable qui le faisait consentir au péché, il se dit qu'il s'en irait le lendemain matin, car il était trop tard ce soir-là et il ne pourrait parvenir à la ville. Il ne bougea pas de la nuit, se complaisant dans de mauvaises pensées, tant il était possédé et échauffé. Quand au matin il se fut levé, il tourna et retourna dans sa tête les différents moyens de se rendre à la cité, où il se livrerait au péché. Perdu dans ses pensées, il laissa passer l'heure de none : « Je vais manger sans plus tarder, afin de faire une meilleure route. Je marcherai à pas rapides, j'ai cette journée devant moi. Je ne partirai sûrement pas le ventre vide. » Il alla alors à sa table, mais il fut atterré à la vue de son pain, qui était rongé, criblé de coups de dents à l'intérieur et à l'extérieur, comme si des rats et des souris y avaient fait leurs nids. L'ermite s'en irrita et résolut de ne pas y toucher. Il sortit aussitôt de sa maison et, un bâton à la main pour se donner une contenance, il s'en alla, laissant ouverte la porte de son ermitage, dans l'intention de ne point y revenir, signe qu'il reniait le bien qu'il avait fait. Le diable, qui l'avait pris au piège, se réjouissait fort ; il lui avait passé son lacet au cou et l'emmenait prisonnier avec force grimaces de moquerie. Il le poussait de sa griffe pour lui faire hâter le pas, sans lui laisser de répit, désireux de perdre son corps et son âme. L'ermite finit par arriver à proximité de la cité ; mais le soleil s'était couché et la nuit l'inquiétait. Épuisé, recru de fatigue, il décida qu'il irait à un ermitage où vivaient ensemble des pères du désert qui l'avaient souvent invité à leur rendre visite. Il s'y rendit pour y passer la nuit. Les pères l'accueillirent avec beaucoup de joie et d'empressement et le traitèrent du mieux qu'ils purent, car ils le connaissaient depuis longtemps et le tenaient pour un saint homme. L'ermite se leva de très bonne heure et recommanda les frères à Dieu. Ils en furent très contrariés et l'implorèrent à genoux : « Très cher frère, faites-nous un sermon ; il nous sera d'un grand secours. Enseignez-nous à vivre comme il convient. » Ils insistèrent tant qu'il lui fallut prêcher. Au commencement de son homélie, il se signa : « Priez Dieu, seigneurs, pour que ce sermon soit à sa gloire et qu'il soit profitable à nos âmes. » Ainsi, à sa demande, les frères le suivirent et se mirent en prière. (v. 24909)

Alors l'ermite commença à prêcher ; avec une belle éloquence au service de sages paroles, il les édifia, à la grande satisfaction de tous. Animé d'une grande ferveur pendant son sermon, il leur dit dans sa péroraison : « Seigneurs, mes frères, par la miséricorde de Dieu, nous qui avons fui le monde, nous devons être comme la lumière et éclairer tous les hommes. La religion doit être la lumière, avons-nous coutume de dire. Par sa clarté elle libère l'homme de tous les maux. Les religieux sont une clarté, mais de nos jours il y en a beaucoup parmi eux qui un peu partout ne brûlent pas plus que des charbons morts, tout le monde le sait. C'est un malheur, j'en atteste Dieu, quand la clarté fuit les prélats. Fuit ? Je me suis mal exprimé. Elle ne les fuit pas, puisqu'elle n'est pas en eux. Ne s'y trouvant pas, elle ne peut les fuir. » L'ermite dont je vous conte la vie poursuivit sn sermon à ses frères : « Seigneurs, écoutez donc. Nous avons renoncé au monde, aussi devons-nous haïr le péché. Le diable nous tentera et il ne nous laissera jamais en paix. En vérité, nous sommes en état de guerre. Nous devons combattre quotidiennement pour la récompense que nous attendons. Si nous sommes vaincus sur le champ de bataille, c'en est fait de nous. Vaincu sera celui qui péchera. Mais chacun de nous possède un atout, nous le savons bien : le diable n'a pas le pouvoir de nous faire tomber dans le péché si ce n'est par nos mauvais penchants. Si nous lui refusons ce pouvoir, nous n'avons rien à craindre de lui. C'est un rusé, expert en maléfices, mais à malin, malin et demi. » Et il leur montra clairement les pièges que le diable leur avait tendus. Mais il se mit alors à réfléchir et ses pensées l'émurent aux larmes : « Je ne suis qu'un misérable, dit-il, un indigne renégat, un traître, moi qui ne conforme pas mes actes à mes paroles ; c'est en fait moi que je devrais édifier plutôt qu'autrui. Tout ce que j'ai dit ici aujourd'hui était dirigé contre moi, c'est la pure vérité. Je suis un misérable, je suis un aveugle, moi qui commets le péché alors que je l'interdis aux autres. » En pleurant, il prit congé des frères qui ne purent rien faire pour le retenir et qui ne surent pas la raison de sa douleur. Se tirant et s'arrachant les cheveux de chagrin, de colère et de dépit, il aurait pu être, je crois, tenté de se donner la mort : jamais il n'avait commis de péché aussi grave que le jour où il avait conçu le dessein impie de quitter son ermitage. Il s'empressa de rentrer au plus vite dans sa maison, non sans avoir auparavant demandé à se confesser et accepté une lourde pénitence, de sorte que pas une partie de son corps ne fut soustraite à de cruelles mortifications. Jamais vous n'avez vu personne animé d'un tel repentir car, à juste raison, sa faute le remplissait d'effroi. Le livre nous dit qu'il couchait sur la cendre et qu'il s'infligeait de rudes tortures : par les flagellations, le jeûne, les veilles prolongées et les pleurs, il contraignit son corps et, sans l'aide de Dieu, il n'aurait pas pu vivre longtemps ainsi. Plusieurs années passèrent. Un jour où, en oraison, il confessait ses manquements à Dieu en versant des larmes amères, il dit : « Jésus-Christ, mon Dieu, montrez-moi par un signe si j'obtiendrai miséricorde. » Dieu eut pitié de lui et lui fit dire par une voix : « Dieu n'éprouve contre toi ni colère ni ressentiment, il a pris en gré ton repentir, car il venait d'un cœur sincère. Tu seras pardonné,

Dieu te le fait savoir : il t'envoie ta nourriture, le pain que tu as perdu à cause de ton péché, et il veille sur toi, cher ami. Tu sais bien édifier les autres, mais toi tu voulais t'écarter de la bonne voie. Je m'en vais, prends soin de toi. » Transporté de bonheur, l'ermite rendit louange à Dieu. Il passa le reste de sa vie à se mortifier dans la joie. Après sa mort, son âme alla tout droit au paradis, où elle trouva le repos, qu'elle n'avait jamais connu sur terre ; tous ses désirs furent alors comblés. Que Dieu nous accorde de l'y suivre pour connaître notre vrai repos. (v. 25025)

Par l'exemple de cet ermite nous montrons que nous devrions avoir peu d'estime pour nous, car moins nous ferons cas de nos œuvres, mieux nous agirons. Aujourd'hui, nous en ferions peu de cas si nous considérions à quel point nos actions sont emplies de vent, comme le sont les vessies que l'on gonfle. La vessie est remplie d'air, mais si on la perçait de la pointe d'une petite aiguille elle se viderait aussitôt et perdrait sa forme. Ainsi en va-t-il de maintes personnes : aussi longtemps que leurs désirs seront satisfaits, ils se montreront humbles et patients ; mais quand survient une épreuve et que des paroles ou un silence leur causent une contrariété qui les indispose, rien ne va plus. C'est la pointe qui a percé la vessie ; déchirée, sa paroi est dégonflée, elle perd son volume et s'aplatit. C'est l'image que donnent ceux à qui manque la patience : en un rien de temps s'évapore le bien qu'ils devaient garder en eux. C'est pourquoi chacun doit affirmer que ses mérites sont dérisoires à moins que Dieu ne leur donne de la valeur. Cet ermite avait toujours mené une austère vie de pénitence, jusqu'au jour où, comme vous l'avez entendu dans ce conte, il fut assailli par la pensée de la luxure ; s'il y avait cédé, il se serait mis en très mauvaise posture. En vérité, vous éprouveriez une grande honte si vous saviez ce qu'est le péché, et pourtant vous avez entendu dire que rien ne nous éloigne de Dieu, en dehors du péché. C'est la seule chose que Dieu nous interdit. Préservons-nous-en désormais et cherchons la paix par la rémission de nos fautes ; c'est ainsi que nous pourrons venir à Dieu. De tout mon cœur, de tout mon être, de tous mes vœux, je vous implore, les mains jointes : pour rien au monde, qu'aucun de vous, homme ou femme, ne soit assez vil pour oublier ma dame, la noble mère de Dieu. En vérité qui ne l'aimerait pas d'un cœur sincère ne pourrait plaire à Dieu. Elle est notre dame, notre sœur, celle qui prie pour nous, notre avocate, notre secours. Je ne peux jamais me lasser de célébrer sa noblesse. (v. 25085)

LVI – IMAGE DE NOTRE-DAME
(v. 25086-25497)

De l'enfant qui baisa la main de Notre-Dame

Je vous raconte brièvement un miracle dont le beau sujet m'a été fourni par un homme de bien. Il y avait jadis un grand seigneur, dont je ne sais s'il était comte ou roi ; c'était un homme sage, courtois, puissant, d'une grande famille, riche de terres et de biens, qui gouvernait le pays. Il était marié, avait un seul fils, je crois, de son épouse légitime qui avait la réputation d'être une sainte femme dont la vie exemplaire lui valait l'amour de Dieu. Leur fils, un enfant de dix ans, était beau et charmant et son père l'aimait autant que lui-même si ce n'est plus ; il le faisait instruire pour qu'il acquière des connaissances et comprenne mieux un raisonnement que l'on tiendrait devant lui. Il ne se passait pas un seul jour sans que l'enfant, dès qu'il en avait le loisir, ne dise les heures de Notre-Dame, la vénérée. De tout son cœur et de tout son esprit, l'aimable enfant la servait. Dans la demeure de son père, il y avait une chapelle où il aimait se trouver en compagnie de son maître, qui l'éduquait avec beaucoup de bienveillance. L'enfant restait souvent seul dans la chapelle, qui était belle et bien décorée, et cette vie lui plaisait. Il y avait là une statue de ma dame Sainte Marie : le maître qui l'avait sculptée dans le bois était un artiste accompli, et elle était de si belle facture et si bien peinte qu'on l'aurait crue vivante. Quand l'enfant se voyait seul, il se plaçait devant elle ; il se tenait debout et s'en approchait puis, sans jamais cesser de la regarder, il s'agenouillait et se mettait en prières, sa grande ferveur lui faisant souvent verser des larmes. Il aimait tant cette belle statue que le jour où il ne se serait pas tenu devant elle en prières aurait été pour lui un jour sans joie. Elle était son réconfort et son soutien, et il en avait fait sa dame et son amie. Plus il grandissait en âge et en sagesse, plus son amour allait croissant. Un jour où il la priait tendrement et avec ferveur, du fond du cœur, la très douce dame, la vénérée, jamais avare de son amour et de ses bontés envers nous, adressa la parole à l'enfant pur et vierge, que le péché n'avait pas souillé : « Très cher ami, sois sans inquiétude, toi qui viens de me prouver ton amour. Sache en toute certitude que ta vie va prendre un cours favorable. Tu ne dois pas en douter. » (v. 25153)

Quand il entendit parler la statue, le jeune enfant se mit à trembler. « N'aie pas peur, lui dit-elle ; que ton cœur se réjouisse plutôt. J'avais demandé à mon cher fils de m'accorder le don de te parler par l'intermédiaire de mon image et il a accepté. C'est pourquoi tu ne dois pas t'inquiéter. Je t'aime plus que tu ne m'aimes. – Ah ! non, non, très douce dame. Qu'avez-vous dit ? Il est impossible, par Dieu, que vous m'aimiez à ce point. Je viens matin et soir prier devant votre statue. Mais vous, vous n'avez pas beaucoup d'amour pour moi, qui ne m'aviez pas jusqu'à aujourd'hui adressé la parole. Jamais vous ne m'aviez montré autant d'affection que vous l'avez fait à l'instant. » Notre-Dame vit à quel point le jeune garçon brûlait d'amour, et elle répondit : « Mon enfant, dis-moi la vérité. Jusqu'où peut aller ton amour pour moi ? Je saurai bien si tu dis vrai. – Dame, je vous aime plus que mon père, que ma mère, que mon lignage, et plus que moi-même ou que personne au monde. – Mon cher ami, je vois bien à présent[1] que tu m'aimes réellement et j'ai conçu pour toi tant d'amour que je désire ardemment t'avoir à moi. Je ne veux pas te tromper : regarde bien si je te plais, afin de ne pas t'engager imprudemment. Ne suis-je pas belle et parée de toutes les grâces ? » La statue rayonna alors d'une telle beauté, à vrai dire, que je ne serais pas capable d'en ébaucher la description sans faillir à ma tâche. Même si j'y consacrais dix ans de ma vie, je ne pourrais vous donner la moindre idée de la splendeur de la dame de majesté, qui porta le fils de Dieu en son sein. La statue se nimba de lumière et l'enfant fut ébloui : il n'est pas de mots pour exprimer tant de beauté, d'éclat, de suavité. (v. 25203)

L'enfant tressaillit de joie et la statue ajouta : « Cher ami, veux-tu avoir une amie aussi belle, qui te sera fidèle toute ta vie et qui à ta mort te sauvera ? – Ah, dame, quel don vous me faites ! Je n'aspire pas à d'autre bonheur. – Avance-toi, dit la statue, promets-moi, la main

---

1 Inspirée de Mt 10,37 (« Qui aime père ou mère plus que moi n'est pas digne de moi, et qui aime fils ou fille plus que moi n'est pas digne de moi. »), la réponse de l'enfant suffit à convaincre Notre-Dame de la sincérité de son amour.

droite dégantée, que tu ne prendras, ne serviras ni n'épouseras une autre femme. Ta virginité sera préservée dans ton corps et dans ton cœur. Dieu et moi-même tenons la virginité pour un trésor. Tu seras pour nous source de joie et d'allégresse, car tu arriveras pur de toute souillure dans les cieux où tu recevras la couronne réservée à la virginité. En cette couronne il y a une telle clarté qu'elle est plus lumineuse que le soleil d'été même, quand il est éclatant comme du vermeil ; en cette couronne on trouve tant de félicité que, même en unissant leurs efforts, les hommes ne pourraient ni ne sauraient en donner un aperçu. C'est cette couronne que tu obtiendras, cher fils. Si tu la veux, dis-le-moi clairement : veux-tu m'aimer d'un amour sincère ? – Dame, je ne peux étancher ma soif d'amour pour vous, dit l'enfant. Je ne veux plus jamais quitter ce lieu, le jour comme la nuit. Je vous promets que de toute ma vie je n'aurai d'autre amie que vous. Plutôt me faire écarteler que de prendre une épouse. – Mon cher ami, viens donc baiser ma main en signe d'engagement, je te le demande. – Dame, je vous en remercie beaucoup. » (v. 25243)

L'enfant s'avança précipitamment et la statue lui tendit la main. Il la baisa deux fois en pleurant de joie à chaudes larmes. La statue retira sa main et lui dit : « Mon ami, réjouis-toi. Je ne te parlerai pas plus longtemps. Souviens-toi toujours de moi. Je te quitte en te recommandant à Dieu. » Le maître de l'enfant arriva alors et vit qu'il avait pleuré. Ce n'est pas sans mal qu'il l'emmena avec lui. L'enfant, affichait son bonheur et retournait souvent devant la statue qu'il chérissait. Le père se demandait où son fils passait son temps : il ne s'éloignait pas de l'église, refusant de monter à cheval, alors que, parvenu à l'âge de quinze ans, beau et charmant comme il était, il aurait déjà dû s'entraîner aux jeux chevaleresques. Le père s'inquiétait pour lui et il se dit que, s'il ne lui donnait pas une épouse, il ne deviendrait jamais un homme : une femme le ferait changer, faute quoi il s'exposerait à des quolibets. Sa décision était prise : il fit rechercher une femme pour son fils et lui en trouva une de noble naissance, sage et courtoise, jolie et bien faite de sa personne. Ce grand seigneur se la fit amener par ses amis. Tous les barons étant venus à la cour, nombreuse fut l'assemblée. Sans attendre, le seigneur demanda à l'évêque de revêtir les vêtements liturgiques pour donner la bénédiction à son fils. La jeune fille, élégamment vêtue, fut conduite à la porte principale. Le roi réclama la présence de son fils, que l'on chercha partout. Malgré le soin qu'il avait mis à se cacher, on finit par le trouver. (v. 25289)

Son père se répandit contre lui en menaces et en injures humiliantes et le fit amener de vive force. Il n'y eut que rires et railleries quand le père le mit à côté de la jeune femme qui était belle et élégante. Chevaliers, dames et barons se pressaient autour d'eux. L'évêque demanda : « Cher ami, voulez-vous prendre cette femme pour épouse et l'aimer fidèlement ? – En vérité, seigneur, pour rien au monde je ne me marierais. Plutôt me laisser mettre à mort. » (v. 25305)

Le père dit : « Ne le croyez pas. Il est intimidé de voir son amie si belle et séduisante. C'est une réaction habituelle chez les adolescents. Quoi qu'il ait dit, ne renoncez pas à le bénir. » On brutalisa l'enfant pour l'obliger à avancer. Redoutant d'être contraint par la force, il se débattit avec tant d'énergie qu'il parvint à se glisser entre ceux qui l'entouraient et, pris de panique, courut vers la porte à toutes jambes. Le père s'écria : « Saisissez-le-moi, ne le laissez pas s'échapper. » On courut après lui en vociférant et l'enfant se mit à dévaler les marches ; l'escalier était raide : dans son affolement, il sauta sept marches d'un coup, tomba la tête en avant, se rompit le cou et roula jusqu'en bas. C'est là qu'on trouva son corps ; écuyers, dames et jeunes gens se mirent à crier et le père, laissant éclater sa douleur, était tenté de se donner la mort. Que vous dire de la mère ? Il serait trop long de parler de son affliction et de son désespoir ; elle aurait voulu se tuer de ses propres mains. Tandis qu'ils s'abandonnaient à leur terrible chagrin, dont je ne veux pas parler davantage, ils tournèrent leurs regards vers le ciel ; ils virent venir une compagnie resplendissante de lumière, d'une indicible beauté, et entendirent une voix douce et mélodieuse entonner un chant à nul autre pareil. À l'approche de cette clarté, leur douleur s'apaisa rapidement. Ils virent s'avancer une dame très belle et gracieuse, plus blanche de corps et de visage que n'est la fleur de lys. Aucun d'eux ne pouvait soutenir la vue de la lumière qui était en elle et tous tombèrent à terre, frappés de stupeur. La douce mère vénérée alla droit au corps, le bénit et le redressa. L'enfant, qui n'avait pas encore rendu l'âme, laissa échapper un souffle. « Cher frère, c'est moi, votre amie, lui dit la douce dame. Je suis venue chercher votre âme ; confiez-la moi et je m'en irai. » L'enfant poussa alors un dernier soupir et son âme quitta son corps aussitôt. La douce dame, la mère de Dieu la saisit dans ses bras et, dans la joie et l'allégresse, l'emporta au paradis, où elle fut ceinte de la couronne de virginité. Il est salutaire de préserver sa pureté. Que Dieu nous accorde de garder la nôtre, afin que le mal n'ait point de part en nous. (v. 25379)

Un tel miracle ne doit pas nous laisser indifférents. De tout notre cœur, de tout notre être, de toute notre volonté, nous devons aimer la mère de Dieu et aller souvent à l'église la prier, elle et son cher fils, pour qu'ils nous mettent à l'abri du péril. Si nous agissions ainsi et si nous nous abstenions de tout mal, nous pourrions obtenir miséricorde. Mais nos cœurs sont lâches et mauvais. Cette lâcheté est facile à vérifier : beaucoup de gens éprouvent de la honte à aller à l'église implorer leur pardon. Ces gens sont bien tièdes[2] et ont le cœur bien froid ; ils avancent, à l'occasion, de mauvaises excuses : « Seigneurs, nous n'osons pas y aller, on nous traiterait d'hypocrites, de piliers de sacristie, de poules mouillées[3]. » Les femmes diront de même : « Seigneur, les gens se moqueront de nous ; c'est ce qu'ils font chaque jour parce que nous renonçons à nos toilettes, à nos longues traînes, à nos fourrures, et ils nous tiennent pour folles parce que nous ne suivons pas l'exemple des dévoyées et des dépravées, que nous connaissons bien. C'est souvent que nous entendons ces paroles. (v. 25407)

De nos jours, les femmes vont à l'église non pour y prier mais pour y chercher la débauche. Voici ce que leur vaudra leur duplicité : elles seront traînées à la queue d'un cheval et conduites au bûcher. Seigneur, notre sort est cruel. Nos cœurs ne sont pas assez endurcis pour souffrir jour après jour de telles injures. On nous livre un combat trop rude et nous redoutons d'avoir à subir de tels affronts. » Ah ! Jésus-Christ, ces désagréments sont sans commune mesure avec ce que vous avez enduré pour nous, vous qui, malgré votre grandeur, avez fait don de votre personne. Sur la croix, vous avez pour nous souffert les affres du martyre, vous avez été couronné d'épines, votre tendre côté a été percé ; dans vos paumes et dans vos pieds ont été plantés des clous acérés et cruels. C'est pour nous que les juifs traîtres et perfides vous accablèrent d'outrages. Ce que nous subissons ne pèse pas plus, à mon sens, qu'une plume par rapport à une masse d'armes, tant nous sommes redevables à Dieu, car tous tant que nous sommes avons été créés pour le servir.

2 Ap 3,16.

3 Le mot « ricouars » (v. 25397), non identifié par Félix Lecoy, est peut-être à rapprocher de « couart ».

Mais nous avons pris le parti de lui être hostile, et c'est un bien triste malheur. Nous perdrons honteusement nos gages si nous craignons les gens au point de nuire à la cause de Dieu. Il n'y a que folie dans le monde. Écoute donc, ma très chère amie, toi qu'effraient les paroles trompeuses et insensées que l'on t'adresse, ou toi, cher frère, mon ami, dont le cœur pusillanime se laisse facilement impressionner : le monde, qui combat Dieu ouvertement, a complètement perdu la tête. Écoutez donc un exemple bien utile pour celui qui ne cesse de combattre Dieu et comprenez-en la vraie leçon : supposons la population rassemblée et se pressant au même endroit ; vient à passer un souteneur suivi de sa putain en chemin pour le bordel, où la luxure condamne les âmes à l'enfer ; la foule, qui ne se soucie pas de Dieu, les laissera aller sans encombre. Mais si les gens voient passer parmi eux une béguine, femme de bien préoccupée du salut de son âme, qui se rend tout droit à l'église pour prier Notre-Seigneur, ils l'agresseront en la traitant d'idiote et d'hypocrite. Et si c'est un jeune homme pieux, il ne sera pas en sûreté au milieu d'eux. En vérité, le monde montre bien qu'il n'a rien en commun avec le paradis : il fera fête au mauvais et se moquera de l'homme de bien, comme vous le savez. Par Dieu, bonnes gens, vous êtes persécutés ? Cela ne durera guère. Ceux qui vous méprisent et vous humilient vous aident à aller au paradis et à vous élever jusqu'à la félicité qui n'a jamais de fin. Ils vous poussent à monter, marche après marche, au pas de l'âne qui avance sous la piqûre de l'aiguillon. Il ne vous reste plus qu'à vous hâter. Sache bien, humble béguine, que si tu es bonne, pure et exempte de péché, tu auras tous les biens et toute la joie que tu oseras souhaiter. Nul ne sait dire la récompense que tu recevras ; dans le livre de Dieu est inscrite ta joie. Que la douce dame nous y mène et nous mette là où elle a mis l'âme de l'enfant dont je viens de vous raconter l'histoire. (v. 25497)

LVII – FRÈRES (v. 25498-25935)

Des deux frères qui devaient se rendre à la bonne cité

Je veux vous raconter une histoire exemplaire qu'on m'a rapportée et dont vous tirerez profit. Les héros en sont deux frères qui vivaient sous le même toit et que rien ne pouvait séparer : le lien qui les unissait les empêchait de se quitter pour quelque raison que ce soit, de sorte que jusqu'à la mort ils feraient route ensemble. Ils étaient ainsi contraints de se tenir compagnie, pour le meilleur et pour le pire. L'un d'eux était un homme très sage et de mœurs irréprochables ; l'autre refusait souvent de lui faire confiance, en quoi il avait grand tort. (v. 25514)

Le sage apprit une nouvelle qui les réjouit beaucoup ; il entendit parler d'une belle et noble cité, très accueillante : la vie y était douce et agréable car elle regorgeait de richesses. Il en parla à son frère et lui en vanta les agréments ; son opulence était telle que les biens ne coûtaient rien. S'ils pouvaient y parvenir, leurs désirs seraient comblés : « Nous ne connaîtrons plus jamais d'épreuves et de souffrances ; allons-y donc, cher frère, ce sera sage de notre part. Les temps sont trop difficiles dans notre pays. » Le moins sage des frères répondit : « Mon cher ami, c'est d'un pays de cocagne que tu me parles ; si tu es sûr et certain que nous y serons riches sans travailler, je ne veux pas rester ici un moment de plus. – Allons, cher frère, c'est décidé. Personne là-bas ne connaîtra le tourment. » Il lui en parla tant et employa si bien sa peine à le convaincre qu'il l'emmena. Les voilà partis. Ils n'avaient pas beaucoup avancé quand ils trouvèrent un sentier étroit qui avait été tracé pour mener au plus court les gens qui voulaient se rendre à la cité. Sur ce chemin il y avait des ronces, des pierres aux arêtes tranchantes et des laîches[1] ; il n'était guère fréquenté. Pénible au début, il était cependant agréable sur la fin.

1 Espèce de roseaux à feuilles coupantes qui poussent dans les lieux humides, autrement appelés « carex » (variantes graphiques désuètes : caraiches, careiches).

« Frère, quittons la grand-route, dit le sage, et engageons-nous sur ce sentier ; nous serons plus vite rendus à la cité ; par ce raccourci nous y arriverons bientôt et nous ne pourrons pas nous égarer, alors que celui qui emprunterait ce grand chemin, sache qu'il se perdrait corps et biens, car il est infesté de brigands et de voleurs. – Je ne suis pas aussi peureux que toi, répondit l'autre, suis-moi. Tu n'es qu'un sot à mes yeux, toi qui perds ton temps à chercher à m'effrayer. C'est par cette grande voie de terre battue que vont les autres, et je n'y vois encore pas de femme à qui il soit arrivé malheur ni d'homme fait prisonnier ou étranglé. Qui t'a ainsi épouvanté ? Veux-tu ouvrir un nouveau chemin ? Avec l'aide de Dieu et de saint Firmin, j'irai par cette voie large bien nivelée, puisque les autres l'ont prise. – Par Dieu, reprit le sage, viens par ici avec moi, tu t'en trouveras bien. Demandons donc à ces bergers s'il y a des voleurs sur la grand-route. » Ils appelèrent les bergers et leur demandèrent au nom de Dieu par quelle voie ils devaient passer pour atteindre au plus tôt l'opulente cité. « Soyez sûrs, répondirent les bergers, que si vous prenez le grand chemin vous serez détroussés et faits prisonniers. Sur cent personnes, il n'y en a pas deux qui s'en tirent sans préjudice et sans dommage. Prenez le petit sentier de droite et vous serez certains d'arriver à la cité. Ne soyez pas rebutés s'il est âpre au début ; vous n'aurez pas à marcher longtemps avant qu'il ne s'améliore et les ronces ne vous feront plus obstacle. C'est un bon chemin, très sûr. – Cher frère, dit le sage, hâtons-nous de le prendre ; faites-leur confiance. » L'autre répondit : « Vous cherchez à m'abuser et vous me prenez pour une alouette. Ce n'est pas sur la foi d'un berger que je renoncerai à aller par où je veux. Ces gens-là en ont abusé bien d'autres ; ne les croyez pas. Moi, je vais à gauche. – Va donc du côté que tu voudras, cher frère ; il ne m'est pas possible de te laisser, et je le regrette. Je suis contraint à te tenir compagnie et j'en serai mal récompensé. » Ils prirent le grand chemin et marchèrent jusqu'à la nuit. Mais alors les choses tournèrent mal pour eux : des brigands et des voleurs surgirent, les dépouillèrent de leurs vêtements et les rudoyèrent ignominieusement, leur infligeant des blessures sur tout le corps. Les brigands ne voulurent pas les abandonner sur place et ils les emportèrent comme morts. Ils jetèrent le sage dans un cachot noir, où il connut les cruels tourments de la prison. Mais son frère ne fut pas mis avec lui, car il était trop gravement blessé. Cependant, quand il alla un peu mieux, il fut conduit dans la fosse avec le sage. (v. 25629)

Quand celui-ci le vit, il s'exclama : « Frère, maudite soit ta vie ! Maudit tu es et maudit tu seras ! Ah, traître, pourquoi n'as-tu pas pris le raccourci que je t'indiquais ? Espèce d'assassin, tu as causé ma mort, tu nous as plongés toi et moi dans la douleur, et sans fin nous serons dans les cris, les larmes et les pleurs. » Le fou se mit à vociférer et se récria : « Cher frère, qu'il nous est cruel d'être ainsi unis ! C'est toi qui m'as abusé et m'as porté un coup mortel, c'est de toi que vient mon malheur, c'est par ta faute que je suis ici mis au supplice. Tu as été le plus stupide des hommes et tu as cédé au découragement puisque tu n'as pas pris le bon sentier. Tu aurais mieux fait de m'arracher les bras plutôt que de renoncer à m'y entraîner et à me mener où il fallait. On te disait sage mais là tu as été fou à lier de me croire, moi qui n'étais qu'un insensé : il n'y avait en moi ni bon sens ni raison ! Voilà pourquoi je te reproche ma mort. Tu as eu grand tort de me trahir. » (v. 25655)

Le sage répondit : « Tais-toi, tais-toi donc ! C'était toi le plus fou de nous deux. Tu m'as entraîné de force, pauvre maudit que tu es. Tu n'as pas voulu croire les bergers, et nous voilà retenus en prison. C'est pour notre malheur que nous sommes venus sur terre. » Le conflit qui opposait les deux frères dura toute leur vie. Je vais brièvement vous expliquer sans faire d'erreur la signification de cette allégorie. (v. 25667)

Les deux frères sont l'âme et le corps ; je vais vous justifier cette identification. Ce sont des compagnons qui ne peuvent être séparés jusqu'au moment où la mort emportera le corps ; c'est alors que le lien qui les unit sera brisé, et ils ne seront plus ensemble jusqu'au jour terrible du jugement dernier prononcé par Jésus-Christ. Alors l'âme et le corps seront réunis, comme je le crois. Mais, sur ce point, restons-en là pour le moment, car je veux vous parler des deux frères. Commençons par le corps dans lequel je ne peux rien trouver de bon : le corps est pesant comme du plomb, le corps est pâture pour les vers, le corps n'est qu'une ordure répugnante[2], le corps est vil et paresseux. En lui je ne trouve rien de raisonnable et dans sa nature il n'y a que souillure et folie. N'ayant aucun souci du bien, il lui fallait un frère d'une grande sagesse pour assurer sa protection, et Dieu lui a fait don d'un frère éclairé pour le

2 « li cors est ors et pormeneus » (v. 25684). Dans son glossaire de la *Première Vie*, où il renvoie aux trois occurrences du mot dans *La Vie des Pères*, Félix Lecoy considère « pormeneus » comme douteux. Les contextes, nous semble-t-il, orientent vers le sens de « répugnant ».

guider vers son salut. Ce frère c'est l'esprit, comme l'atteste l'écriture, c'est l'intelligence et le discernement qui viennent exclusivement de l'âme. L'âme ne se préoccupe que de Dieu, car c'est sa seule raison d'être : elle n'aspire qu'à Dieu, dont elle se nourrit et en qui elle puise ses forces. Je tiens pour sage le frère qui veut s'attacher aux pas de son bon père en prenant la bonne voie, et c'est lui qui doit instruire le fou. (v. 25707)

Maintenant que nous avons donné un nom à ces frères, vous comprenez bien qu'ils ne peuvent se séparer. Le corps ne veut que satisfaire ses désirs, qui sont foncièrement pervers. Il ne convoite que le mal et le péché. L'autre frère, qui se tient à l'écart de ces vices, l'accable de propos offensants : « Ah, misérable, tu te couvres de honte ; par tes péchés tu causes ta perte, tu te diriges tout droit en enfer. » Ainsi l'esprit traite-t-il avec sévérité le misérable corps, lesté du poids de ses turpitudes. Aucun bien n'attire le corps : il aime boire, manger et vivre à l'aise dans le plaisir et la luxure. Il cherche les déboires et la mort, n'aspire qu'à la trahison pour lui et pour son frère qu'il veut faire languir en enfer. L'esprit se défend et lui oppose sans cesse ses arguments : « Cher frère, nous irons au paradis, où nous trouverons la richesse, tous les agréments, toutes les suavités. Celui qui se donne du bon temps ici-bas ne peut que causer sa perte ; il n'y a sur terre qu'abjection. Mon cher frère, mettons-nous donc en route ; là-bas nous n'aurons ni peine ni tourment. » Il insiste sans relâche car il est très désireux d'y aller. « Venez donc, mon cher frère ; en prenant ce sentier étroit, nous arriverons plus promptement à la cité. » Le sentier est la pénitence, la confession, le repentir, le renoncement au mal et la pratique du bien. Cette voie s'oppose au corps ; aussi n'est-elle guère fréquentée. Elle est encombrée de ronces, que redoute le corps abject. L'esprit dit alors : « Ne sois pas rebuté par les difficultés du chemin car, sache-le bien, si tu pouvais t'avancer un peu, tu ne trouverais plus de ronces ni de buissons d'épines qui te le rendraient pénible et malaisé. » Il en va de même de la pénitence qui, pour celui qui a commencé à en prendre l'habitude, a la douceur du miel. Loin de chercher à l'abandonner, un cœur bon s'y livre au contraire avec toujours plus de zèle. C'est ainsi que l'esprit édifie le corps, qui n'a que dédain pour le bien. Le corps rétorque : « Tu me traites comme un sot ; tu m'estimes bien peu et, dans ton mépris, tu me tiens pour le dernier des lâches. Sur cette grande route empierrée, je ne vois pas de marchand qui ait été détroussé et fait prisonnier, ni personne à qui il soit arrivé malheur. Nombreux sont ceux qui s'en sont allés par là dans la joie et dans l'honneur. Je ferai comme tous les autres qui se sont avancés résolument, dans l'allégresse. Je n'ai que faire de ces contraintes, de la haire et de la pénitence ; J'en serais avili et déshonoré. Je serai avec Dieu sans aucun doute. – Mon cher frère, si tu vas par-là, tu seras emmené en enfer, tiré par des crochets et frappé à coups de masses de fer. Nous y serons torturés par ta faute. Viens avec moi ; nous nous informerons du chemin que nous devons prendre ; nous le demanderons aux bergers (ce sont les clercs que Dieu a envoyés dans le monde pour prêcher la vérité). Ils ont insisté avec force pour que nous prenions la voie la plus directe. – Il n'en est pas question, reprit le corps. Je ne croirai pas les prédicateurs, car je les tiens tous pour des menteurs. Je serais incapable de jeûner et de passer mon temps à mettre du fumier en tas ou à l'épandre ; je ne pourrais pas revêtir la haire. Je veux blasphémer, je veux manquer à ma parole, je veux boire et manger à satiété, contenter mon corps et lui donner du plaisir. C'est comme ça que j'irai au paradis. » L'âme répondit : « Mon cher ami, soyez sûr que nous serons maudits si nous suivons cette voie. Sur cent personnes qui en ce monde veulent n'en faire qu'à leur tête, il n'y en a pas deux qui soient sauvées. Tu veux aller au paradis en marchant à reculons ; jamais nous ne pourrons y entrer de cette manière. Personne n'y entre, je me permets de te le dire, autrement que par la souffrance et le martyre. C'est ainsi qu'y sont allés les saints. Beaucoup d'entre eux furent décapités, ou soumis à la torture, comme saint Laurent qui subit le supplice du gril et saint Étienne qui fut roué de coups et lapidé. D'autres furent pendus par les pieds, traînés derrière un cheval ou écartelés. (v. 25815)

Le fils de Dieu, qui vint sur terre, emprunta la voie étroite. Toujours il nous montra l'exemple ; bienheureux celui qui suivra ses pas. C'est ce qu'il nous faut faire, faute de quoi nul d'entre nous ne peut entrer au paradis, et ce n'est que justice. – Je n'ai que faire de cela, dit le corps ; je n'aspire à aucun autre paradis que celui où je suis. Laisse-moi, je te recommande à Dieu. Va du côté que tu voudras ; jamais tu ne me forceras à quitter ce grand chemin. – Si je le pouvais, répondit l'âme, j'aurais déjà pris congé de toi, mais nous sommes si fortement liés l'un à l'autre que je ne peux te quitter. Cela m'afflige, Dieu m'en est témoin, mais tu es le plus fort et tu m'emmèneras de force là où tu voudras. » (v. 25836)

Ainsi le corps imposa sa volonté, lui qui continuellement met toute son énergie à vivre agréablement en ce monde. Mais la mort le met en danger, elle a tôt fait de lui faire un croc-en-jambe et de le déloger de ses aises. Si le corps est pris en état de péché, l'âme le paie très cher, car elle est précipitée dans le feu de l'enfer où elle endure d'indescriptibles tourments. Le corps est destiné à être mis en terre, où il n'emportera misérablement qu'un petit linceul pour tout avoir. Il restera enfermé là jusqu'au jour où Dieu jugera les vivants et les morts. Il mettra le corps en enfer, où il sera damné en compagnie de l'âme. Quand celle-ci reconnaîtra son corps, elle s'exclamera : « Corps, c'est pour mon malheur que je t'ai connu ; corps, c'est pour mon malheur que je suis venue au monde, que j'ai été unie à toi. C'est à toi que je dois ces douleurs que j'endure dans le feu, le souffre et la puanteur, et qui ne me quitteront jamais. Malheureuse que je suis, je serai obligée de survivre ainsi. – Pauvre misérable, lui répondit le corps, c'est toi qui mérites d'être brûlée et sur toi que doit retomber tout le châtiment. Tu avais la sagesse et le savoir et tu aurais dû t'emparer de moi de force et m'obliger à choisir le bien. Plutôt que de tolérer mes fautes, tu aurais dû m'enchaîner et m'arracher les membres. Hélas, je mesure à présent la gravité de mes erreurs. Je n'aurais pas droit à une seule goutte d'eau, même si je donnais le monde entier en échange. Hélas, c'est pour mon malheur que je suis né. Pauvre de moi, pauvre misérable, j'ai fait le pire choix ; ce fut un grand tort que de satisfaire mes envies dans le monde. Maintenant je paie très cher ma faute. Le feu de l'enfer me brûle et me consume. Ah, Dieu, pourquoi m'as-tu créé si c'est pour me faire brûler en ce lieu dans de telles souffrances ? Le péché a eu raison de moi. Hélas, c'est pour mon malheur que j'ai connu les plaisirs du monde ; ils m'ont plongé dans cet océan de douleur. Mon corps maudit était pris d'une telle frénésie de plaisirs qu'il se ruait sur tous ceux qu'il voyait à sa portée. Les crapauds s'accrochent à ma langue qui était habituée à la bonne chère ; couleuvres et crapauds m'enlacent et m'enserrent. Le feu et le souffre se répandent en moi, mes souffrances empirent de jour en jour et jamais la mort ne pourra y mettre fin. Hélas, misérable que je suis, pourquoi n'ai-je pas pris le sentier étroit que me conseillaient les sages prédicateurs ? Je croyais qu'ils ne racontaient que des mensonges et maintenant me voilà livré au diable. » (v. 25901)

Ainsi le corps se lamente en enfer où il a entraîné, dans la souffrance, la malheureuse âme. Là, ce ne sont que grincements de dents, qu'horribles châtiments ; c'est, le jour comme la nuit, le règne des ténèbres, où l'on paie, dans le malheur, tous les plaisirs qu'on s'est donnés en ce monde mortel. Voyez, bonnes gens, il n'y a qu'une chose à faire : fuyons les agréments de ce monde qui nous trompe. Le fou n'éprouve aucune crainte tant qu'il ne voit pas venir le coup fatal. Ainsi sont abusés maints hommes et perdues maintes femmes. Fuyez les plaisirs de cette vie ; il ne vous reste que quelques jours à vivre. Le péché vous livre au diable, le péché vous emmène en enfer. S'ils sont pris en état de péché mortel, clercs, moines et laïcs, je vous le dis clairement, seront tous tourmentés en enfer, aussi longtemps que Dieu régnera dans les cieux. Ce châtiment n'a pas de fin et l'on ne peut s'enfuir. Le péché nous sépare de Dieu. Dieu ne hait rien tant que le péché. Pour Dieu, courons conclure un pacte salutaire, allons à Dieu par la voie étroite. Celui qui prend un autre chemin s'égare. Que Dieu nous accorde de prendre la bonne voie, d'emprunter le sentier étroit afin que nous parvenions à la cité qui est interdite aux mauvais : c'est le paradis et ses félicités. Que Dieu nous y conduise. (v. 25935)

LVIII – CRÂNE (v. 25936-26139)

De la tête qui parla[1]

Il y avait jadis en Égypte un saint homme du nom de Macaire ; c'était un ermite paré de toutes les vertus, irréprochable, qu'aucun vice n'avait jamais souillé. Pour lui Dieu fit maints miracles. Il s'était retiré, je crois, dans un lieu sauvage et solitaire et avait tourné le dos aux biens de ce monde, qui sont vains et illusoires. Il chercha la paix en Dieu et l'y trouva, et il se comportait toujours mieux, jour après jour. Par la grâce de Dieu, il menait une vie purement spirituelle. Il allait souvent à travers le désert où il réconfortait les pères, car il savait bien le faire. Un jour où, appuyé sur son bâton, il marchait dans le désert, disant ses psaumes et le regard le plus souvent baissé vers ses pieds, le saint homme aperçut devant lui, au milieu du chemin, la tête d'un homme, sans barbe ni cheveux, desséchée et brûlée par le soleil, la face contre terre. L'ermite l'examina et, pour mieux la voir, la retourna avec son bâton. C'était la tête d'un mort ; quand elle se sentit heurtée, elle se mit à crier : « Hélas, quelle douleur que la mienne ! Je ne puis trouver le repos ni ici ni là-bas. Macaire, pourquoi m'as-tu frappée ? J'endure des souffrances que tu ne saurais imaginer. Mais toi, pourquoi t'en es-tu pris à moi ? Tu m'as cognée si fort avec ton bâton que ma douleur s'en est accrue. » (v. 25977)

Quand le saint homme s'entendit appeler par son nom, il fut stupéfait. Il fit le signe de croix sur son visage, car il n'était pas rassuré et cette voix l'inquiétait. Puis il dit : « Tête, je te conjure au nom de celui qui te fit naître de me parler de toi. Sur les épaules de quel homme étais-tu et que devint son âme quand elle quitta son corps ? » La tête répondit : « Je vais te le dire puisque tu le souhaites, quoi qu'il

1 Michel Zink a étudié ce conte, ainsi que « Sarrasine » et « Païen » (*Première Vie* III et XXV), dans *Poésie et conversion au Moyen Âge*, Paris, PUF, 2003, (« Perspectives littéraires »), p. 227-249.

me coûte d'en parler. Je suis la tête d'un prêtre sarrasin, qui adorait Apollin et les idoles et qui, sous l'emprise du diable, ne crut jamais en Dieu et persécutait les chrétiens. – Dis-moi donc, dit saint Macaire, quelles souffrances tus endures en enfer. –Tu vas l'entendre, dit la tête ; je ne mentirai pas d'un seul mot. Nous payons très cher ce que nous avons fait. On nous a jetés dans un brasier effroyable, plus chaud que de l'acier en fusion qu'on plongerait vainement pendant cent ans dans un bain froid. Ce brasier est si démesurément vaste que nul ne pourrait le décrire, mais je peux affirmer sans mentir que s'il brûlait sur la terre, ses flammes atteindraient le ciel. On ne saurait concevoir, faute d'en évaluer la dimension, quelque chose qui monte aussi haut. Et je vous dis que nous sommes précisément placés en plein milieu de cette fournaise. Ainsi, nous sommes là, torturés été comme hiver, et jamais notre supplice ne prendra fin. – En vérité, ce sont d'affreuses souffrances, dit saint Macaire ; malheur à l'âme qui est conduite en ce lieu. Mais explique-moi encore si, de tous ceux qui sont mis en enfer, c'est vous qui êtes le plus cruellement tourmentés. » La voix répondit : « Non, cher ami, n'en doutez pas, comparativement à d'autres, nos souffrances sont infimes. – Et qui sont ceux qui sont livrés aux plus grands supplices, demanda l'ermite ? » (v. 26029)

La voix ajouta : « Sache bien que ce sont les faux chrétiens qui furent baptisés, édifiés et catéchisés, et à qui fut clairement enseignée la voie du salut. Ceux qui, parmi eux, ont été pris en état de péché, sont en enfer si maltraités, martyrisés et torturés qu'il n'est aucune douleur, aucun supplice qui ne s'abatte sur eux. Personne ne pourrait en aucune manière vous exposer leurs tourments. Je ne suis pas en état de parler plus longtemps, seigneur ; il me faut me taire. » Saint Macaire enfouit aussitôt la tête dans la terre et mit par écrit les paroles de la voix, soucieux que cette aventure ne tombe pas dans l'oubli. (v. 26049)

Ce conte nous fournit matière à mépriser et à haïr le péché. Dieu nous fit la grâce insigne de faire de nous des chrétiens. S'il avait voulu, il nous aurait créés juifs, sarrasins, hérétiques ou infidèles ; nous n'aurions eu de lui nulle connaissance et nous serions allés tout droit en enfer, où vont – je le sais et je le crois – tous ceux qui, au moment où la mort les emporte, sont étrangers à sa loi. Dans sa bienveillance, dans sa générosité et sa miséricorde, Dieu nous fit tenir sur les fonts pour nous donner le baptême. Il nous envoie les Prêcheurs, les Jacobins et les Frères Mineurs, qui prêchent sans répit. Je puis affirmer que s'ils allaient parmi les sarrasins comme ils le font chez nous pour leur prêcher la parole de Dieu, ils en convertiraient, à n'en pas douter, un plus grand nombre qu'ils n'en convainquent parmi vous, qui avez reçu le baptême. Ils ne peuvent pas nous faire changer nos vies, même s'ils frappent sur nous comme sur une enclume, sur nous et sur ceux qui transpirent la malice. Pensez-vous être des chrétiens, vous qui êtes prisonniers de la convoitise et esclaves du péché ? La Sainte Église se rend bien compte, à Pâques, au moment de la communion, si vous êtes chrétiens ou non. Le chrétien doit être confessé et s'affranchir de toutes ses mauvaises actions, observer fidèlement les commandements de la loi et, à la messe du jour de Pâques, communier en homme de bien pour recevoir le *corpus domini.* Il en est beaucoup qui ne le font pas, ce qui ne les empêche pas de profiter du pain bénit[2] : ils sont retombés en enfance. Pêcheurs, malheureux usuriers, croyez-vous donc pouvoir tromper Dieu ? Vous considérez-vous comme chrétiens ? Vous ne l'êtes pas, et c'est un désastre pour vous. On vous dit chrétiens et vous vous comportez comme des sarrasins. Faux chrétiens, vous avez tout perdu. Vous en êtes au point qu'en enfer votre damnation sera plus terrible que celle des sarrasins, et ce n'est que justice. Il aurait mieux valu pour vous que vous n'ayez pas été tenus sur les fonts baptismaux, puisque vous agissez contre Dieu. En enfer, les faux chrétiens sont plus tourmentés que toute autre catégorie de pécheurs, je vous en laisse juger par vous-mêmes. Je suis en droit d'appeler faux chrétiens ceux qui refusent de se repentir de leurs péchés et de s'amender. Si la mort les prend dans cet état, ils sont plus sévèrement jugés que les sarrasins, les juifs ou les infidèles. C'est le verdict que vous prononceriez vous-mêmes, si vous jugiez sainement les choses. Il doit en être ainsi et il en sera ainsi. Bienheureux celui qui fera le bien. Au paradis, sachez-le bien, n'entrera jamais un faux chrétien ; mais y seront les gens honnêtes, probes et loyaux, ceux qui en ce monde supportent les souffrances et les peines de la pénitence et qui pour Dieu souffrent les austérités d'une vie rude. Ce sont eux qui

2 Le pain bénit (« pain beneoit », v. 26094) était un pain apporté par les paroissiens comme offrande ; il était bénit par le prêtre pendant la messe, puis distribué aux fidèles à l'issue de l'office. Il ne doit pas être confondu avec l'hostie (*corpus domini*, v. 26092) qui, par la consécration, devient le corps du Christ vivant. Le pain bénit est de nos jours une occasion dont on profite ; cette idée est probablement déjà sous-jacente dans notre texte.

iront au paradis parce qu'ici-bas ils bâtissent le pont qui y mène. Que Dieu nous accorde de le construire. Que la douce Vierge Marie nous apporte son aide et son secours. Il y a longtemps que je ne vous ai pas parlé d'elle et je me le reproche. Aussi m'est-il agréable et plaît-il à mon âme de vous raconter brièvement un beau miracle de ma dame, dont j'ai eu connaissance récemment. (v. 26139)

LIX – RENIEUR (v. 26140-26415)

De l'écuyer qui refusa de renier Notre-Dame

Le miracle que nous allons raconter s'est produit en France après la mort du roi Louis[1], qui mit le siège devant Avignon. Il y avait un beau jeune homme noble, de haut lignage et portant un nom illustre ; il aimait afficher sa vaillance dans les joutes et les tournois, c'était son passe-temps favori. Il détestait l'inaction et allait par voies et chemins, accompagné d'un valet. Il dépensait sa fortune sans lésiner, distribuant ses biens à qui en voulait. Il ne trouvait la paix qu'en joyeuse compagnie, en espace clos ou à découvert. Il dilapida sa fortune de manière inconsidérée, gaspillant et jetant tout son argent par les fenêtres, car il s'imaginait que cela n'aurait pas de fin et qu'il ne manquerait jamais de rien. Il n'est pas dans le monde de grenier, si vaste soit-il, qui ne finisse par se vider, si l'on y puise continuellement sans jamais rien y entreposer. Ainsi le jeune homme épuisa toutes ses réserves. Considérant sa situation, il constata qu'il était ruiné et qu'il n'avait plus de quoi courir le monde. Quand il ne lui resta pas un denier en bourse, ceux qui avaient été ses amis ne firent plus cas de lui et lui tournèrent le dos. C'est ce qui se passe encore autour de nous : quand le riche s'appauvrit, il se découvre beaucoup de faux amis. Alors que l'écuyer avait l'habitude de parader avec des chevaux et des palefrois, sa maison devint froide et prit un air d'abandon. Ses parents le traitaient de misérable et ne lui épargnaient pas leurs reproches, à son grand désespoir. Le jeune homme partit un jour à cheval, flanqué d'un valet qui était depuis longtemps à son service ; il traversa tout le pays pour se couper de ses proches, jusqu'au moment où il se mit à se lamenter et à pleurer bruyamment : « Hélas ! dit-il, quel malheur ! J'ai mis en gage et vendu les terres si belles que je

1 Il s'agit de Louis VIII, fils de Philippe Auguste ; mari de Blanche de Castille et père de Saint Louis, il est mort en 1226 au château de Montpensier, peu de temps après le siège d'Avignon.

possédais ! J'étais un homme respecté et je croyais m'être fait des amis. Mais je ne trouve plus en eux que des ennemis. Ils m'ont tout pris ; au lieu de m'en savoir gré et de m'en être reconnaissants, ils me tiennent pour un pauvre sot. Malheureux que je suis ! J'aimerais me passer la corde au cou. – Ne parlez pas ainsi, très cher seigneur, par la grâce de Dieu, dit son valet. J'ai entendu dire, il y a longtemps de cela, que le diable est immensément riche. Seigneur, soumettez-vous à ses volontés ; il se montrera si généreux envers vous qu'il vous donnera des terres, des biens, de l'or et de l'argent, de sorte que vous ne tomberez plus jamais dans la pauvreté. Quant à ceux qui vous ont trahis, vous les aurez humiliés. – Très cher ami, répondit le jeune homme, je suis prêt à tout pour redevenir riche. – Écoutez-moi, reprit le valet. Cette affaire sera bientôt réglée. » L'impie se retira dans un lieu secret[2] ; comme il avait longtemps servi le diable, il était si familier avec lui que celui-ci vint quand il l'appela. « Allons, dit le misérable, venez vite. J'ai gagné mon maître à votre cause. Montrez-vous généreux envers lui, donnez-lui tout ce qu'il voudra, autant qu'il voudra. » Ils vont alors trouver l'écuyer, qui tremblait de peur. Le diable s'était déguisé, sans quoi l'écuyer, qui avait déjà abandonné la vraie foi, aurait perdu la raison. Les voilà rassemblés tous les trois. (v. 26231)

« Seigneur diable, dit le misérable valet, ce jeune homme sera votre ami pour peu qu'il soit assez riche. – Il a bien raison, répondit le diable. Je lui donnerai sans hésiter tout ce qu'il voudra, qu'il le sache bien, s'il me fait allégeance sur-le-champ. – Seigneur, répondit l'écuyer, je suis votre homme. Vous serez mon maître et mon seigneur légitime. » Il s'agenouilla alors et mit ses mains dans les siennes. Quand l'ennemi les eut prises, il lui dit : « Mon ami, il faut que vous sachiez que cela ne suffit pas. Vous devez renier Dieu et ses saints, puis je ferai tout ce que vous voulez. » Le jeune homme dit : « Je me dégage de toute obligation envers le Père, le Fils, le Saint-Esprit et tous les saints, en échange du don que vous me faites. – Ami, j'ai encore une exigence. Reniez une dame que je hais ; son nom est Marie et elle porta le fils de Dieu en son sein. » Quand il entendit prononcer le nom de Marie, le jeune homme se mit à trembler d'effroi. « Je ne ferai certainement pas cela, dit-il. Je me laisserais ici même couper les membres plutôt que de renier cette dame. Qu'adviendrait-il alors de ma pauvre âme ? Qui me réconcilierait

2 « en un segoi » (v. 26217) : Félix Lecoy n'identifie pas ce mot. Nous lisons « segroi ».

avec Dieu ? » Le diable reprit : « N'en parlons plus ; et je te délie de ton engagement. Je m'en vais, mais cet autre-là, que je connais bien, je vais l'emmener en enfer. » Et il chargea brutalement sur ses épaules celui qui l'avait fait venir à cet endroit. L'écuyer crut perdre la raison en voyant le diable emporter son valet. « Pauvre de moi, dit-il, que vais-je faire ? J'ai renié Dieu et ses saints ; j'ai fait hommage à l'ennemi, qui ne s'intéresse plus à moi désormais, et Dieu n'a que faire de moi. Aussi je ne peux être que malheureux. Je n'ai point de seigneur sur cette terre et je suis tombé au plus bas. Ah, mère de Dieu, portez votre regard sur moi ! Vous êtes, je le crois, la seule forteresse où je puisse m'abriter. Dame, ne me laissez pas mourir de désespoir, prenez soin de mon âme ! Ah, très douce dame de majesté, par vous Théophile le dévoyé fut remis sur la bonne voie ; par vous fut dépendu le jeune fils qui avait été conduit au gibet[3]. Dame, on vous trouve toujours tendre, bienveillante, douce comme le miel. Vous êtes ma suzeraine pour moi qui n'ai pas de seigneur ; je m'en remets à vous de tout mon cœur. » (v. 26295)

En ce jour d'été, l'écuyer versa des pleurs jusqu'à l'heure de tierce ; il se trouvait près d'une cité. Hors des murs, il y avait un monastère occupé par des moines qui, je crois, desservaient une paroisse comptant de nombreux fidèles. Un vavasseur, homme puissant, riche, influent et respecté était en prière dans l'église pour honorer Dieu et ses saints ; il se tenait derrière un pilier. En pleurs et en plein désarroi, l'écuyer se rendit tout droit au monastère. Sans prendre le temps d'attacher son cheval, il entra dans la chapelle, où il vit un autel consacré à la Vierge, la très douce dame vénérée. S'y trouvait une très belle statue dorée à l'or fin, qui la représentait assise, tenant dans ses bras son enfant tout petit et d'apparence fragile. L'écuyer s'avança en toute hâte, s'agenouilla devant l'autel et invoqua la mère de Dieu à haute voix : « Dame, voyez ici votre écuyer. Dame, j'ai refusé de vous renier, mais j'ai renié Dieu et ses saints. Dame, je suis perdu et voué à la mort si vous ne me réconciliez pas avec Dieu. Dame, on dit que vous êtes la compassion même et je vais bientôt pouvoir le vérifier. » Il a tant imploré et invoqué la très douce et noble dame qu'elle décida d'intervenir auprès de son fils. (v. 26329)

Se produisit alors un beau miracle. La statue, qui avait l'enfant dans ses bras, dit à haute voix : « Cher père, tu es mon fils et je suis ta mère.

3 Voir le conte XLVI (Mère).

Tu es mon père, c'est toi qui me créas ; en moi tu pris ta chair et ton sang, et c'est pourquoi on te proclame mon fils. Ce malheureux avait perdu tout espoir ; la désespérance est un grave péché, un grand malheur. Je ressens pour lui une grande pitié. Très cher fils miséricordieux, pardonnez-lui ce qu'il a fait, je vous en prie. » (v. 26341)

L'enfant répondit : « Mère, écoutez-moi. Vous devez intercéder pour les pécheurs et vous êtes ici dans votre rôle. Mais je ne dois pas accéder à toutes vos requêtes ; ce serait folie. Dans ce cas, plus jamais je ne rendrai de jugement. Ne me parlez plus de cet écuyer, car il s'est trop mal comporté envers moi. Comment pourrais-je lui pardonner ? – Mon très cher fils, ramenez-le sur la bonne voie, je vous en prie. – Dame, ne me parlez plus de lui et cessez de m'importuner à son sujet. – Cher fils, je ne vous ai jamais vu aussi impitoyable. Vous ne resterez pas plus longtemps sur mes genoux et je vais vous en faire descendre sans délai. » Elle déposa sur l'autel son enfant qui lui fit aussitôt un sourire et lui dit : « Mère, reprenez-moi. Je vous vois un peu fâchée contre moi. » Notre-Dame lui demanda : « Pardonnez à l'écuyer si vous voulez revenir ici dans mon giron. – Dame, je vous accorde ce don. Je renonce à toute rancœur, à toute colère et à tout ressentiment contre lui. – Fils, je vous en remercie beaucoup. » La dame le reprit alors et le remit à sa place dans son giron. Le vavasseur, très attentif, n'avait rien perdu de cette merveille, qui l'avait plongé dans le ravissement. S'il n'avait tenu qu'à lui, il n'aurait jamais voulu quitter la chapelle. Notre-Dame l'appela en le nommant par son nom : « Approchez-vous, seigneur chevalier. – Dame, répondit-il, très volontiers. » Il se redressa et s'avança aussitôt. « Au nom de l'amour que tu as pour mon fils et pour moi, lui dit la statue, je te demande d'emmener sans attendre cet écuyer avec toi, en toute confiance ; tu l'institueras héritier de ta terre et tu lui donneras ta fille pour épouse. Ton âme pourra en tirer grand profit, car le jeune homme deviendra un homme de bien ; c'est un noble qui appartient à une grande famille. Et comme tu n'avais qu'une fille, tu étais en danger de perdre une grande partie de ta terre ; mais lui te la conservera. – Douce dame, soyez sûre que je vous obéirai, répond le vavasseur. Cette grâce et cet honneur que vous m'avez faits en ce jour seront rapportés en tous lieux et, à propos de l'écuyer, dame, je me conformerai entièrement à votre volonté. – Allez donc, et appliquez-vous à bien agir », dit la douce, la noble dame, qui n'ajouta pas un mot de plus. Le jeune homme, qui avait beaucoup pleuré, se leva alors ; le chevalier le serra dans ses bras, lui donna un baiser et l'emmena. Il respecta sa promesse, lui fit épouser sa fille et lui remit de grandes terres en main propre ; jamais le jeune homme n'en avait eu autant. Il est sage et né sous une bonne étoile celui qui fait son amie d'une dame telle que la douce Vierge Marie. Que Dieu nous accorde de l'aimer, afin que nous puissions finir nos jours dans son amour. (v. 26415)

LX – DEUX MORTS
(v. 26416-26681)

De celui qui vit la bonne âme
et la mauvaise sortir de leurs corps

Il y avait jadis dans la terre d'Égypte un saint ermite qui aimait Dieu de tout son cœur. Il passa sa vie à faire le bien. Je ne pense pas que de nos jours un homme puisse prier aussi assidûment que l'ermite dont je vous parle. Dieu lui apporta maintes consolations et il reçut pendant ses prières maintes révélations. Je crois qu'il obtenait de Dieu tout ce qu'il voulait, pourvu que ce fût pour son bien. Un jour, dans ses méditations, il se demanda comment l'âme qui était aimée de Dieu quittait le corps : était-ce dans la joie et la félicité, était-elle emmenée au ciel sous la conduite des anges pour y être couronnée devant Dieu ? Il aurait voulu assister à cette fête et après cela voir, si c'était possible, les souffrances et les tourments endurés par l'âme du pécheur lorsqu'elle quitte ce monde : le corps prenait-il part à cette grande souffrance, à cette affliction, et était-il dans l'angoisse et la détresse au moment où l'âme se sépare de lui ? Il se recueillit pour prier, et ses oraisons terminées, il se mit sur le pas de sa porte ; il regarda du côté de la forêt et vit un loup des bois qui venait à vive allure droit à la porte où il se tenait. Le saint homme n'eut pas peur. Saisissant de ses dents le pan de sa tunique, le loup lui fit comprendre de le suivre. L'ermite remercia Dieu et se prosterna devant l'animal dont il ne douta pas qu'il lui était envoyé par Dieu. Il abandonna son ermitage et se mit aussitôt en chemin, sans que le loup lâche sa tunique. Il s'en alla sous la conduite du loup, traversa la forêt et, après un long trajet, arriva aux abords d'une cité dont la population était chrétienne. À l'extérieur des murs se trouvait un temple antique en ruines. Un vieux mécréant, un infidèle vivait là depuis longtemps, hypocrite envers Dieu et abusant le monde. En habit de reclus, il trompait les habitants de la ville, qui le tenaient pour un homme de bien alors qu'il n'était qu'un fieffé bandit. Il ne croyait pas en Dieu ni en sa mère et il faisait semblant de se conduire selon le bien. Gravement malade, il était à l'article de la mort. Une foule nombreuse s'était rassemblée autour de lui et l'élite de la ville était en pleurs. (v. 26483)

Le loup, qui tenait toujours de ses dents le vêtement de l'ermite, l'amena sur les lieux, puis le laissa devant le temple, prit congé, s'inclina et s'en retourna ; l'ermite, resté là triste et morne, demanda aux gens ce qui se passait et quelle était la raison de cet attroupement. On lui répondit : « Seigneur ermite, dans ce temple est en train de mourir un homme qui fut un reclus de sainte vie. Les gens de la ville en sont malheureux et abattus. Le reclus était un homme de bon conseil et nous avions une grande confiance en lui. Il commandait à la foudre et aux tempêtes si bien que, tant qu'il était en vie, nous ne redoutions pas qu'il nous arrive malheur. Maintenant qu'il est sur le point de mourir, nous voulons lui témoigner notre respect par notre présence. Voilà pourquoi nous sommes ici rassemblés. » Quand l'ermite entendit ce beau témoignage, il se dit qu'il irait près de lui et qu'il assisterait à ses derniers instants, pour recommander son âme à Dieu et célébrer le service mortuaire. Il se fraya alors un chemin à travers la foule jusqu'au lit où était couché le reclus qui agonisait dans de terribles souffrances et suscitait un grand désarroi autour de lui. L'ermite, qui était un homme spirituel, s'assit et regarda le moribond. Au-dessus de sa bouche, il vit un diable armé d'un crochet de fer, qui s'était hâté de venir de l'enfer pour s'emparer de son âme ; puis il vit arriver à sa suite des diables en si grand nombre que toute la demeure en était remplie ; chacun était muni d'un crochet ou d'une massue. L'ermite transpirait de peur mais, à part lui, aucun de ceux qui étaient dans la maison ne les voyait. C'est en sa qualité d'homme spirituel qu'il voyait les esprits malins[1]. Les diables maintenaient étroitement le corps et l'accablaient de coups. L'âme, qui voyait bien qu'elle était damnée, n'osait se porter en avant. Les démons s'en irritaient ; l'un d'eux dit : « Nous avons trop perdu de temps ici avec cette canaille qui n'a jamais fait que le mal. Plante-lui ton crochet dans le corps et arrache-nous cette âme. Cela n'a que trop duré. » L'autre leva bien haut son crochet pointu et brûlant et lui asséna un coup qui

1 Voir Paul Bretel, « La vision spirituelle dans les contes de *La Vie des Pères* », *Littérature et édification au Moyen Âge*, Paris, Champion, 2012, (« Essais sur le Moyen Âge » 56), p. 457-475.

lui brisa les dents et lui transperça les joues et tout le bas du visage. Le crochet pénétra à travers la gorge jusqu'aux entrailles, extirpa le cœur de la poitrine et retira l'âme sauvagement, en rompant toutes les veines. D'un même geste, les diables eurent vite fait de saisir la pauvre âme et ils se la lancèrent de l'un à l'autre comme on fait au jeu de la pelote. Elle était embrasée du feu de l'enfer et chacun frappait dessus comme sur une enclume ; l'air fut infesté de puanteur et les diables l'emportèrent précipitamment en enfer. L'ermite ne s'attarda pas ; il quitta alors le temple, frissonnant d'horreur à cause du douloureux spectacle auquel il avait assisté. Par la rue principale il entra dans la cité et se dit qu'il y passerait la nuit. Chemin faisant, il trouva un pèlerin gisant au milieu de la voie ; c'était un homme pauvre et, comme il n'avait pas un denier, personne ne voulait l'héberger. Il était à la dernière extrémité et luttait contre la mort ; des jeunes enfants le regardaient sans lui porter le moindre secours. Le saint homme éprouva de la pitié en voyant le lieu où se mourait le malheureux, abandonné de tous. (v. 26577)

L'ermite s'assit à côté de lui et se mit à pleurer de compassion ; il le réconforta autant qu'il put et passa toute une journée avec lui. La maladie empirant, le pèlerin n'attendait plus que la mort. Saint Michel, le psychopompe, descendit là pour emporter l'âme du pèlerin dans les cieux ; saint Gabriel l'accompagnait, rayonnant de joie. Ils se présentèrent devant le corps, exultant et chantant leur allégresse d'une voix mélodieuse. L'endroit était inondé de lumière. L'ermite observait la scène ; il vit que les anges s'empressaient auprès du corps, en attendant la sortie de l'âme. Mais celle-ci ne voulait pas abandonner son corps, qu'elle aimait en vertu de la loi naturelle. « Pourquoi tardons-nous tant, dit l'archange Gabriel ? Saint Michel, prenez cette âme et emportons-la au paradis. » Saint Michel répondit : « Cher ami, ne nous a-t-on pas demandé de respecter la volonté de l'âme, et de la laisser quitter son corps paisiblement, comme il lui plaît ? Je souhaiterais, croyez-le bien, qu'elle vienne sans tarder avec nous. » Levant les yeux vers le ciel, saint Michel dit à haute voix et avec douceur : « Mon Dieu, mon Dieu, nous avons une requête à vous adresser, car l'âme ne veut pas venir avec nous. Faites-la sortir de son corps où elle est longtemps restée. » Une voix lui répondit : « Michel, patiente encore un peu. Les instruments de musique du paradis te seront bientôt envoyés ; il n'y aura pas une harpe, pas un psaltérion qui ne vienne fêter joyeusement cette âme, qui quittera son corps dans la douceur des chants. » Le saint ange se réjouit de la fête qui s'annonçait. Il vit alors le roi David qui s'avançait en jouant de la harpe ; à son jeu s'accordaient de douces voix et des chants mélodieux. Jamais un mortel n'entendit une célébration aussi harmonieuse ni ne vit une si belle compagnie de saintes âmes, de saints anges, de vierges saintes et d'archanges. Transportés de joie et chantant en accord avec la harpe, ils se tenaient au milieu du chemin devant le pauvre pèlerin et lui faisaient fête du mieux qu'ils pouvaient, de la plus belle des manières. Radieuse, l'âme sortit paisiblement de son corps et s'avança en dansant et en chantant d'une douce voix. Les anges en liesse l'emportèrent en haut des cieux, où elle fut couronnée dans la félicité, passant de la pauvreté à la richesse. (v. 26646)

Qui se donne du plaisir ici-bas se porte gravement préjudice, car nul ne peut, sachez-le en vérité, avoir à la fois le monde et le paradis. Je ne m'étonne pas que le paradis soit refusé à ceux qui n'accomplissent que leurs propres volontés. En ce monde, ils se vautrent dans la lie, et le vin clair n'est donc pas pour eux. Le riche ne peut entrer dans le royaume de Dieu, pas plus qu'un chameau ne peut passer par un trou d'aiguille. Dieu l'a dit, et cela se vérifiera, jamais un homme riche n'y entrera. Il y en a cependant beaucoup qui possèdent de grands biens et de grandes richesses et sont investis de hautes dignités, et qui pour autant ne perdront pas le royaume de Dieu. Ce qu'ils possèdent, ils l'ont acquis dans la loyauté et ils méprisent les biens matériels pour obtenir la joie des cieux ; leurs corps ne sont pas souillés par le péché et ils aiment Dieu et la justice. Ces gens ne s'intéressent pas au monde, ils ont l'esprit humble et ils préparent leur lit au paradis. Que Dieu, dans sa bonté, vous instruise ; vous avez tous besoin d'être sermonnés. Méditez les souffrances qu'endure l'âme du pécheur et pensez aux manifestations de joie qui entourèrent l'âme du pèlerin dont je viens de vous conter l'histoire. Que celui qui nous créa tous et qui pour nous prit chair en la Vierge nous mette dans la joie séraphique. (v. 26681)

LXI – CONFESSION (v. 26682-26913)

De celui qui ne put mourir avant d'être confessé

Je commence maintenant un nouveau miracle qui s'est produit dans la région de Nevers il y a peu de temps. Gautier Cornu avait été sacré archevêque de Sens deux ans auparavant, ou peut-être un peu plus. C'est en raison de son caractère récent que je vous ai daté ce miracle, exceptionnellement beau et édifiant. Trois frères nobles, dont je ne sais s'ils avaient été adoubés chevaliers, étaient en guerre, je crois, avec un puissant gentilhomme du pays, à cause d'un préjudice subi ou par jalousie. Dans l'incertitude, je ne rends pas ce seigneur responsable du conflit et je ne veux pas l'incriminer. Ce grand châtelain n'eut de cesse de les dépouiller de leurs terres. Il leur causa beaucoup de tort, les harcela en se montrant impitoyable envers eux, les privant de leur domaine, de leur fief et de leurs possessions ; puis il exerça sur eux des menaces physiques : s'il les surprenait sur ses terres, il leur ferait subir une mort cruelle. Les trois frères furent réduits à la misère et s'enfuirent comme des bannis. Ils étaient fous de douleur, vous vous en doutez. Chacun s'engagea à perdre son corps et son âme plutôt que de ne pas se venger de la perte qui les avait contraints à l'exil : s'ils pouvaient s'emparer de cet homme, ils le passeraient au fil de l'épée. Ils ruminèrent ainsi leur colère, mais les choses tournèrent mal pour eux. En croyant se venger d'une offense, on se met souvent en quête de son propre malheur. Quand le faible se bat contre le fort, il ne peut que perdre. Retirés dans la forêt, les trois frères passaient leur temps à dévaliser les marchands et vivaient de rapines ; ils s'emparèrent là par la force de maints roncins et de maints palefrois et causèrent beaucoup de dommages. Les bonnes gens se plaignaient au seigneur des trois bandits qui écumaient sa terre. On n'aurait pu en trouver de pires. Le châtelain, qui était un homme sage et puissant, fit surveiller tous les lieux de passage où il envoya des hommes d'armes aguerris ; il leur intima l'ordre de capturer les trois frères et, s'ils y parvenaient, de les conduire immédiatement au gibet, sans pitié aucune. Les hommes d'armes, qui désiraient se concilier les bonnes grâces de leur seigneur, s'en allèrent, explorèrent systématiquement tout le bois et ses alentours et finirent par trouver les trois fuyards. Ils leur crièrent : « Vous n'avez aucune chance d'en réchapper, c'en est fait de vous. » Ils éperonnèrent alors énergiquement leurs montures et les trois frères ne trouvèrent d'échappatoire que dans une fuite éperdue. Mais leurs poursuivants avaient de bons chevaux et ils rattrapèrent les fugitifs. Pendant qu'ils étaient occupés à se saisir de deux d'entre eux, le troisième se sauva au grand galop. On le pourchassa longtemps, sans pouvoir le rejoindre. Les deux autres furent faits prisonniers et aussitôt pendus. Quand il l'apprit, le survivant faillit perdre la raison de douleur et se dit que, s'il ne les vengeait pas, il ne connaîtrait plus jamais de joie. Il se conduisit alors plus mal que jamais. Il était épié sans relâche, si bien qu'il lui était difficile de trouver un abri sûr. Redoutant d'être tué, il projeta d'un cœur sincère de se rendre dans un monastère et d'y confesser ses fautes. Il se confessa de son mieux au monastère de la Charité. Quand le moine eut entendu tous ses péchés, il lui demanda de renoncer à sa rancœur et d'implorer le pardon de Dieu, car il en avait bien besoin. L'homme répondit : « Très cher seigneur, il n'en est pas question, plutôt me laisser tuer. On m'a tant outragé dans ce pays que je suis absolument incapable de vivre sans combattre. Donnez-moi une autre pénitence. – Très cher seigneur, dit le moine, sachez en vérité que, dans ces conditions, vous ne pouvez obtenir le pardon. Si vous persistiez dans vos intentions, je ne vous donnerais pas l'absolution ; je ne le puis ni ne suis autorisé à le faire. – Par ma foi, répondit l'autre, je ne vois pas ce que je pourrais faire pour mon âme à moins que la très douce et très pure mère de Dieu ne m'apporte son aide. Je prends la résolution de jeûner toute la journée la veille de la douce fête de sa Nativité ; je lui promets de jeûner pour la douce fête de son Annonciation, si je suis encore en vie ; et pour persévérer dans mes bonnes actions, afin qu'elle obtienne pour moi le plein pardon de mes fautes, je jeûnerai la veille de sa Purification. Je veux ajouter encore que mon cœur m'exhorte à observer le jeûne la veille de son Assomption, pour ne pas être tué sans m'être repenti et pour ne pas perdre toute grâce. Je servirai la mère de Dieu sans faire d'autre pénitence. – Ce service pourrait vous être profitable, dit le moine, et je vous incite à le faire. Mais cela ne vous sera d'aucun secours pour votre salut si vous ne renoncez pas à votre frénésie de vengeance. » Le fuyard répondit qu'il n'en ferait rien et il quitta alors le moine pour s'enfoncer dans la forêt. Il détroussa maints marchands et s'en prit souvent aux biens du riche et puissant seigneur, qui commanda à ses hommes de s'emparer de lui et de le mettre à mort aussitôt. Un jour qu'ils patrouillaient dans le bois, acharnés à sa perte, ils le reconnurent et parvinrent à sa hauteur. Ils se précipitèrent sur lui furieusement, le heurtèrent en plein corps, le jetèrent à bas de son cheval et le frappèrent sauvagement de leurs lances et de leurs épées. Ils lui tailladèrent la chair en plusieurs endroits, l'éventrèrent et le vidèrent de tous ses organes et viscères, qui jaillirent de son ventre, mais ils ne parvinrent pas à le faire mourir. « Vous aurez beau redoubler vos coups, vous n'arriverez pas à me tuer. – Pourquoi donc, répondirent-ils, êtes-vous sous l'effet d'un enchantement ? » Ils le molestèrent alors et le brutalisèrent violemment, jusqu'au moment où ils se rendirent à l'évidence : ils ne pourraient le mettre à mort. « Seigneurs, dit-il, vous avez tort de vous acharner ainsi sur moi. Mon âme ne quittera pas mon corps avant que je ne sois confessé. Sur ma foi je vous l'affirme et vous devez me croire. Faites venir un prêtre tout de suite. Dès que je serai confessé, je quitterai ce monde. – Soit, répondirent-ils, nous acceptons. » Ils envoient un écuyer chercher un prêtre au grand galop. Le blessé, qui aurait dû être déjà mort, raconta alors toute son histoire et leur révéla le vœu qu'il avait fait de jeûner pour Notre-Dame pour qu'elle lui accorde de reconnaître ses fautes en confession, afin qu'il obtienne un pardon plein et entier et qu'elle l'aide à sauver son âme. « Soyez certains que je mourrai dès que je serai confessé. La mère de Dieu a porté son regard sur moi. Bienheureux celui qui l'aimera. Jamais elle n'abandonnera le pécheur. Elle m'a fait l'honneur de me soustraire à l'enfer pour toujours par le sacrement de la confession que je recevrai. » (v. 26875)

Quand ses bourreaux comprirent qu'il s'agissait d'un miracle, ils en furent tous saisis d'étonnement et de peur : si les choses avaient été à refaire, ils n'auraient jamais porté la main sur lui et ne lui auraient fait aucun mal. Le prêtre arriva alors et fut glacé d'effroi à la vue de l'état de cet homme qui avait le ventre ouvert et perdait ses entrailles ; un cheval ou un bœuf n'y aurait pas survécu. Les autres s'approchèrent aussitôt et le blessé commença sa confession en versant des pleurs de repentir. Il raconta toute sa vie sereinement, sans rien omettre, et obéit aux recommandations du prêtre, qui le bénit du signe de la croix et lui donna l'absolution. Puis son âme quitta son corps : par amour, la mère de Dieu lui avait donné la grâce du repentir. Cette dame, dans sa sagesse, secourt qui elle veut. Au nom de Dieu, que chacun dispose son cœur à la servir et à l'honorer ; je veux vous y exhorter. Servez-la, vous agirez avec sagesse. Si vous la servez bien, le diable n'aura aucun pouvoir sur vous. Soyez donc assez avisés pour avoir son amitié afin que, en l'aimant et en la servant, vous gagniez en loyauté et en droiture. Ainsi pourrez-vous avoir accès au ciel. Que Dieu vous accorde d'être en faveur auprès de lui afin que vous puissiez être à sa droite au paradis, dans sa joie parfaite. Je prie Dieu qu'il m'entende. (v. 26913)

XLIV – ENFANT JUREUR
(v. 26914-27427)

Le mépris du monde

L'Écriture nous enseigne et nous explique que chacun doit apprendre à bien parler et à bien agir. Chacun doit s'y efforcer pour édifier les autres. En vérité, par de belles paroles, on doit reprendre les impies jusqu'à ce qu'ils se soient adonnés au bien. À mon sens, l'amour vaut certainement mieux que la force, et je crois que bien parler relève de la sagesse. Un vieux proverbe dit : « Belle parole est digne de considération. » Aussi chacun doit s'appliquer à s'exprimer avec soin de manière à pouvoir aider les autres à porter leur âme à la vertu. Nous devons veiller les uns sur les autres ; celui qui est le plus sage est mieux à même de montrer la voie à suivre et celui qui voit quelqu'un dans l'erreur doit avoir à cœur de s'en inquiéter. Nombreux sont ceux qui s'écartent de la bonne voie à cause de leurs péchés et se fourvoient. Il y a désormais dans le monde tant de personnes aveuglées que nul ne saurait en donner le nombre ; voilà où nous en sommes arrivés. L'orgueil et les autres péchés sont en constante progression et beaucoup ont pris le large chemin qui conduit en enfer ceux l'empruntent[1]. De nos jours sont partout répandus les pires péchés, et le monde est si perverti que chacun entraîne irrésistiblement son prochain sur la voie de la souffrance, du tourment et du martyre. Les pécheurs sont lourdement enchaînés par leurs fautes et les diables jubilent de les tenir dans leurs chaînes et de les tirer jour après jour dans leur future demeure, dans ce lieu terrible qu'est le puits d'enfer. Là ils seront avec Lucifer, le mauvais ange déchu, le damné. Depuis que le monde fut créé, il n'a point été autant atteint et infecté par la souillure du péché, qui est dix fois plus présente que jamais. Il y aurait lieu de s'étonner que Jésus-Christ ne nous précipite pas tous au fond

1 Voir le conte LXVII, « Frères ».

de l'abîme, s'il n'existait un petit nombre de bonnes personnes qui ont fui le monde et qui implorent pour nous la miséricorde de Dieu ; ils obtiennent pour nous un délai pour amender nos vies, mais nous restons passifs. Je sais bien que nous le paierons cher. Plus nous tardons à nous amender et plus sévère sera le châtiment. Jésus fit preuve d'une longue patience à l'égard des habitants des cinq antiques cités dont vous avez beaucoup entendu parler et qui par leurs péchés causèrent leur propre perte[2]. Deux d'entre elles, selon le livre, étaient Sodome et Gomorrhe. C'étaient cinq cités dont la population offensait Dieu par les ignobles péchés qui la souillaient. Voici comment Jésus-Christ s'en vengea : il les brûla par le souffre et par le feu et, en raison de leurs fautes, anéantit tous ceux qui les habitaient, à la seule exception de Lot et des siens, que Dieu épargna parce qu'il n'avait pas renoncé à le servir. Tous les autres furent anéantis ; la terre où se trouvaient les cinq cités ne porte plus d'arbres, de feuilles et de fruits à cause des péchés qui les avaient envahies. L'endroit est si repoussant, abject et fétide que nul n'ose y habiter. Puisque le lieu lui-même est ainsi maudit, sachez bien que les hommes y ont été frappés à mort et massacrés en raison de leurs fautes et de leur dépravation : ils sont en enfer sans possibilité de retour. C'est pourquoi chacun de nous doit se tenir sur ses gardes ; mais le fou ne s'inquiète pas avant que le coup ne s'abatte sur lui. Nous sommes amplement édifiés : voyez l'ordre des Prêcheurs et celui des Frères Mineurs qui ne cessent de nous sermonner pour nous pousser à renoncer à nos péchés. Mais nous faisons la sourde oreille. En vérité, nous sommes à la veille du jour où nous devons être appelés à comparaître, et qui ne peut être repoussé. (v. 27011)

Ah ! que diront les misérables qui ont pour habitude de blasphémer et d'insulter Dieu ! Il est clair qu'ils ne peuvent faire pire. Comment peut-on avoir l'audace de blasphémer aussi honteusement ? Écoutez l'histoire bien pénible que nous raconte saint Grégoire dans ses *Dialogues*. Il était une fois un homme marié qui avait plusieurs enfants, je crois, qu'il élevait mal et, parmi eux, un fils qui, faute d'éducation, avait pris

---

2 Il s'agit de la Pentapole qui, dans le livre de la *Sagesse*, désigne cinq villes (Sodome, Gomorrhe, Adma, Séboïm et Soar) au sud de la Mer Morte, dont quatre furent détruites par le souffre et le feu (Gn 19,24-25), la cinquième Soar ayant été épargnée à la prière de Lot, le seul homme juste de Sodome qui, averti par des anges, y avait trouvé refuge avec sa femme et ses filles.

l'habitude d'outrager Dieu par ses blasphèmes. Le père s'en amusait souvent comme font encore beaucoup de gens de nos jours. Le monde en est arrivé au point où abondent les esprits faux ; ils ont perdu leur sens moral tous les pères qui s'ébaudissent quand leurs enfants blasphèment, renient et parjurent leur foi, et manifestent des dispositions au mal, aux crimes et aux mauvaises actions. Ce père y voit un jeu et dit : « S'il vit, cet enfant deviendra quelqu'un de bien. Il me protégera et défendra ma terre quand on voudra s'en prendre à moi. » Il le serre alors dans ses bras et lui témoigne son affection en le voyant se détourner du bien, hélas ! alors qu'il devrait en pleurer et corriger sévèrement son enfant jusqu'à ce qu'il ait extirpé ce péché dont beaucoup sont souillés. En vérité, le jour viendra bientôt où Jésus-Christ en prendra vengeance. Toi, misérable père, qui t'amuses que ton enfant se détourne de la voie du bien, sais-tu ce qu'il t'arrivera ? Tu le paieras cher, et lui avec toi ; à la fin vous serez châtiés, au moment où vous ne pourrez plus vous défendre, et ce sera plus tôt que vous ne le pensez. Corrigez-vous et amendez-vous. Dans un proverbe, le sage dit que celui qui se corrige en s'inspirant du comportement d'autrui sait bien comment se reprendre et mettre une fin heureuse à ses désordres. J'en reviens maintenant à l'enfant dont je vous ai parlé au début de l'histoire et que son père négligea de punir de ses fréquents blasphèmes. Âgé de cinq ans environ, il ne pouvait encore avoir toute sa raison, mais il avait bien conscience qu'en jurant il commettait une faute, à laquelle il ne voulait pas renoncer, car il y prenait du plaisir. Un jour où le père tenait tendrement dans ses bras son enfant qu'il aimait exagérément, celui-ci, pris de frénésie, jura honteusement contre Dieu à maintes reprises. À l'instant même, un diable se précipita sur lui, le saisit par les tempes et l'arracha brutalement des bras de son père qui faillit devenir fou de douleur en voyant le diable emporter son enfant dans l'obscurité profonde du puits d'enfer, parmi les cris, les larmes et les pleurs. C'est là qu'il fut emporté, c'est là qu'il demeurera et qu'il sera damné, souffrant le martyre dans les tourments et l'horrible puanteur de l'enfer. Devraient méditer ces événements les fous qui par leurs blasphèmes combattent Dieu ouvertement, rouvrent sans cesse ses plaies et renouvellent son martyre. À ces gens je peux affirmer que Dieu et sa mère les haïssent plus que les juifs perfides qui mirent Jésus-Christ sur la croix et qui leur réservent une mort plus cruelle. Souvenez-vous de cet enfant que le diable emporta pour le torturer et le mettre au supplice. Et vous, misérables pécheurs, qui jurez contre Dieu et sa mère, vous misérables, vous méprisables individus qui n'avez pas foi en Dieu, et qui toujours croyez avoir raison – « Qui jure bien croit bien en lui », dites-vous, je l'ai souvent entendu – vous pouvez considérer votre âme comme perdue si vous mourez en cet état de péché et si avant votre mort la confession et le repentir ne vous ont pas valu le pardon. Vous ne devez pas douter que vous serez damnés en enfer, où vous n'aurez jamais le secours de personne. (v. 27117)

Il y a une autre sorte de vauriens qui se mettent en très grand péril par leurs paroles et par leurs actes. On s'étonne que la terre ne s'effondre pas sous les pieds de ceux qui parlent mal de ma dame Sainte Marie, dame des saints, dame des anges, dame de Dieu et des archanges, la douce, la bienheureuse parée de toutes les vertus, qui porta en son sein le fils de Dieu qui nous racheta de son sang, la dame par qui nous obtiendrons miséricorde, par qui nous irons à Dieu. En vérité, il fait peu cas de sa vie, il est possédé par le mal et a perdu tout bon sens celui qui en vient à mal parler de Notre-Dame et à l'outrager, qui jure contre elle et contre sa puissance. Il ne peut que s'attirer la haine de Dieu et de tous ses saints ; c'est ainsi qu'il a éteint le bien qui était en lui. Dieu a toutes les raisons de le détester : il aurait bien peu d'amour pour sa mère s'il ne haïssait pas ceux qui la haïssent et qui n'aspirent qu'à mal parler d'elle. Il les hait et cela paraîtra au grand jour : il se vengera d'eux cruellement, par le feu et l'ordure de l'enfer, par des souffrances sans fin. Elles seront abandonnées à leur malheur les impudentes et les effrontées qui osent jurer contre la personne ou l'âme de Notre-Dame. En vérité, on ne saurait décrire les souffrances et les supplices que leur vaudront leurs blasphèmes, leurs paroles abjectes, leur arrogance, l'orgueil qui les anime et les affreux péchés qu'elles commettent. La femme doit, en toutes circonstances, se montrer humble, pudique et réservée. Mais les digues sont rompues car on en est arrivé au point où, presque partout, dames et chambrières sont plus arrogantes et plus effrontées que les hommes. C'est une honte, une vraie désolation, un grand malheur. Par leurs péchés, elles mettent leur âme en gage, tandis qu'elles rassasient leur corps. Elles se préoccupent de leur corps et font périr leur âme. Les vraies valeurs sont bafouées honteusement quand l'âme se damne à cause des plaisirs que réclame le corps. Quoi qu'on fasse pour lui, il exige toujours plus, lui qui n'est qu'un paquet de torchons et de haillons moisis[3], et qui ne recherche que les plaisirs et la jouissance : plus il en a et plus il en veut. Et la malheureuse âme souffre de la pourriture, des immondices, du vice et de la luxure dans lesquels se vautrent maints hommes et maintes femmes à la manière des pourceaux qui fouillent dans la fange, le fumier, les ordures pestilentielles. Si le pourceau ainsi souillé et couvert de cette salissure allait à la couche du roi, je crois bien qu'on se saisirait de lui et qu'on le rouerait de coups férocement. Je vous dis la même chose pour le corps qui fait son nid dans la luxure ou dans d'autres péchés mortels. Aucune grâce, aucun bien spirituel ne sauraient pénétrer un tel corps, car ils ne pourraient s'y établir nulle part en repos. Il serait à mon sens tout à fait stupide celui qui voudrait placer dans la même couche deux ennemis animés d'une haine mortelle. Il faudrait être fou et avoir l'esprit faux pour les mettre ensemble ; l'un ou l'autre en mourrait nécessairement. Le péché et la grâce de Dieu sont des ennemis mortels et personne ne peut les placer dans la même couche. Nombreux sont ceux, me semble-t-il, qui accueillent leur ennemi mortel et qui coupent et taillent le bâton dont ils recevront en fin de compte le coup fatal : ce bâton, c'est la disposition à faire le mal par laquelle seront mis à mort et damnés les misérables, les impies ainsi que les pauvres malheureuses qui, par aveuglement, se sont données au monde et qui passent au corps tous ses caprices, jusqu'à se couper de tous les biens, par la faute de la chair repoussante et abjecte, répugnante de souillures, embrasée du feu de la luxure. Pas plus qu'on ne pourrait vider la mer ni faire monter la terre aux cieux, on ne pourrait satisfaire le corps qui est mû par la luxure, l'arrogance, l'orgueil et le vice. Si vous donnez toujours satisfaction au corps, il deviendra naturellement plus exigeant que le lépreux qui, à cause de sa maladie, a constamment envie et besoin de boire, sans jamais apaiser sa soif. C'est son réconfort, c'est son soulagement. Mais plus il aurait à boire, plus il voudrait boire et plus son corps en redemanderait, car il ne peut étancher sa soif. C'est ce qui arrive au corps qui s'est livré au péché, à la débauche, à la dépravation. Plus il s'y est abandonné et plus il veut s'y adonner. Plus la chair sera échauffée par le mal et plus elle sera embrasée à partir du moment où elle se sera abîmée dans un grave péché, quel qu'il soit. Le mal ne

3 Traduction conjecturale. D'après Félix Lecoy, qui voit dans *trossiax* (v. 27174), un diminutif de *tros* (trognon de chou), on peut comprendre « qui n'est qu'un trognon de chou pourri, qu'un excrément ».

s'avoue pas facilement vaincu, comme l'illustre la comparaison avec le feu : quand il est vif et ardent, plus on y mettra de bûches, plus il dégagera de chaleur. Le corps gorgé de souillure et de péché est symbolisé par ce feu. Ce feu qui s'alimente dans le corps, qui pourrit l'âme et la fait périr, ce sont les formes du péché dont le corps est souillé. Plus il s'abandonne à sa propension au mal, aux vices et aux pratiques perverses, plus, me semble-t-il, il s'échauffe et s'embrase, entraînant le cœur avec lui. Le feu ne s'éteint pas rapidement quand on le tisonne fréquemment, mais pour l'éteindre il faudrait y jeter de l'eau qui en détruirait les flammes et en étoufferait les braises ardentes. C'est ce que chacun devrait faire pour se défaire de ses mauvaises dispositions et ressentir de la douleur à la pensée des méfaits que, dans son égarement, il a commis contre Dieu. Quant à la femme qui s'est abandonnée au péché et s'est conduite comme une impie, elle devrait chercher le pardon par une confession sincère, par un repentir profond, par le rejet de son péché qu'elle doit regretter de tout son cœur et pleurer, pour purifier son âme et la laver de ses souillures. L'eau qui remonte des profondeurs éteint facilement le feu : la larme doit venir du cœur pour refroidir l'ardeur des sens ; que la femme s'applique donc sagement à le faire. Celui qui, en quête de miséricorde, se repent, se met en pénitence et entreprend de faire le bien comme l'y invite la Sainte Église, celui-ci remplit bien ses obligations de même lorsqu'il observe fidèlement les prescriptions de la loi, telles que les exposent dans la Sainte Église ceux qui font le service de Dieu et ceux qui prêchent les vérités de la foi que chacun doit garder en lui. Vous devez savoir, vous devez croire que personne ne peut obtenir le pardon s'il n'a pas une confiance absolue dans les commandements de la Sainte Église. Qui a foi en la Sainte Église renonce à toutes mauvaises actions. Les choses sont comme je vous le dis. Que chacun se soucie de lui-même, qu'il considère d'où il est venu, de quel lieu il est issu, qu'il soit roi, comte ou chevalier, qu'il soit bourgeois ou écuyer, qu'il s'agisse d'une reine, d'une comtesse ou d'une dame noble. Homme ou femme, personne ne peut se moquer d'autrui. Par la naissance nous sommes tous sur le même plan. Assurément, nous sommes nés, nous provenons d'une matière vile, plus vile que je ne saurais dire même après y avoir longtemps pensé. Si chacun réfléchissait à cela, il s'estimerait bien peu. Un animal né dans les bois a ce privilège qu'un roi ne saurait se moquer de sa naissance, car il lui faut passer par la même voie que l'animal privé de parole, et c'est cette origine que nous devrions considérer si nous avions de la sagesse et un bon jugement. J'ai toujours pensé, et je le pense encore, qu'il a perdu la raison celui qui demeure dans le péché alors qu'il ne connaît pas le jour et l'heure où la mort doit venir le chercher, la mort qui s'en prend à tous, la mort qui partout est en chasse et fait du butin, et contre qui personne ne peut se protéger ; la mort qui s'empare des rois et des comtes, la mort qui met à bas ceux qui sont montés en haut de l'échelle, la mort qui prend reines et duchesses, nobles dames et bourgeoises ; si belles et élégantes soient-elles, la mort a tôt fait de les flétrir. La mort tient tout dans ses chaînes, réduit toute beauté à l'état de fumier, la mort n'a point de seigneur et nous tue tous jour après jour ; chacun la couve sous lui, dans chaque corps elle a fait son nid ; sans attendre bien longtemps, elle l'emportera, la gueule ouverte et fera de lui une chose abjecte et puante. S'il provient d'un lieu mauvais, il se retrouvera au bout du compte dans un lieu pire encore. Hélas ! si l'on réfléchissait lucidement à la menace que la mort fait peser sur nous, personne, homme ou femme, ne serait assez fou pour faire encore cas du bien-être qu'il pourrait avoir en ce monde de souffrances et de cris, en cette vallée de larmes. Fou est celui qui cherche à y satisfaire ses envies, puisque tout retourne au néant. La beauté, la richesse, la puissance, la jeunesse périclitent toutes du jour au lendemain, en un tournemain. Aussi se déshonore-t-il celui qui convoite les biens de cette vie terrestre. Plus il en acquiert et plus il en abuse ; sage est celui qui se prémunit et fuit ce monde méprisable qui précipite maintes âmes en enfer. C'est pourquoi nous devons déployer nos efforts de manière à pouvoir atteindre le bien avant que la mort, qui prend tout à la gorge, ne nous dise échec et mat à l'angle de l'échiquier. C'est un malheur que d'être son partenaire de taverne. Ne ressemblez pas à l'escarbot qui vole en rond jusqu'à finir par tomber dans la boue d'où jamais il ne se relèvera. Maudit soit celui qui lui ressemblera ! Que chacun prenne soin de se hâter, car il n'est pas bon d'atermoyer. Nous remettons toujours au lendemain, jusqu'au moment où la mort nous met la main dessus. Nous ne savons pas comment elle se présentera ni à quelle heure elle viendra. Il y en a beaucoup qui meurent de mort subite, d'une mort affreuse et lamentable ; d'autres meurent par les armes et beaucoup par pendaison ; nombreux aussi sont ceux dont la mort s'est emparée au dépourvu par la noyade, ou par étranglement.

Sages sont ceux qui se prémunissent tant qu'ils sont encore en bonne santé, car sachez en toute certitude que, lorsque nous serons morts, il y a peu de gens qui à un moment ou à un autre penseront à nous. C'est ce que vous aurez fait pendant votre vie qui sera votre assurance et votre secours. Soyez attentifs au trésor que vous vous constituerez et que vous emporterez avec vous : ce trésor, ce sera la pénitence, la confession, le repentir, la manière dont vous avez aimé Dieu, dont vous l'avez servi et honoré, sans orgueil et sans hypocrisie, en renonçant à toute rancune, à toute convoitise ; ce sera le bien que vous avez fait, le secours que vous avez apporté aux pauvres sur vos biens et vos richesses, pour soulager leur misère et leur détresse ; ce sera votre loyauté et votre sens de la justice. Voilà le chemin, voilà la voie. Vous serez récompensés en proportion du bien que vous aurez fait. Que Jésus-Christ vous accorde de vous comporter de manière à pouvoir lui être agréable et de haïr ce monde envahi par le péché et par l'orgueil, afin que grâce à lui vous ne vous exposiez pas à la souffrance. Que chacun veille à bien se comporter, à bien agir et à honorer Jésus-Christ afin qu'après cette vie terrestre nous ayons notre demeure au paradis. Et n'oubliez pas Notre-Dame, la mère de Dieu, notre amie : partout règnent ses vertus. Plutôt que des chants profanes et de vaines paroles, dites *Ave Maria* matin et soir et changez en bien tout le mal qui est en vous pour gagner la joie des cieux que nous accorde celui qui est Dieu. (v. 27427)

TROISIÈME RECUEIL

LXII – PIED GUÉRI (v. 27428-27547)

De celui qui se fit trancher le pied
et que Notre-Dame guérit

Je veux à présent, avec l'aide de Dieu, traduire le récit bref d'un miracle qui se produisit à Nevers, noble cité, riche et opulente, dont l'église épiscopale est consacrée à Notre-Dame. Les aveugles et les infirmes animés d'une foi sincère avaient l'habitude de s'y assembler ; c'était le lieu où se retrouvaient tous ceux qui étaient en proie à la maladie : les uns ne recouvraient pas la santé, d'autres étaient vite guéris. Quand Notre-Dame percevait chez un malade une foi solide, elle ne se faisait pas longtemps prier et Dieu, à la demande de sa mère, le délivrait de son malheur. (v. 27447)

Un jour arriva un malade qui s'arrêta dans l'église pour guérir de son pied atteint du mal des ardents. Il adressa maintes prières à la dame afin qu'elle éteigne le feu qui lui brûlait tout le pied. Après le départ des autres pèlerins, il s'attardait dans l'église pour prier la dame de lui accorder la guérison. Il multipliait les prières à la mère de Dieu qui, cette fois-là, ne lui prêta pas attention. Mais malgré son refus d'apaiser les brûlures de son pied, il continua à la prier[1]. Quand il comprit que c'était peine perdue, il fit couper son pied malade. Il préférait perdre son pied qui, en le brûlant atrocement, lui ôtait ses forces et lui flétrissait son teint, plutôt que de continuer à souffrir le martyre, miné par la douleur de la gangrène. Longtemps après, dit le conte, il revint à l'église ; il se mit un jour en oraison, pleurant à genoux devant l'autel de Sainte Marie. Il ressentit une

1 « ne le volt por ce refaindre / qu'ele ne vousist son pié estaindre » ; les vers 27460-27461 font difficulté. Félix Lecoy n'identifie pas le verbe « refaindre » ; le texte est incertain : le premier vers ne comporte d'ailleurs que sept syllabes. Georges Royer a donné dans « Un miracle de la Vierge extrait des Vies des Pères », *Revue de l'Université d'Ottawa* (vol. 41, 1971, p. 495-507) une édition critique de ce conte et propose, en modifiant « refaindre » en « refraindre » d'après plusieurs manuscrits, de comprendre : le malade dut admettre qu'il ne pourrait être guéri. Mais « refraindre » pouvant avoir le sens de « cesser, abandonner », j'aboutis à une traduction différente.

joie profonde à implorer, en cet heureux moment celle qui est si chère à Dieu. Vous allez maintenant entendre en quels termes il fit sa prière : « Ah, dame noble et pure, de qui Dieu voulut faire sa mère, vierge à jamais, douce, aimable et bienveillante, dame, pourquoi m'as-tu oublié, moi qui en ce lieu ai tant imploré ta pitié, dame, en qui affluent tous les biens ? Je suis, dame, la personne que tu hais le plus au monde. Hélas, pourquoi suis-je né, si tu n'accèdes pas à ma prière et si tu me refuses tes bontés ? Dame qui, par ta sainte miséricorde, donnes aux autres la santé, tu ne veux pas me l'accorder quelque prière et quelque oraison que je fasse devant ton autel. Hélas, que me valent les larmes qui ruissellent le long de mon visage, si tu m'exclus ainsi de ta cour ? Dame, aie pitié de moi à présent, je t'implore au nom de ton fils qui a fait de toi la reine du ciel ! » Après s'être ainsi longuement exprimé, il s'étendit sur une pierre et s'endormit d'un sommeil profond, tant il était épuisé. Quand, accablé de douleur et de chagrin, le malheureux se fut endormi, la mère de Dieu, qui aime ceux qui l'invoquent souvent et la prient d'un cœur sincère, dans une bonne intention, lui apparut en songe, rayonnant d'une indicible beauté. La bienheureuse dame pure et sans tache imposa sa sainte main sur le moignon de la jambe du malade, qui recouvra son pied amputé, guéri du feu pestilentiel de la gangrène qui le rongeait. On imagine la joie qu'il ressentit à son réveil en voyant sain, intact et entier le pied qu'il avait fait couper. Le voilà désormais en état de se mettre en chemin. Lui qui était resté si longtemps infirme, se dressa sur ses deux pieds et rendit grâce à la mère de Dieu. Dans l'église, les témoins du miracle furent émerveillés[2] et les cloches sonnèrent à toute volée en l'honneur de la reine de gloire. Ceux qui étaient présents sur les lieux et qui connaissaient le chrétien à qui la dame avait rendu son pied ne purent contenir leur joie. Qui a entendu le récit de ce miracle peut retenir que celui qui veut s'appliquer à implorer la dame secourable, doit la prier avec sincérité et droiture, sans jamais renoncer à la vénérer, sans interrompre ses suppliques, car elle est disposée à se mettre en peine pour lui. Que Dieu nous mette au paradis, où les bons auront leur demeure. (v. 27547)

2 « El mostier ot grant esbanaces / de genz qui le miracle virent » (v. 27529-27530). Selon Félix Lecoy, « esbanaces » est un mot inconnu. Le manuscrit publié par Georges Royer porte « esbamaces », que l'éditeur propose de rapprocher soit de « esbaïr » qui, à la forme pronominale, a le sens de « être étonné », « impressionné », « stupéfait », soit de « esbanoier/ esbanier » (se divertir, se distraire) et le substantif pourrait alors signifier « réjouissances ».

LXIII – ÉCOLIERS (v. 27548-27711)

Des deux clercs écoliers qui étaient des compagnons

Une fois encore mon cœur s'émeut à l'idée de dire un beau miracle ; l'histoire n'en est pas longue mais le bon enseignement qu'on y trouve est salutaire à chacun. C'est pourquoi je prie chacun de ceux qui l'entendront de la retenir, car ils pourront en retirer beaucoup de profit. Mais abrégeons notre prologue. Deux compagnons, des clercs écoliers, partagèrent longtemps la même chambre sous les toits ; ils fréquentaient la même école et avaient beaucoup d'amitié l'un pour l'autre. Le plus jeune était un garçon enjoué, séduisant et apprécié, mais il s'était livré au péché, auquel il s'abandonnait sans retenue, comme son âge le voulait ; dans la pratique de la débauche, il n'avait pas de rival. Son aîné était un homme de mérite et un très bon chrétien ; il condamnait la vie dissolue de son compagnon et le priait avec douceur d'y mettre bon ordre – c'est folie que de s'asservir aux péchés mortels – et de se comporter en homme de bien pour l'amour de Dieu, car la mort abat aussi brusquement l'homme jeune que le vieillard de cent ans et s'empare aussi bien du faible que du puissant. Quelque douceur qu'il mît à le prier, son ami refusa de se corriger. Un jour où, dans leur chambre, ils parlaient de tout et de rien, ils se disaient que le monde était mauvais : l'un pratiquait l'usure, l'autre faisait de faux serments ou se montrait malhonnête ; la tromperie régnait partout. Ils voyaient l'un devenir moine, l'autre se faire ermite, chanoine, templier ou reclus, et au bout du compte, qu'en retiraient-ils de plus ? Ils voyaient que tous les hommes mouraient sans exception et qu'aucun ne revenait à la vie ; ils savaient bien que les âmes existaient, mais ils ignoraient où elles allaient. Ils se promirent que le premier qui quitterait ce monde reviendrait dire franchement à son compagnon comment il allait et ce qu'il faisait. Le plus jeune mourut et son aîné n'oublia pas le serment qu'ils avaient prononcé ; aussi attendait-il son ami nuit après nuit, dormant peu, je crois bien.

Une nuit où il était profondément endormi, voici qu'à minuit le mort vint se placer juste devant son lit pour lui dire ce qu'il était advenu de lui, et il l'appela d'une voix forte : « Compagnon, compagnon, est-ce que tu dors ? Réveille-toi, que nous parlions ! – Dieu, qui est-ce que j'entends m'appeler de cette voix forte ? Qui me réveille ? J'en suis frappé de stupeur. – C'est moi, ton ami, ton compagnon, nous étions intimes au temps où je vivais et je m'étais engagé auprès de toi à te donner de mes nouvelles. Je suis venu m'acquitter de ma promesse et te dire dans quelle situation je me trouve. Je veux que tu saches en vérité que mon âme est au comble de la joie et de la félicité. Elle a quitté rapidement mon corps et j'ignore la souffrance et la tristesse ; je suis dans la quiétude et dans l'allégresse. – Vraiment ? répondit son ami, qui s'était complètement réveillé. Et de qui te vient un si grand secours ? Tu as été dans le monde si mauvais, si méchant et si déloyal que tu étais le prince des fourbes et des scélérats. J'étais persuadé que ton âme croupissait dans un lieu de tourments ; et donc je te demande, par Dieu, de me dire en vérité ce qui te vaut ce bonheur. Ton ami te conjure au nom de Dieu de ne pas refuser de l'éclairer sur ce point. – Je vais te le dire, répondit le mort. Il est vrai que j'ai été livré aux supplices à cause de mes péchés. Et alors que je subissais ces tourments, la mère de Dieu vint me trouver là où j'étais, elle me prit affectueusement par la main, me fit sortir et me mit dans la joie. Sais-tu pourquoi elle agit ainsi ? C'est parce que tant que je fus dans ce monde, à partir du moment où j'ai eu la connaissance du bien, je n'ai assurément pas laissé passer un jour sans dire humblement et du fond du cœur une oraison en l'honneur de la mère de Dieu, et c'est grâce à cette oraison que je fus libéré de ma prison et que la reine des cieux, qui guérit tous les maux, a arraché mon âme à la torture. Insensé celui qui ne la sert pas ; c'est à sa miséricorde que je dois mon pardon. – Eh bien, je te conjure, par cette dame et par tous les saints, de me faire connaître cette oraison et de me l'apprendre, avant de t'en aller. » Le mort répondit : « Tu m'en demandes beaucoup et je te trouve trop exigeant ; ce serait me faire rester trop longtemps et cela est au-delà de mes forces. Malgré tout, tâche de la retenir ; elle est courte et tu l'apprendras facilement : "Jésus-Christ, Dieu, fils de Dieu le père, à saint Jean l'Évangéliste tu confias ta douce mère, affligée et dans l'angoisse à l'idée de ta mort quand, au pied de la sainte croix, ils se lamentaient sur le cruel martyre que les juifs impies t'y infligeaient.

Je me mets, roi glorieux, sous leur sainte protection à tous deux, afin qu'ils me préservent de tous les maléfices et de toutes les tromperies des démons, et qu'après cette vie terrestre ils me fassent entrer en ta compagnie, toi qui naquis de la Vierge mère et règnes avec Dieu le père. » Le mort récita cette prière une seule fois puis il demanda à s'en aller. Le clerc le recommanda à Dieu : il avait écouté l'oraison avec attention et cela lui suffit à l'apprendre et à la retenir. Vous pouvez maintenant comprendre et vous persuader que celui qui aime la mère de Dieu et qui la sert est certain d'en être bien récompensé et d'obtenir la joie des cieux. En se rappelant cette oraison, chacun peut sauver son âme. Or nous ne mettons aucun empressement à contracter l'habitude du bien qui pourrait nous mener au paradis. Nous négligeons la pratique du bien et consacrons notre énergie à commettre les fautes qui nous conduiront en enfer. Mais la mère de Dieu vient à notre secours ; elle est la porte d'accès à la cour de Dieu. (v. 27711)

LXIV – ENFANT PIEUX
(v. 27712-27887)

De l'enfant qui récitait l'*Ave Maria*
et qui parla à Notre-Dame

Je veux maintenant raconter, traduit du latin en roman, un miracle de ma dame Sainte Marie ; elle est mon espérance et mon amie. Il était une fois un bourgeois très honorablement connu, qui aimait Dieu et son nom ; il prit pour épouse une jeune fille et ne se trompa pas dans son choix : la foi de sa femme et son amour de Dieu s'accordaient avec les sentiments de son époux et elle approuvait tout le bien qu'il pouvait faire. Elle faisait aux pauvres des dons généreux, avec le plein accord et l'appui de son mari. Ils avaient l'un pour l'autre un grand respect et partageaient le même amour sincère pour Dieu. Ils habitaient près d'une église où ils passaient beaucoup de temps à prier, si bien qu'on les aurait trouvés là beaucoup plus souvent que chez eux. Ils se dévouaient au service de Dieu et ils aimaient tant sa mère que sa pensée ne les quittait jamais et qu'ils lui adressaient de tendres prières. Ils vécurent ainsi longtemps. Puis, selon la volonté de Dieu, la dame conçut un enfant, qu'ils mirent en nourrice. Dès qu'il commença à marcher, sa mère, qui le chérissait, le mena fréquemment à l'église et lui montra les belles petites statues, bien sculptées, qui se trouvaient là et devant lesquelles elle le faisait régulièrement se mettre à genoux ; elle lui apprit l'*Ave Maria*, que l'enfant récitait volontiers. Il s'appliquait de tout son cœur et de toute son âme à honorer la douce dame qu'il voyait si bien représentée. Par amour pour elle, il prit l'habitude de demeurer si longuement dans l'église, parmi de doux parfums, qu'il y épuisa en effusions toutes les forces de son cœur. Il fut pris d'un mal sur lequel restèrent sans effet tous les remèdes qu'on put lui administrer ; son père, qui l'aimait tant, et sa mère se lamentaient et, en pleurs, remerciaient Dieu de tout ce qu'il voudrait bien faire pour leur enfant. Parvenu à l'âge de dix ans, il s'affaiblit au point qu'il resta deux jours sans parler. Son père et sa mère le veillaient, couchés à côté de lui, sans dormir ni s'accorder de repos. La troisième nuit, au moment du premier sommeil, l'enfant prononça dans un soupir : « Soyez ici la bienvenue, dame. » Sa mère dit aussitôt : « Mon très cher enfant, qu'avez-vous dit ? Je n'ai pas bougé d'ici de toute la nuit, je n'ai quitté aucun de mes vêtements, et votre père non plus. Mon cher enfant, parlez-moi. » Mais ce fut peine perdue et l'enfant resta muet. Au bout d'un long moment, il se remit à parler et dit : « Volontiers. – Que dites-vous ? mon cher enfant, dit le père. Parlez-nous, cher fils, si vous le voulez. » Mais l'enfant se tut. Quand il eut pris un peu de repos, il dit : « Dame, je vous en remercie beaucoup. » Puis il se réveilla et se tourna vers sa mère : « Cher fils, dit-elle, il y a longtemps que vous ne nous aviez pas parlé. – Chère mère, que désirez-vous ? – Cher fils, je veux que vous me disiez à qui vous avez parlé à trois reprises. » L'enfant lui dit alors : « Chère mère, la dame de l'église, à qui j'adressais tant de prières, est venue ici le visage rayonnant de joie. Mais jamais je ne l'avais vue aussi belle et aussi bien vêtue. L'endroit en fut illuminé et la lumière était si resplendissante que j'avais l'impression d'avoir été mené au paradis. Je ne ressentais plus mon mal et ne souffrais plus. La dame me réconfortait avec douceur, de toute son affection. – Cher fils, expliquez-moi les trois paroles que vous avez prononcées. – Mère, je crois bien que vous les avez entendues. Je vais vous en dire le sens. Quand la reine du paradis se fut assise à côté de moi, elle dit "Mon enfant, regardez-moi et soyez dans la paix" et je lui répondis "Dame, soyez la bienvenue", et je ne pus en dire plus. "Mon cher ami, soyez rassuré, car une très grande joie vous attend. Faites donc venir sans tarder un prêtre à qui vous confesserez tous les péchés que vous avez faits, comme, de trop écouter, de trop parler, de trop dormir, ou de trop vous reposer ; et si vous voyez autre chose dont vous devez vous accuser, ne manquez pas de le dire. Agissez ainsi, mon cher ami. – Dame, lui ai-je répondu, volontiers." Puis, au moment de me quitter, elle me dit qu'elle reviendrait à moi dès le lendemain et qu'elle emporterait mon âme directement au paradis quand elle quitterait mon corps. "Je vous en remercie beaucoup, dame", lui dis-je alors. Et elle s'en alla. Chère mère, je crois bien n'avoir prononcé que ces trois paroles, mais il est une chose dont je suis bien sûr, c'est que demain je serai avec ma dame au paradis. Demain je me trouverai à sa droite. Mais faites venir pour moi un prêtre et je lui dirai tous les péchés dont je pense être souillé. – Avec plaisir, mon fils, dit la mère. » Vous auriez vu alors le père pleurer de joie de devoir se séparer de son fils dans ces conditions ! (v. 27847)

Le matin, dès le lever du jour, ils envoyèrent chercher le prêtre, qui vint rapidement et l'enfant lui raconta toute sa vie, du mieux qu'il put. Après l'avoir absous, le prêtre lui donna la communion et le quitta. L'enfant implora le pardon de ses parents et, après le repas, son âme s'en alla dans la sérénité, car la reine couronnée, la mère de Dieu, dans la joie et la félicité sans mélange, l'emporta dans ses bras au paradis, où Jésus-Christ la couronna. Vierge, il reçut la couronne que Jésus-Christ attribue à ceux qui sont vierges. Il est bon d'aimer cette si douce dame, en qui l'on ne trouve jamais d'amertume. Qui l'aime sincèrement, par cet amour épure son cœur de tout sentiment amer. Les conteurs[1] qui, dans les puissantes cours, s'attachent aux basques des barons pour obtenir des surcots et des manteaux, content des histoires plaisantes et mensongères qui leur nuisent, les réduisent à la pauvreté et enfin les livrent aux tourments. S'ils avaient entrepris de raconter des miracles, en les contant ils s'en seraient tirés à bon compte. Comtes et rois entendraient des contes qui les détourneraient des contes dont l'écoute leur ferait rendre des comptes douloureux, s'ils devaient payer le compte entier des mauvais contes que leur racontent les conteurs. Que Dieu nous accorde de conter de telle manière que nous puissions conter devant lui le conte qu'il nous faudra conter – c'est le conte qui contient tous les autres –, à l'heure où se feront les bons comptes, ces comptes qui seront pris en compte par les anges[2]. (v. 27887)

---

1 L'épilogue de ce conte use jusqu'à la corde du procédé de l'*annominatio*, déjà enclenché sur la paronomase (« amer », aimer et « amer », amertume), dans les quatre derniers vers du récit. L'auteur de la *Troisième Vie* manie cependant cette figure, caractéristique de la littérature mariale (voir la présentation générale de la traduction de la *Première Vie*) avec plus de lourdeur et moins de virtuosité que Gautier de Coinci, le maître incontesté dans ce domaine. Jouant sur la polysémie de « conte/conter » en ancien français (dont l'ambiguïté est levée après le XVe siècle par la différenciation orthographique entre « conter » et « compter »), les vers 27870-27887 présentent des obscurités et des incertitudes que le traducteur n'est pas certain d'avoir levées.

2 Les anges seront les exécuteurs du jugement, que Dieu enverra pour rassembler les élus et écarter les damnés du royaume de Dieu. Voir Mt 13,39-49 (« et les moissonneurs seront les anges [...] Ainsi en sera-t-il à la fin des âges : les anges sortiront, ils sépareront les mauvais du milieu des justes ») ; Mt 24,31 et, dans l'*Ancien Testament*, Za 11,10 ; Dt 30,4 ; Is 27,13. La fin de cet épilogue annonce le sujet du conte suivant.

LXV – BRANDONS (v. 27888-28057)

De l'ange qui lançait des torches, que Notre-Dame interceptait

Qui voudrait s'en donner la peine trouverait beaucoup de beaux sujets de contes. Sans rien omettre ni rien ajouter, je veux vous en dire un dont l'histoire mérite d'être rapportée ; c'est un miracle de ma dame, la Vierge très chaste et pure, que Dieu voulut placer à ses côtés. Saint François, que je ne considère pas comme français en raison de sa naissance au-delà des montagnes, en fut jadis le témoin ; c'était un saint homme, qui s'était purifié comme l'or fin passé dans la fournaise. Il mena une bonne vie et eut une bonne fin, et sur cette terre Dieu lui révéla de nombreuses réalités spirituelles. Un jour où il s'était mis en oraison, dans son jardin ou sa maison, il médita, je crois, sur les grandes joies du paradis en contemplant longuement la voûte céleste ; le ciel était pur et clair. Il vit alors un ange de belle stature qui, le visage vermeil comme feu ardent, se tenait debout dans les airs. Je peux affirmer que son expression révélait la fureur qui l'habitait. Par-dessus son vêtement, sa taille était entourée d'une ceinture où étaient accrochées des torches *qui semblaient embrasées comme des charbons incandescents. Dans sa main droite il en tenait une qui brûlait d'un feu clair et vif. L'ange se tenait sur le côté gauche du ciel et lançait sa torche sur sa droite pour incendier la terre ici-bas et nous plonger dans le malheur. La torche tombait avec la brutalité de la foudre, enflammant l'atmosphère. Le saint homme guettait de quel côté le coup allait s'abattre. Face à la torche qui tombait avec tant de violence*[1], il vit une dame portant une couronne, élégante et d'apparence noble, d'une indicible beauté ; elle était vêtue d'une robe longue plissée, plus blanche que la fleur de lys en été. Du bas de son vêtement, elle intercepta la torche enflammée qui, dans un fracas épouvantable, la heurta si violemment

1 Le manuscrit A a sauté par bourdon quatorze vers, dont la traduction, en italique, est donnée d'après Um.

qu'elle aurait fendu en deux un mur de dix pieds d'épaisseur. Mais la dame de miséricorde ne broncha pas d'un pouce et sa robe ne portait aucune marque du coup. Elle broyait le tison ardent entre ses mains, en étouffait le feu et rejetait au loin les charbons éteints. Aussitôt l'ange lanceur de feu tira rageusement de sa ceinture une autre torche dont le crépitement faisait retentir l'air autour de lui. Son arme de feu à la main, il était attentif à ce que la dame ne lui fasse pas manquer son coup. En un clin d'œil, il se déporta sur la droite pour éviter la dame et lança la torche à l'opposé. Embrasant l'air alentour, elle s'abattit violemment à grand fracas. La dame s'élança de ce côté-là à la vitesse de la lumière et, sans nulle appréhension, elle intercepta le brandon enflammé et en éteignit le feu. L'ange changea brusquement de place et lança à nouveau une grande torche enflammée, mais la dame se déplaça aussi et éteignit le feu comme elle avait fait les deux fois précédentes. L'offensive de l'ange dura ainsi jusqu'à ce qu'il eût épuisé toutes ses munitions. Il ne réussit pas dans son entreprise car la dame avait réduit ses efforts à néant, après quoi elle disparut aussitôt ; l'ange ne s'attarda pas non plus. Quant au saint homme qui, sans cesser de prier, avait observé ce miracle, il se demanda quelle en était la signification, mais il ne la trouva pas. Dans son désir de savoir il priait Dieu pour qu'il veuille bien lui révéler le sens de cette vision qui lui avait ému le cœur. Quand il se fut endormi, Dieu lui fit apparaître en songe un ange qui lui donna des explications, qu'il écouta avec attention. L'ange lui dit : « Cher ami, celui qui lançait du feu sur la terre à cause des péchés et des violences perpétrées par les méchants en ce monde était un ange du paradis. On s'étonne que la terre ne s'effondre pas. L'air est tout infecté de la puanteur de leurs péchés. Cette tâche lui est confiée et il est toujours prêt à l'accomplir, comme vous l'avez vu aujourd'hui. Il est cependant une chose qui le contrarie beaucoup : quand il lance ses torches, une reine bienveillante et miséricordieuse, que nous tenons pour notre dame, l'empêche d'accomplir son œuvre de châtiment ; elle pare ses jets de feu qui, si elle le laissait faire, sèmeraient la destruction et la désolation sur la terre. Mais elle écarte le malheur et combat en faveur des pécheurs. Vous avez bien vu aujourd'hui qu'elle ne lui a laissé causer aucun dommage. Elle interceptait les traits de foudre envoyés ici-bas par l'ange, qui s'en alla alors, rempli de confusion. » Alors l'apparition de l'ange prit fin et le saint homme s'éveilla ; il vit qu'il avait les yeux mouillés, car il avait pleuré en écoutant ces explications. C'est ici que se termine le conte. (v. 28015)

Pensez donc à cette dame et voyez comme celui qui veut la servir de tout son cœur protège son corps et son âme. Personne ne pourrait l'asservir ; en revanche est en servitude celui qui ne la sert pas, tandis que celui qui s'assure son amour, à la différence de ceux qui sont asservis, sera servi par elle. Ainsi est assuré d'être récompensé celui qui veut s'en remettre à son amour[2]. Il ne suffit pas de promettre : il y a des gens qui promettront d'amender leurs vies, mais qui resteront cloués sur la ligne de départ. Dans les fêtes, dans les réjouissances, dans les plaisirs, toujours ils satisfont les appétits de la chair, qui se retourne contre eux. Quand ils se sont installés à table, qu'ils ont bu de bons vins et se sont repus de bons mets, alors ils demandent qu'on leur dise des contes et de belles histoires, et qu'on leur rapporte les miracles de Notre-Dame ; chacun affirme qu'elle est sa dame, qu'il la sert et qu'il la servira, mais cherchez bien qui le fera : il en est peu qui s'en donneront la peine. Aussi longtemps qu'ils sont dans de bonnes dispositions d'esprit, vous pourrez entendre cet engagement, auquel je n'accorde aucun crédit. Qui veut servir Notre-Dame doit asservir son corps par le jeûne, par l'abstinence, par les veilles et dans le repentir. Le corps bien nourri et bien repu est facilement porté à commettre des folies et ne tarde pas à tomber dans le péché par lequel le diable a tôt fait de le tromper. Qui l'aime et la sert d'un cœur sincère voit Notre-Dame à visage découvert. Qui la sert sera servi et partout elle sera là pour lui. Que Dieu nous accorde de la servir pour que nous puissions mériter son amour. (v. 28057)

2 L'auteur de la *Troisième Vie* manie une nouvelle fois, dans les vers 28018-28024, la figure de l'*annominatio*, fondée cette fois sur le radical *serv-* ; nous avons tenté de la restituer dans la traduction, mais avons dû renoncer à trouver pour le lexème « deservir » (mériter, récompenser) du v. 28057 un équivalent en français moderne, qui enrichisse la figure.

LXVI – PRÊTRE PÉCHEUR
(v. 28058-28311)

Du prêtre qui chantait sa messe en état de péché mortel

Il y avait jadis en Angleterre un prêtre qui s'enivrait souvent et qui mangeait plus que de raison. À sa gloutonnerie immodérée s'ajoutait la luxure : ce sont deux péchés qui s'accordent très bien ensemble et qui ne vont jamais l'un sans l'autre. Luxure est fille de gloutonnerie, car la chair repue à l'excès demande à être purgée par le péché de luxure. Le prêtre, qui débauchait ses paroissiennes et corrompait les petites filles, n'échappait pas à la règle. Maintes plaintes furent portées contre lui ; mais ses péchés ne le firent pas abandonner sa charge et il chantait la messe à son autel en état de péché mortel. Il mena cette vie durant une dizaine d'années et il ne manquait pas de chanter le samedi l'office de ma dame Sainte Marie. Les gens, qui n'ignoraient rien de la vie qu'il menait, plaisantaient à son sujet et écoutaient sa messe avec une aversion toujours plus grande, mais cela ne lui faisait ni chaud ni froid. Il séduisit tant de filles et de femmes mariées que ses paroissiens ne purent plus souffrir la honte qu'il leur infligeait. Ils se réunirent un jour et allèrent voir leur archevêque, qui était saint Thomas de Cantorbéry. Je ne sais dire le nom la ville où ils le trouvèrent. Ils lui racontèrent les agissements ignobles du prêtre. Saint Thomas était un homme de bonne vie ; il ne voulut pas tolérer plus longtemps cette situation, fit venir le prêtre et convoqua l'assemblée des clercs. Il ordonna au prêtre de renoncer à son ministère. C'était sa décision et il la fit exécuter. Puis, pour le punir de sa débauche, il le suspendit conformément au droit, qu'il devait appliquer. Le prêtre pécheur était en plein désarroi. Tous ses parents l'accablèrent de reproches et l'abandonnèrent ; chacun l'évita et beaucoup lui firent subir offenses et outrages. Par crainte de l'archevêque, il n'y eut pas dans le pays un clerc ou un prêtre qui osât lui donner à manger, et aucun n'avait de la compassion pour lui. Le prêtre, seul face à lui-même, était au bord du désespoir ; il avait mis tous ses vêtements en gage pour de la nourriture, qu'il avait déjà mangée. Il allait pieds nus, misérablement vêtu et tenu par tous en grand mépris. Il souffrait durement de la faim et de la soif, n'ayant rien à boire et à manger. Un jour où il était dans un verger – car il n'osait se rendre à la ville –, lui revint le souvenir des grands biens qu'il avait possédés et qu'il avait maintenant perdus. « Pauvre de moi, s'écria-t-il, misérable pécheur que je suis ! Comme j'ai été orgueilleux et débauché ! Aussi longtemps que j'ai pu me livrer à la débauche, je n'ai pas su y renoncer. La luxure m'a avili. Mais je proposerai à mon corps corrompu et pervers de choisir entre la pendaison et la noyade, pour avoir fait périr son âme. Rien ne pourrait m'être d'aucun secours ni me protéger de la colère de Dieu contre mes actes. Malheureux, comment ai-je osé consentir à commettre tant d'ignobles péchés, dont je me sens si souillé ? Comment, avec la vie que je menais, ai-je pu tenir Dieu dans mes mains ? Comment ai-je pu si souvent violer la loi du mariage ? De tous les misérables, je suis le pire. Il n'y a plus à hésiter : je vais me noyer. Mon cœur ne peut nier qu'il l'a bien mérité. C'est pour mon malheur qu'il m'a tant harcelé. Je vais me noyer, c'est ce que j'ai de mieux à faire. » Il se leva puis se rassit, au bord de l'évanouissement ; il se souvint alors de Notre-Dame et se mit à méditer. Dans sa réflexion, toutes ses pensées étaient tournées vers la dame, la mère du roi céleste. Si elle voulait prendre soin d'une faible créature comme lui, il serait encore temps pour lui de triompher de sa nature et de faire pénitence sur cette terre. Il tomba à genoux et implora son aide, les mains jointes : « Ah ! dame Sainte Marie, j'ai autrefois entendu dire que le cœur de l'homme est impuissant à donner une idée de la noblesse du vôtre. Dame, vous ne repoussez personne qui veuille implorer votre miséricorde. Dame, aucune autre voie ne s'ouvre à moi pour me réconcilier avec le roi céleste. À cause de mes actes, je pourrais être en enfer, mais vous, dame, qui êtes la voie, veuillez me mettre sur la bonne voie. Très douce et noble dame, Dieu a voulu vous créer pour sauver les pécheurs et miraculeuse a été votre naissance. Vous avez été donnée aux pécheurs pour guider et engager sur la bonne voie ceux qui ne savent y revenir d'eux-mêmes. Dame, il y aurait eu tant de damnés si votre aide et votre protection ne les avaient mis en sûreté ! Dame, donnez-moi la mort ou la vie, je m'en remets à vous. Dame, j'ai souvent célébré votre service, partout où j'étais et tout pécheur que j'aie pu être. Je ne dis pas cela pour alléguer de mauvaises raisons. Dame, du fond du cœur, je vous dis, je vous promets et vous fais le serment que jamais plus je ne livrerai mon corps au mal et au péché ; mais je vous servirai désormais sans relâche et je ferai sévèrement pénitence pour mes péchés et pour mes dérèglements, dans lesquels j'ai longtemps vécu. » Il pleurait amèrement, en versant des torrents de larmes, le cœur au bord du désespoir. (v. 28197)

À force de pleurer, le chapelain tomba à terre, les mains jointes, et s'endormit aussitôt. Notre-Dame n'abandonna pas le pécheur qui s'était endormi dans des sentiments de profond repentir. Pendant son sommeil, il lui sembla que la dame du paradis venait à lui avec hostilité et lui disait sur le ton de la colère : « En vérité, seigneur prêtre, vous m'avez beaucoup mécontentée par votre comportement. Dans ses paroles et ses agissements, un prêtre devrait se tenir à l'écart de toute turpitude. Au moment de l'élévation, en le touchant de tes mains souillées de péchés abjects, tu as gravement outragé mon fils. Tu nous as fait grand tort, à mon fils et à moi. Mais en raison de tes supplications et du repentir de ton cœur, je t'ai pris en pitié. Pour cette fois, je viendrai à ton secours. Je demanderai à l'archevêque de te rendre ta paroisse ou de t'attribuer une autre prébende qui te mette à l'abri du besoin. Ta charge te sera rendue et il te donnera l'absolution de sa main droite. Conduis-toi comme tu le dois et fais ce que tu m'as promis. Tu iras trouver l'archevêque aujourd'hui ou demain matin et dis-lui toutes ces choses de ma part. » Il sembla au prêtre qu'il répondait tout en dormant : « Dame, par Dieu et par son nom, je ne jouis pas d'une réputation qui me permette d'être crédible. Je serais raillé et roué de coups de bâtons si je disais que vous m'avez personnellement adressé la parole, sans produire de preuves écrites ou de signes tangibles. Je suis connu de tous comme un être pervers. » La dame de miséricorde répondit alors : « Je vais te fournir des preuves irréfutables à la condition que tu ne les révèles à personne. Je ne veux pas qu'elles soient connues, pour quelque raison que ce soit, avant la mort de l'archevêque. Tu lui diras en secret ce que j'exige de lui à ton sujet. Voici la preuve que tu lui apporteras : alors qu'il ravaudait sa haire qui était déchirée et partait en lambeaux, il se trouvait bien embarrassé pour la recoudre, car il n'avait ni fil ni aiguille pour la raccommoder. Comme il ne savait comment faire, je vins à lui et l'aidai en lui fournissant une aiguille et en le guidant de ma propre main jusqu'à ce qu'il l'eût recousue. Hâte-toi donc d'aller le voir et tu t'en trouveras bien ; fais attention à toi et surveille tes faits et gestes. » (v. 28263)

Le prêtre se réveilla alors, émerveillé de la vision qu'il avait eue ; il avait la certitude que la vierge lui était apparue, l'immaculée qui guérit de leurs péchés ceux qui l'aiment. Il rendit grâces et s'en alla en pleurant, sans retenir ses cris. Transporté de joie, il tint sa voie qui le mena directement jusqu'à l'endroit où se trouvait l'archevêque. Il finit par lui parler en tête à tête et exposa ses preuves, sans s'interrompre ni rien omettre. L'archevêque resta interdit, car il savait bien que ce que lui disait le prêtre était vrai. Il lui dit en l'attirant dans ses bras : « Seigneur, soyez le bienvenu ! » Il lui donna un baiser et le fit asseoir à côté de lui. Mais cela gêna l'humble prêtre, qui se laissa aussitôt tomber à ses pieds. « Relevez-vous, dit saint Thomas. Vous êtes bien digne d'être assis à côté de moi puisque ma dame, la mère du roi des cieux, vous est apparue. – En vérité, j'en ai été comblé de joie ! Elle ne refuse son aide à personne, car toute la pitié du monde est en elle. – Cette grâce qu'elle vous a faite, veillez à ce qu'elle ne soit pas ébruitée, et que ne soient pas révélées les preuves que tu m'as apportées de sa part : elles seront divulguées en temps voulu, quand on ne pourra plus les taire. Jamais tu ne me quitteras et je ferai de toi mon chapelain particulier. » C'est ce qu'il fit et il lui donna l'absolution. Le prêtre se soumit à ses volontés et fut élevé à une haute dignité. Comme il le devait, il honora la douce Vierge avec ferveur et passa le reste de sa vie à prier, animé du désir de faire le bien. Celui qui me rapporta ce conte ne m'en dit pas davantage à son sujet. (v. 28311)

LXVII – ÂME EN GAGE
(v. 28312-28809)

D'un ermite qui mit son âme en gage
pour celle du forgeron

Dans ce qui suit, je vous parle d'un forgeron. Il me plaît de vous raconter en forme d'éloge la manière dont il vécut. Je ne vois pas comment il aurait pu mener une existence plus parfaite, car telle était la ligne de conduite qu'il s'était fixée : ne voulant pas faire un mauvais usage de son temps, il avait solennellement promis à Dieu qu'il ne laisserait pas passer un jour, hiver comme été, sans assister à la messe aussi longtemps qu'il aurait la santé, et que le soir il distribuerait aux pauvres le fruit du labeur de sa journée, au nom de Dieu seul ; il n'en retiendrait pour sa subsistance qu'une modeste part. C'est ce qu'il fit : il dressa dans sa cour un banc sur lequel les pauvres s'asseyaient en attendant les aumônes que le brave homme répartissait après s'être petitement servi. Dans sa maison, qui n'était pas bien grande, il avait installé je ne sais combien de lits ; les pauvres sans abri trouvaient là un gîte. Sa réputation s'étendait dans le pays et au-delà. Dans le voisinage vivait un ermite qui pour Dieu se mortifiait et menait une très sainte vie. Cédant à une tentation, celui-ci voulut connaître la vérité sur cet homme qui jouissait d'une si grande réputation et entrer en relation avec lui. Il est bon d'avoir pour ami un homme de bien. Il se mit en chemin et il finit par arriver à la cité. Il s'enquit de la maison du forgeron, se renseigna et s'y rendit ; il trouva les pauvres dans la cour, qui attendaient la distribution des aumônes. L'ermite vit la petite maison basse et le forgeron à son fourneau qui ne ménageait pas sa peine, sans épargner son corps. L'ermite chercha auprès des pauvres gens des réponses aux questions qu'il se posait. Ils lui dirent toute la vérité sur le brave homme : de Montpellier jusqu'à Rome, on ne connaissait pas de personne aussi bonne que lui. S'il avait eu beaucoup de biens, il n'est de pauvre en quête d'aumône qui n'aurait rien reçu ; mais il possédait fort peu. (v. 28369)

L'ermite en fut très satisfait et resta longtemps assis avec les pauvres jusqu'au moment où, son travail accompli, le forgeron ouvrit une pièce et apporta à chacun d'eux un demi-pain qu'il lui remettait personnellement en lui baisant la main selon le rituel de l'aumône. Quand il eut tout donné, il avisa l'ermite, dont la présence lui avait échappé. « Frère, soyez le bienvenu, dit le forgeron. Très cher ami, vous êtes un religieux, me semble-t-il. S'il vous plaisait d'accepter mon hospitalité, j'en serais très heureux ; je suis tout prêt à vous servir. – Eh bien, que Dieu m'accorde d'en être digne, cher ami », dit l'ermite. Le forgeron le fit entrer dans sa maison et, sans attendre, lui lava les pieds ; il lui donna à manger et à boire, sans excès et dans le respect de son observance. Mais lui-même, qui avait travaillé toute la journée, ne s'accorda que du pain trempé dans une bouillie de légumes et but de l'eau de son puits. Ils conversèrent ensuite un long moment ; le forgeron lui raconta toute sa vie ; l'ermite l'écouta avec attention et se dit qu'il n'avait jamais entendu parler d'un laïc qui consacrait autant de temps à faire le bien. Il lui demanda en confidence s'il avait de grands biens. Le forgeron répondit : « Sachez en vérité que je ne possède ni terre ni ressources, rien que je ne gagne par mon travail. Je bois l'eau de mon puits et mange du pain noir et grossier. Tous les samedis soirs, je vais au marché vendre mon ouvrage, à des conditions telles que mes clients reviennent fidèlement. Alors, avec mes deniers j'achète du pain pour le distribuer au nom de Dieu ; mais j'ai le cœur brisé quand quelqu'un me quitte sans rien avoir reçu, car je possède si peu que je ne peux donner à tous. C'est ce qui me tourmente le plus : si j'avais où plonger ma main, aucun pauvre ne souffrirait jamais de la faim. C'est pourquoi je vous demande sincèrement, seigneur, d'adresser une prière à Dieu afin qu'il veuille bien me garder en vie jusqu'à ce que je devienne riche, pour nourrir les pauvres, qui sur cette terre ne connaissent que la souffrance et les épreuves. » L'ermite accepta volontiers et ajouta : « Priez donc Dieu de m'entendre, car je veux bien intercéder en votre faveur. Je ne suis pas infidèle en amitié, et je veux vous garder dans mes pensées. » Quand ils eurent veillé toute la soirée et après une courte nuit de sommeil, l'ermite retourna chez lui au matin, sans cesser de penser au forgeron. Aussitôt arrivé, il se mit en oraison et dit à Dieu qu'il serait bon que le forgeron entre en possession d'un grand trésor et d'importantes richesses, car il saurait bien les distribuer. Cette fois l'ermite ne reçut pas de réponse à sa requête et il en fut contrarié. La nuit suivante il renouvela ses prières, pleurant et gémissant, mais son attente fut déçue. La troisième nuit il se mit en oraison et fit à nouveau sa demande. Après avoir prié, il mit sa tête à même la terre et s'endormit. Alors un ange lui apparut, qui lui dit sur un ton de reproche : « Tu pries Dieu avec trop d'insistance pour que le forgeron s'enrichisse. En fait il est clair que tu te trompes, car il se sauvera et ce n'est pas la pauvreté qui l'en empêchera, tandis que, s'il possède beaucoup de biens, il se laissera facilement abuser. Si tu nous ravis son âme, quel gage aurons-nous de ta part ? Si tu offres ton âme en gage, nous la prendrons en otage. Si son âme est damnée à cause des richesses que tu cherches à lui faire obtenir, acceptes-tu de perdre la tienne pour que la sienne soit déclarée quitte ? » (v. 28471)

L'ermite se vit répondre à l'ange : « Cher ami, j'offre mon âme à la place de celle du brave homme, car j'ai une entière confiance en lui : il ne commettra aucune faute. – Vous avez mon accord ; tenons-nous donc à ce contrat », répondit l'ange avant de se retirer. Quand l'ermite sortit de son sommeil, il sut bien que Dieu lui avait accordé le don qu'il lui avait demandé en faveur du forgeron ; il s'inquiétait toutefois un peu de cet engagement qui mettait son âme en sujétion. J'en reviens au forgeron, qui est le sujet de mon conte. Le matin, quand il se leva, il regarda du côté de son four et vit que son fer avait pris une couleur vermeille, comparable, lui sembla-t-il, à celle du soleil. Il y avait là quinze plaques qu'il devait travailler, dont il finit par comprendre qu'elles étaient en or fin, de belle qualité. Il ferma ses fenêtres et les verrouilla, enveloppa les plaques dans un sac de cuir qu'il ficela soigneusement afin que nul ne pût s'apercevoir qu'il contenait autre chose que du simple fer. Le cœur étreint par l'angoisse, il avait perdu l'envie de se mettre à son travail ; il réfléchit sur la conduite à tenir et en arriva à la conclusion que s'il restait là, on aurait vent de ses richesses, qui ne tarderaient pas à lui être dérobées ; il ne s'en remettrait pas. Sur une charrette de marchand, de celles qui vont en Lombardie, il ferait charger ses bagages, sans se soucier de ce qu'on dirait, et il s'en irait à Rome, où il s'établirait. Ce jour-là, il ne s'accorda aucun répit et à la tombée de la nuit il prit ses bagages et les porta dans une maison où logeaient des gens qui devaient se rendre en convoi à une foire du côté des montagnes. Il parla avec eux, conclut un marché et ils se mirent en marche pendant la nuit en même temps que le convoi prenait la route. Nul dans la ville ne s'aperçut du départ du forgeron, et il ne fit ses adieux à personne. Je ne veux pas m'attarder sur son voyage, qu'il prépara si bien qu'il arriva à Rome sans encombre avec son trésor ; il y fit parler de lui de sorte qu'il se disait dans la ville qu'il était très riche. Fortune, qui mettait tout en œuvre pour sa réussite, le fit entrer à la cour. L'empereur, qui voyait en lui un homme avisé, le retint à ses côtés et le nomma gouverneur de sa terre ; et lui se désintéressa des pauvres et, tout abandonné à l'orgueil, il délaissa la pratique du bien et des aumônes ; il se trouva à la tête d'une telle fortune que, à dire vrai, il n'avait que mépris pour les pauvres. J'en reviens maintenant à notre ermite. (v. 28545)

Quand une année fut passée, il se dit qu'il aimerait savoir, quoi qu'il lui en coûte, comment se comportait le forgeron, car l'engagement qu'il avait pris l'inquiétait. Il chemina d'une seule traite et arriva un soir tard à l'endroit où le forgeron devait se trouver. Il vit la maison vide et abandonnée ; l'herbe avait envahi la cour et les sièges où s'asseyaient les pauvres avaient disparu. L'ermite se signa alors, en proie au doute et à la peur. Il demanda ce qui s'était passé et on lui dit ce qu'il en était : le forgeron était parti de nuit, comme un voleur. « D'après ce qu'on dit, cher seigneur, il est à Rome, où il est gouverneur de l'empire. L'empereur a tant d'estime pour lui qu'il l'a pris à son service et il exerce son pouvoir sur toute la cour. » L'ermite fondit alors en larmes. « Pauvre de moi, dit-il, je suis perdu ! Saint-Esprit, venez à mon secours, faites que cet homme ne me trahisse pas et veillez au salut de mon âme. En vérité, j'ai fait une grave erreur en mettant mon âme en gage pour un homme qui m'a trahi. Ah ! cher seigneur Dieu, ah ! que vais-je devenir ? Si je pouvais l'approcher, j'aimerais savoir s'il est un homme juste et équitable. Car c'est ainsi qu'il doit être ! Je prie Dieu qu'il me conduise tout droit à lui, car je suis décidé à partir que cela plaise ou non. Je ne coucherai jamais dans la même ville plus d'une nuit jusqu'à ce que je le voie. » Il se mit alors en chemin. Je passe sur les étapes quotidiennes de son voyage et sur les souffrances qu'il endura ; sachez seulement qu'il se hâta d'arriver à Rome, où il se renseigna sur le sénéchal. On lui répondit qu'il avait le cœur plus dur qu'une pierre maçonnée dans un mur, qu'il ne faisait rien en faveur des pauvres, et qu'il avait mis fin à ses aumônes. (v. 28597)

Le lendemain à la première heure l'ermite se présenta devant la cour ; on lui avait dit que le sénéchal devait sortir pour une affaire qui l'appelait, et il attendit qu'il soit monté à cheval ; le sénéchal était entouré d'hommes de troupe portant des masses d'armes ou des bâtons. Le saint homme se mit en travers de son chemin afin que le sénéchal le reconnaisse quand il arriverait devant lui à cheval. Quand il s'y trouva, le religieux s'écria : « Seigneur sénéchal, regardez de mon côté et parlez-moi, c'est moi, l'ermite ! » Il s'en trouva beaucoup qui lui dirent « Fiche le camp ! » et il fut repoussé sans ménagement à coups de verges sur les côtes. L'ermite avait la certitude que le forgeron l'avait vu, même s'il n'en avait rien laissé paraître. Il refit la même tentative le lendemain puis le troisième jour, et ainsi jour après jour pendant un mois, sans pouvoir lui parler. Il en fut profondément blessé. « Pauvre de moi, dit-il, je suis perdu maintenant qu'il est devenu riche. J'ai causé sa mort en même temps que la mienne. Je vais rentrer dans mon pays et je me mettrai sous la protection de celui qui jamais ne mentit, car je n'attends de cet individu ni aide ni secours. » Alors il quitta Rome et revint par longues étapes à son ermitage, où il mena une pieuse vie. Un jour, peu de temps après son retour, juste après complies, il fut comme ravi, corps et esprit ensemble, et mené tout droit au Jugement de Dieu : il vit les ressuscités, il vit les anges et les démons, il vit le juge suprême, si sévère que nul n'osait le regarder, qui faisait trembler tout le monde. Le juge cria face à cette foule : « Où est le scélérat qui me fit donner la richesse au forgeron, lequel s'est acquis tant de gloire dans le monde qu'il n'a que mépris pour les pauvres. Je vois bien que j'ai perdu son âme par la faute de cette canaille d'ermite. Amenez-le et nous nous vengerons publiquement de lui sans pitié. Il doit recevoir le châtiment qu'il mérite. » Alors on le lui amena de force et le juge prononça sa sentence : « Je le condamne à être pendu sans autre forme de jugement. » Il fut obéi sur le champ. L'ermite en était arrivé au moment de payer pour sa faute et il lui sembla qu'il était pendu. Mais il n'avait pas le cou brisé et il était tout à fait en état de parler. Il entendit arriver une grande compagnie d'anges, qui amenaient une dame ; ils refoulaient les gens en répétant : « Laissez passer la reine. » L'ermite s'écria : « Qui est donc cette reine ? » Quelqu'un lui dit : « Vas-tu te taire ! Il est désormais formellement interdit de t'adresser la parole. Tu es damné et tu le sais bien. – Tu parles pour rien », répondit l'ermite, qui s'exclama : « Secourez-moi, glorieuse Vierge Marie ! Venez me détacher ; je suis pendu pour avoir fait mauvais usage de ma vie. » Notre-Dame répondit : « Cher ami, je vais aller trouver le roi du paradis et intercéderai pour toi auprès de lui. » La reine s'en vint devant le roi et le pria de lui accorder la faveur d'un don[1]. « Dame, que voulez-vous donc ? Vous êtes toujours à solliciter et à demander, de sorte que je ne peux jamais rendre un jugement sans que vous ne vouliez que je le rompe. – Mon très cher fils, ayez pitié de votre mère, qui est venue à vous. Il se dit partout que vous faites ce que je veux. Comment pourriez-vous éconduire votre mère ? Ce ne serait pas juste. Celui qui honore sa mère se met à l'abri de l'opprobre, c'est ce que commande votre loi. Cher fils, témoignez-moi votre respect en accédant à ma requête. – Dame, vous ne tarderiez pas à me trouver impitoyable. Mais il m'est impossible de m'opposer à vous. Qu'il soit fait selon votre volonté. – Soyez-en cent fois remercié ! Ordonnez donc que soit détaché ce malheureux qui a été pendu à cause du forgeron. » Ainsi fut fait immédiatement ; on l'emmena, puis on lui enleva son bandeau et on détacha les liens de ses poignets. Il se laissa alors tomber à terre pour obtenir son pardon et se réconcilier avec Dieu. Notre-Seigneur lui dit : « Mon ami, tu étais promis à la mort, mais ma mère ne le veut pas. C'est grâce à elle que tu as la vie sauve. Je vais te dire ce que tu feras. Une alternative s'offre à toi, car si tu le veux, le forgeron rentrera chez lui et reprendra ses anciennes habitudes ; avec ton accord, en trois jours, il aura perdu tous ses biens. Et donc choisis l'option que tu préfères où qu'il conserve ses richesses ou bien que, réduit à la pauvreté, il s'astreigne au travail de la forge. – Seigneur, par Dieu votre père, répondit l'ermite, je veux qu'il soit délivré de ses richesses et qu'il vive à nouveau dans la pauvreté. » On rendit alors sa liberté à l'ermite, qui fut ramené à son ermitage et déposé à côté de son autel. Quand il fut tout à fait réveillé, il était faible et épuisé ; l'inquiétude et la douleur qu'il ressentait en son cœur lui arrachaient des gémissements. Mais j'ai assez parlé de lui. Le jour suivant et celui d'après, le sénéchal fut traîné en justice, humilié et maltraité, et la rançon qu'on lui infligea lui tira la moelle des os. Il fut torturé et chassé de la ville à coups de bâton.

1 Le texte dit « si li pria en guerredon / que li otroiast un don » (v. 28684-28685). Peut-être « guerredon » a-t-il ici son sens primitif de « don en retour ». Il faudrait alors comprendre que la Vierge demande à son fils de la gratifier pour avoir accepté de l'accueillir en son sein.

Par les grands chemins ou coupant à travers champs, il finit par rentrer dans son pays ; il reprit son travail à la forge et gagna pas mal d'argent, car il était habile dans son métier. Il reprit ses anciennes habitudes et distribua ses gains comme autrefois. Dans une vision, Dieu demanda à l'ermite d'aller trouver le forgeron, de lui parler et de lui expliquer le cours que l'on avait fait prendre à sa vie. Le saint homme se mit aussitôt en marche ; et quand il arriva chez le forgeron, ils se reconnurent et se livrèrent à de grandes démonstrations de joie. Puis ils s'assirent et eurent un long entretien ; le forgeron raconta toute son histoire à l'ermite, mais ce récit le remplissait de honte : « Seigneur, dit-il, c'est pour mon malheur que j'ai souhaité posséder ces richesses ! Elles m'ont fait perdre tout le bénéfice du bien que j'avais fait précédemment et m'ont mis en danger. Que Dieu m'en préserve ! De tout ce que je possédais, il ne m'est pas resté de quoi faire un repas. J'ai tout perdu et n'ai rien fait de bon. Me voilà revenu à mes petits gains, comme autrefois. Quand, couvert d'honneurs, j'étais à la tête de cette grande fortune, ce que je possédais ne put jamais me déterminer à faire le bien et à porter mon regard sur le pauvre. Dieu m'a ramené à ma vraie place. » À son tour, l'ermite lui raconta comment il s'était porté garant pour lui, comment il était allé le trouver à Rome, comment sa démarche avait échoué, comment Dieu avait voulu le condamner à cause de sa faute, comment il fut pendu au gibet et comment son corps et son âme avaient été sauvés par Notre-Dame. (v. 28789)

« Ensuite on me demanda si je prenais la responsabilité de te maintenir dans l'opulence ou si je voulais que tu retournes à ta forge. Je donnai mon accord pour que tu perdes ta fortune et que tu rentres ici, car ton âme aurait été damnée si, à ta mort, elle avait été trouvée en possession de richesses. Voilà ce qu'il en est, et ce fut la volonté de Dieu. Maintenant ordonne ta vie de manière à réparer les torts que tu as faits quand tu étais riche. Je te recommande à Dieu et m'en retourne à mon ermitage, au milieu des bois. » Il partit alors sans s'attarder. L'un s'appliqua au travail et l'autre pria. La fin de ce conte, telle que nous la rapporte le livre, dit que le forgeron fut sauvé par son travail et l'ermite par sa prière. (v. 28809)

LXVIII – AVE MARIA
(v. 28810-28979)

Du clerc qui disait cinq cents fois l'*Ave Maria* à genoux

Je vais vous dire un petit conte que je joindrai aux autres car il a une grande valeur. Il y avait à Paris un écolier qui menait une vie séculière. Il ne regardait pas à la dépense, avait le geste large et ne voulait en faire qu'à sa tête. Il se livra à la luxure sans aucune retenue ; il en fut souvent blâmé et l'amitié des gens de bien à son égard s'émoussa. Son cœur était souillé par le péché, dans lequel il vécut longtemps. Mais il se le reprochait souvent et sa conscience lui disait qu'il causerait sa mort s'il n'entrait pas en repentir. Il finit par redouter d'être damné pour ses fautes ; il se ressaisit et se soumit à la sainte confession pour obtenir son pardon. Il s'imposa une très pénible pénitence et se mit à vénérer à Notre-Dame, à qui il consacra tout son amour et toutes ses pensées. Dans sa chambre, à même la terre ou sur le pavement, il s'agenouillait pour le moins cinq cents fois, voire mille, assure le conte, en disant l'*Ave Maria*. Mais il était fréquemment tenté et sur sa chair poussait le rejeton du péché. Il ressentait sans cesse la brûlure de la luxure, si vive qu'il ne trouvait en son âme aucun secours. (v. 28849)

Une nuit où ce péché l'assaillait sans relâche, tous ses membres étaient si échauffés et embrasés, et sa chair, corrompue et portée au mal, si excitée que, s'il avait consenti à leur céder, il aurait couru tout droit au bordel. Il lui semblait qu'il brûlait tout entier, extérieurement et intérieurement. « Ah ! dame Sainte Marie, s'écria-t-il alors, aurai-je votre aide ? Ne souffrez pas que je rechute et que ma chair en proie à la luxure me mène ainsi à sa guise. » Échauffé, il se leva de son lit et, les yeux mouillés de larmes, se prosterna les deux genoux à terre. Par la récitation de l'*Ave Maria*, il exténuait son corps. Il s'agenouilla pour le moins cinq cents fois et se mortifia : « Ave Maria, douce dame, en cette nuit ayez pitié de mon âme », disait-il à chaque prosternation. Il s'affligea tant et tant se tourmenta que, recru de fatigue, il fit une pause sur son lit et s'endormit profondément. Il crut alors voir très distinctement apparaître la reine du paradis, dans sa grande beauté ; elle le signa de sa main droite et vint à lui avec douceur : elle prit sa tête dans ses bras et, après l'avoir tenue un court moment, elle fit descendre ses mains sur sa poitrine, sur ses reins et sur tous ses membres ; ainsi lui touchait-elle délicatement tout le corps et en ôtait[1] la vieille peau impure et corrompue. Il vit qu'il n'avait plus de peau et que sa chair apparaissait à vif, mais une peau nouvelle se substituait à l'ancienne, aussi rapidement que celle-ci était tombée. Ainsi s'en trouva-t-il totalement régénéré. Heureuse fut sa venue au monde, car la très douce et pure vierge lui accorda cette grâce insigne qui sera rapportée en maints lieux. La douce dame s'en alla alors, et de son côté l'écolier se réveilla. Inutile de demander quelle fut sa joie. Il n'oublia pas les habitudes qu'il avait prises ; plus encore qu'auparavant il dit la salutation à la Vierge, et il changea de vie par la pratique du bien et des bonnes actions. Il ne voulut pas que reste ignoré le miracle que Notre-Dame avait fait pour lui. Aussi se lia-t-il avec un homme de bien, humble et discret, à qui il raconta cette merveille qui avait dompté son corps en lui ôtant à jamais toute envie de pécher, de sorte qu'il n'eut plus aucune tentation ni même aucune pulsion qui le portât au péché abject de la luxure qu'exige la chair. (v. 28923)

Ce miracle spirituel est plus admirable qu'un miracle corporel. Si Notre-Dame avait alors rendu la vue à un aveugle de naissance, la nouvelle se serait partout répandue, mais cette guérison aurait eu peu d'effet sur son âme. Un miracle qui guérit l'esprit est, à vrai dire, d'un prix tel que nul ne saurait en donner une juste idée. Je peux vous le prouver aisément. En proie à la luxure, un homme laissera sa femme et vivra avec une autre qui ne la vaudra pas, et dont il ne pourrait se séparer, même si on devait lui arracher les yeux. Pour la même raison, il arrive fréquemment qu'une femme se rende coupable du même forfait : elle abandonne son mari et sa famille pour se mettre en ménage avec un autre, et c'est tout son lignage qu'elle déshonore. Le péché fait ainsi commettre des folies. Sans la protection et la surveillance de Dieu,

1 Le manuscrit édité par Félix Lecoy donne pour le vers 28891 « tout le viez cuir en aportoit », leçon qui ne nous satisfait pas ; la traduction proposée s'appuie sur les variantes : « jus abatoit / jus en chaoit / jus emportoit ».

mais aussi de Notre-Dame, tout clerc, si instruit fût-il, et tout homme, quelque sage qu'il fût, ne tarderaient pas à tomber dans le péché et à être damnés en enfer. C'est pour nous une chose prodigieuse si, atteints de cécité, amputés des pieds ou souffrant d'une autre grave infirmité, nous recouvrons grâce à Dieu la santé et le plein usage de nos membres ; la nouvelle s'en répandra dans toutes les églises. Ainsi se réjouit-on en ce monde de ce qui touche le corps, alors que, destiné à devenir poussière, il n'a qu'une existence éphémère. Mais c'est quand le pécheur fait en sorte que Dieu opère un miracle pour son âme, sur la prière de Notre-Dame, que l'on devrait se réjouir. Il aurait mieux valu pour telle femme à la blonde chevelure qu'elle fût tondue : elle paraderait moins dans la rue ; un autre, bien campé sur ses deux jambes, aurait gagné à être privé de ses membres, et la perte de ses yeux aurait été profitable à tel autre, le jour du jugement dernier. Cessons donc de nous intéresser au corps. C'est notre âme qui est le vrai trésor et, avec leurs vertus salvatrices, les miracles qui opèrent en elle ont une bonne destination. Que Dieu rende nos âmes telles que nous puissions contempler sa face et celle de sa très douce et pure mère, qui ne refuse sa miséricorde à personne. Qu'il nous accorde le repos et la vie au moment où nous quitterons ce monde. (v. 28979)

LXIX – FENÊTRE (v. 28980-29139)

De l'enfant que le diable précipita par la fenêtre

Si l'on voulait explorer et fouiller scrupuleusement les bibliothèques où l'on trouve des livres anciens, à Cîteaux et à Longpont, ou lire dans les abbayes de moines noirs les miracles et les histoires édifiantes qui sont enfouis dans le secret des armoires et qui n'en sont guère exhumés, on y trouverait beaucoup de beaux contes. Depuis le temps d'Éracles[1], et peut-être même avant sa naissance, Notre-Dame opéra des miracles et ne cessa plus par la suite d'en faire toujours en grand nombre. De ses miracles on pourrait faire un si gros livre qu'il serait impossible de le lire en un mois. Sans prolonger mon prologue, je vais vous conter un miracle de notre dame Sainte Marie, qui m'a été récemment rapporté. Cet admirable événement se produisit dans la cité de Laon, dont la très belle église et le monastère sont dédiés à Marie toujours vierge. Dans l'église, grâce à elle, maints aveugles ont retrouvé la lumière et maints infirmes l'usage de leurs membres. Laon fut fréquemment et de tout temps le théâtre de nombreux miracles[2], qui sont consignés en plusieurs endroits. Le miracle que je vous conte brièvement se produisit un samedi soir, mais je ne saurais vous dire si c'était pendant que l'on chantait les vêpres ou à un autre moment. Dans une grande maison, il y avait un enfant, dont je ne sais dire l'âge, mais trop jeune encore pour avoir toute sa raison. La demeure comportait plusieurs niveaux ; d'un des étages supérieurs, pour profiter du bon air et de la vue, il regardait les gens passer dans la rue. L'ennemi qui, toujours en éveil, est à l'affût des occasions pour faire tout le mal qu'il peut, s'approcha de l'enfant

---

1 Probablement l'empereur byzantin Héraclius (*ca.* 575-641), héros de l'*Estoire* ou *Roman d'Eracles* de Guillaume de Tyr.

2 « sovent et menu » (v. 29009) est une locution qui signifie « avec fréquence et rapidité ». Je ne crois pas que « menu » soit un adjectif se rapportant à « miracle ». S'appuyant sur les vers 29011 (« Cist miracles brief et petis »), Élisabeth Pinto-Mathieu (*La Vie des Pères*..., *op. cit.*, p. 672) comprend qu'il s'agit de « petits miracles ».

qui se trouvait là. Il avait pris une apparence humaine et, le sourire aux lèvres, joua avec lui, comme le fait devant l'agneau le loup avide jusqu'au moment où il peut s'emparer de sa proie. Sans méfiance aucune, l'enfant obéit à ce que lui dit le diable qui, l'ayant fait monter tout en haut de la maison, le mena à la fenêtre. Le petit garçon, qui se croyait à l'abri du danger, regarda en contrebas. Le diable, dans l'intention de lui nuire, avait soigneusement préparé son coup : il le précipita par la fenêtre d'une bourrade si violente qu'il semblait évident que la brutalité de sa chute allait le réduire en bouillie. Beaucoup de gens en furent témoins et se précipitèrent dans la rue. Incapable d'en dire plus, l'enfant ne prononça qu'une parole : « Aidez-moi, Sainte Marie. » En le voyant tomber de si haut, une femme bondit en avant désireuse de lui porter secours ; elle accourut dans la rue mais ne put parvenir jusqu'à l'endroit où l'enfant allait s'écraser. La mère de Dieu apparut aux yeux de tous, la tête couverte d'un voile, mais la femme lui vit distinctement le visage, plus blanc que la fleur de lys, rehaussé d'une belle couleur vermeille. Toute la rue était illuminée par son éclat, par sa beauté dont on ne saurait qu'amorcer la description. Notre-Dame recueillit le bienheureux enfant dans le pan de sa robe quand il arriva à sa hauteur. Rien ni personne n'aurait pu le secourir en dehors de Dieu et de la Vierge, qui le reçut en son giron avec tant de douceur qu'il ne ressentit aucun mal. L'effet merveilleux du parfum de la douce vierge lui donnait le sentiment d'avoir été transporté au paradis, enveloppé dans le vêtement où elle l'avait recueilli. La femme qui était venue là pour lui porter secours fut saisie d'une joie telle qu'elle resta figée sur place. La douce dame prit l'enfant dans ses bras et le déposa sur ses pieds à terre, sain et sauf. Puis les anges qui l'avaient accompagnée dans la rue, la conduisirent au paradis. Ah ! si vous aviez vu cet attroupement de gens qui pleuraient de joie et d'émotion ! Le petit garçon, qui s'appelait Gaubert, fut offert alors à Dieu et à la dame douce et pure, qui prit soin de son corps et de son âme. Il fut ensuite mis à l'école où, enfant docile au comportement exemplaire, il s'appliqua à l'étude. Il devint moine dans une abbaye dédiée à saint Jean et s'illustra par la vie qu'il mena. D'un cœur sincère, il aima Notre-Dame et, dans cette église, il se donna tout entier à son service. (v. 29105)

Cette aventure est bien digne d'être rapportée et consignée parmi les faits mémorables de Notre-Dame. Celui qui croit en elle et se dévoue à la servir protège bien son corps et son âme, car il en obtient le paradis. S'il ne l'aime ni ne la sert, l'homme ne peut mériter le paradis, quelque pénitence qu'il fasse. Si coupable qu'ait été sa conduite, dans le péché et la luxure, quand il décide de l'appeler à son secours, la très douce vierge pure ne manque pas d'ôter le fiel amer qu'il a dans le cœur et de le réconcilier avec son fils. Quand elle vient devant lui implorer miséricorde pour que les pécheurs trouvent la concorde et la paix, elle parle avec tant d'éloquence et de persuasion qu'il ne saurait lui opposer un refus. Elle est notre juge et notre avocate : pour le pardon de nos péchés, elle plaide et, pour nos torts, elle nous fait rendre une justice équitable. Celui qui lui a donné son cœur ne peut mériter une mort cruelle. Elle sait si bien récompenser un petit service qui dure peu que nous sommes aussitôt inscrits sur la liste de ses élus, et celui qui y figurera sera sauvé lors du jugement. Que la douce et généreuse dame nous accorde d'accomplir de bonnes œuvres afin qu'elle nous compte parmi les siens quand notre âme aura quitté notre corps. (v. 29139)

LXX – FEMME AVEUGLE
(v. 29140-29377)

De la femme à qui Notre-Dame rendit la vue

Nous avons eu connaissance d'un nouveau conte que nous avons entrepris de traduire en vers français à assonances ou à rimes riches, pour répandre la vérité. C'est à la demande de maître Hernaut que sera introduit dans notre livre le beau récit de ce miracle de la douce et glorieuse vierge, la belle, la bienheureuse qui porta en son sein le fils de Dieu, qui nous apporta la paix et par qui nous obtenons le pardon de nos fautes si nous la servons d'un cœur sincère. Partout elle répand son parfum. Ce miracle se produisit à Rocamadour, un haut lieu de pèlerinage, où l'on fait des vœux pour la guérison de nombreuses maladies. Maints miracles s'y sont produits, en hiver comme en été, que Dieu a faits pour plaire à sa mère. L'église est dédiée à la douce dame de miséricorde, dont je veux célébrer les vertus. Dans la région s'était rassemblée une foule de pèlerins qui s'étaient engagés à se rendre au sanctuaire. Parmi eux se trouvait une noble dame complètement aveugle. Les gens du pays louaient le charme de son visage et la finesse de ses traits. Mais elle avait mal employé sa beauté car elle avait pris le pli du mal, et Dieu, qui châtie les pécheurs, l'avait frappée de maladie : il lui avait ôté la vue pour la punir de sa vie dissolue. La femme se repentit et plaça tous ses espoirs en Notre-Dame, qu'elle implora d'un cœur sincère et à qui elle se voua. Les pèlerins marchèrent joyeusement jusqu'au moment où ils parvinrent sur une hauteur d'où ils aperçurent l'église. Ils s'arrêtèrent pour prier Dieu et faire leurs oraisons. Ils appelèrent la femme et lui dirent que l'église où ils devaient se rendre était en vue ; en versant d'abondantes larmes, celle-ci se mit à implorer Notre-Dame et pria avec ferveur : « Douce dame, en vertu de ton saint nom, pose ton regard sur la femme impie et pécheresse que j'ai trop longtemps été. Dame, si ce que l'on dit de vous est vrai, je crois fermement que vous pouvez me faire recouvrer entièrement la vue. Je n'en doute pas, rendez-la-moi, très douce amie, car j'aspire à amender ma vie. » (v. 29201)

Dès qu'elle eut prononcé ces paroles, Notre-Dame lui rendit le précieux usage de ses yeux ; jamais elle n'avait aussi bien vu. « Sainte Marie, je vois clair ! s'écria-t-elle. Dame, dame, soyez-en remerciée. Je n'étais pas digne du don que vous m'avez fait. » Tous ceux qui étaient à côté d'elle se mirent à se signer, saisis d'émerveillement. Pleurant de joie et d'émotion, ils allèrent jusqu'à l'église, où ils racontèrent le miracle à tous les fidèles qui s'y trouvaient. Tous les regards se portaient sur la femme. Quand la troupe des pèlerins arriva à l'entrée de l'église, dans l'intention d'y pénétrer pour présenter la miraculée, celle-ci ne put en franchir le seuil malgré ses efforts ; tous les autres eussent-ils joint les leurs aux siens, c'eût été en pure perte, car elle n'avait pas été entendue en confession. Les gens se pressaient autour d'elle en grand nombre pour la regarder, tandis que ceux qui étaient venus avec elle entraient dans l'église. La nouvelle s'en répandit jusque dans le chœur où prêtres et chanoines furent informés de ce qu'ils tinrent pour un prodige. Ils délibérèrent sur la décision à prendre : si la femme voulait entrer, ce qui était le cas, il fallait qu'elle confesse sincèrement ses péchés, faute de quoi elle resterait à l'extérieur. C'est ce qu'on lui ordonna de faire dans la situation où elle se trouvait, et elle obéit. Sans plus tarder, elle raconta à un prêtre toute sa vie, de bout en bout. Considérant l'extraordinaire beauté de son visage et de sa chevelure, le prêtre lui dit : « Belle créature, je sais bien que ces belles tresses ont causé bien des déboires à ceux à qui tu les as montrées. Je te demande de les couper en l'honneur de Dieu et de Notre-Dame et je te jure sur mon âme que, à n'en pas douter, tu entreras dans l'église et pourras y déposer ton offrande. » La dame n'osa pas refuser : « Qu'il en soit ainsi, cher seigneur ! » On fit couper ses tresses et le prêtre les fit porter dans l'église où, sur un support, elles furent accrochées avec les tresses d'autres femmes qui, soucieuses de sauver leurs âmes, les avaient coupées en signe d'humilité. Étaient aussi suspendus là des fers de prisonniers et alignés des ex-voto de cire, si nombreux qu'il y en avait toute une rangée. (v. 29265)

Le prêtre emmena alors la femme dans l'église sans difficulté ; elle s'approcha alors de l'autel de Notre-Dame devant lequel elle se tint un long moment. Quand elle eut fait son offrande et dit son oraison, elle fut conduite dans une maison où les pèlerins prirent un repas. Puis ils s'en retournèrent par le même chemin qu'à l'aller. La femme était dans de douloureuses pensées, affligée par le sacrifice qu'elle avait fait de sa belle chevelure. La troupe marcha tranquillement jusque sur la hauteur, où elle s'attarda un peu pour attendre ceux qui étaient resté en arrière. De là, ils contemplèrent la ville et l'église, et chacun récita un *Ave Maria.* La dame dit à haute voix : « Dame Sainte Marie, le sacrifice que j'ai fait pour vous de ma belle chevelure m'obsède, m'accable et me tourmente. » Dès qu'elle eut prononcé ces paroles, en moins de temps qu'il n'en faut pour cligner de l'œil, elle recouvra ses tresses, aussi belles, en vérité, qu'elles étaient à l'aller. Mais le souci de sa chevelure lui fit perdre la vue, au point qu'elle était de nouveau totalement aveugle. Ce prodige remplit ses compagnons d'étonnement et les saisit de stupeur. La nouvelle se répandit dans tout le pays et ceux qui l'apprirent la tinrent pour un miracle. Les pèlerins qui l'avaient emmenée en pèlerinage rendirent la femme à ses amis, à qui ils racontèrent son histoire. Tels furent les faits. À présent je cesse de vous parler de son cas. Nous avons de nombreux exemples semblables de femmes qui veulent plaire au monde par leurs belles parures et s'attirent des amours coupables par la beauté de leurs visages et de leurs corps, qui devraient être un précieux trésor. La beauté d'une femme est un bien très précieux. Faire bon usage de la beauté que Dieu a mise dans une créature, c'est la sagesse même. Salomon dit que la beauté d'une femme débauchée est en vérité une pierre précieuse dans le groin d'une truie affamée. Rien n'est aussi méprisable qu'une femme débauchée ; c'est une misérable, qui perd son âme. On se la montre du doigt et ses enfants sont des bâtards. Si Dieu lui a donné une belle tête, c'est de mauvaise grâce qu'elle acceptera de porter un voile ; elle mettra à la place une petite coiffe élégante et colorée qui mettra ses tresses en valeur. Si son teint est d'une blancheur éclatante, elle s'exposera tant aux regards qu'elle fera trébucher plus d'un fou. Si elle a le cou et la gorge d'un blanc de lait, elle se ménagera adroitement un profond décolleté largement échancré. Si ses cheveux étaient noirs, personne, quelque ingéniosité qu'elle déploie, n'y prêterait attention, pas plus qu'à son visage ou à sa gorge. Ces femmes font de leur beauté un usage qui leur porte toujours tort. De ce qui devrait être un bien elles font un mal. Si elles considéraient lucidement la mort cruelle qui les guette, à l'affût jour après jour, elles n'agiraient pas ainsi. Mais Dieu, le miséricordieux, qui désire réconcilier les pêcheurs avec lui, châtie souvent les siens et leur inflige une maladie, comme il le fit pour cette femme dont je viens de vous raconter l'histoire et qu'il priva de ses yeux. Puis Notre-Dame la guérit et lui redonna la lumière, mais elle la perdit ensuite à cause de sa folie. Il y a beaucoup de gens qui, enchaînés au péché, perdent l'usage de leurs yeux, non pas du corps mais de l'âme. Quand la femme prend grand soin de son beau visage et de son bel aspect, elle voit avec les yeux du corps et éteint ceux de l'âme, car elle est privée de la lumière. Les yeux du corps sont peu de chose, les yeux de l'âme sont le trésor. Celle qui les a perdus a brisé et mis en pièces le bouclier qui la protégeait : c'est le cas de la femme qui s'habille avec élégance et embellit de parures sa tête et son corps plus qu'elle ne devrait. Elle contracte sur son corps et sur son âme une dette dont le remboursement lui sera très douloureux. J'abrège cet épilogue : que, dans sa miséricorde, Dieu nous protège et qu'il veuille nous prendre à ses côtés. (v. 29377)

LXXI – NOM DE MARIE
(v. 29378-29685)

Du comte qui ne voulut pas coucher avec la fille qui avait pour nom Marie

Après de longues et patientes recherches, j'ai trouvé un miracle oublié ; on avait failli en perdre le souvenir, ce qui m'aurait très affecté. Mais la noble dame dont je veux célébrer les mérites, la mère de Dieu, mon espérance, m'a permis d'en retrouver la trace ; je vais traduire ce miracle en français en prenant bien soin de ne pas trahir la source latine. Il y avait un comte de haute naissance, riche, réputé et admiré pour sa bravoure et ses faits d'armes, instruit, et de bonne vie. Il aimait la très douce Vierge Marie et la priait souvent, mais le monde le tenait sous sa coupe. Son goût pour les plaisirs et les exploits lui causèrent bien des déboires. Un jour, je crois bien que c'était en été, où il traversait une cité en compagnie de ses gens, leur chemin les mena à des danses auxquelles participaient des dames et des demoiselles, les plus distinguées et les plus nobles de la ville, qui s'étaient réunies pour se distraire. (v. 29407)

Le chevalier les regarda, et mal lui en prit. Il en vit une que la nature avait formée de manière si parfaite, dit le conte, qu'il aurait été impossible de trouver une femme aussi belle. C'était une jeune fille sage, honnête et de bonne vie. Le comte fut pris pour elle d'un violent désir et, avant qu'il ne quitte la place, l'amour l'avait enchaîné et enflammé de son feu : il en avait perdu tout sens de la mesure et toute maîtrise de lui-même. Il était vierge, je crois bien, et fut en cette circonstance si bien pris au piège qu'il n'avait aucun moyen de s'en libérer. Il appela son sénéchal, qui l'accompagnait, et lui demanda en aparté de se renseigner sur la famille de la jeune fille et sur le nom qu'elle portait ; qu'il sache où elle habitait et où elle se rendrait après les danses. Dût-il se séparer de tous ses biens et de toutes ses richesses, il la lui fallait. Qu'il ne lésine pas sur le prix à payer pour qu'on la lui amène. Le sénéchal partit à pied et s'acquitta de sa tâche avec tant de zèle qu'il apprit tout de la jeune fille et sut comment agir. Elle appartenait à l'une des meilleures familles du pays, son père était un homme puissant qui s'était ruiné dans de mauvaises affaires. Inutile de vous raconter les recherches du sénéchal, ses manœuvres, ses allées et venues, et tout le mal qu'il se donna. En fin de compte, le père, la mère, leur fille et le sénéchal se réunirent. Le père écouta avec attention les propositions du sénéchal, qui lui dit que le comte voulait avoir sa fille cette nuit même contre compensation : qu'il n'hésite pas à demander une forte somme. « Chère fille, dit le seigneur, vous savez bien comme nous sommes pauvres. Une nuit d'été est vite passée, ma chère fille, votre valeur n'en sera pas entamée. Il vous faut vous marier. Si ça se trouve, un goujat de bas lignage prendra ton pucelage, sans que nous en obtenions le moindre profit ni la moindre reconnaissance. Personne n'en saura rien et, c'est dans le plus grand secret que tu rejoindras le comte. » Disons pour faire court que la jeune fille accéda à la demande de ses parents. Le père reçut deux mille livres que le seigneur avait confiées au sénéchal et, de ce marché, le comte espérait une joie comme il n'en avait jamais connu. Dans l'attente de cette nuit où la fille serait à lui, il avait perdu toute force et était atteint de langueur. (v. 29481)

Le soir, belle et parée avec élégance, elle fut conduite discrètement à la résidence du comte et[1] lui fut amenée dans une chambre luxueuse. Il en ferma les portes et s'allongea sur le lit avec celle qu'il désirait tant ; la jeune fille tremblait de peur, car elle ne s'était jamais trouvée dans une telle situation. Le comte la prit dans ses bras et lui dit avec douceur : « Mon amie, avant toute chose, j'aimerais vous demander comme une faveur de me dire votre nom. » Elle lui répondit timidement : « En vérité, seigneur, je porte le nom de Marie ; oui, cher seigneur, Marie. » Aussitôt le comte se mit à soupirer et à gémir et il s'écarta à l'instant de la jeune fille. Les souffrances qu'il avait connues dans sa vie étaient sans comparaison avec ce qu'il endurait maintenant, et il en resta là, incapable d'en faire plus. La fille fut désemparée en entendant les cris que ce grand seigneur poussait sous l'effet de la douleur et elle se

1 Dans la traduction, nous avons fait l'économie du vers 29485 (« Ne vos faz lonc parlement » : Je ne vous en fais pas un long récit), qui fait partie (avec « ce me semble », « ce n'est avis », etc.) des chevilles dont l'auteur de la *Troisième Vie* a tendance à abuser, en particulier dans ce conte (v. 29400, 29445, 29471, 29604, 29645).

demandait ce qui lui arrivait ; elle était angoissée, pensant que, pour la dédaigner ainsi, il devait lui avoir trouvé mauvaise haleine. Encore revêtue de sa chemise, elle fondit en larmes, mêlant des gémissements à ses pleurs. « Malheureuse, dit-elle, ma beauté m'a fait tomber dans le pire déshonneur, puisque, pour des deniers et pour des biens, je lui accordais ce qu'il n'aurait pas dû exiger de moi en dehors du mariage. Me voilà souillée d'un péché mortel depuis que j'ai quitté notre maison. Pour avoir consenti à offrir ma virginité sans le sacrement du mariage, je me suis mise dans une affreuse situation. Ainsi le péché m'a abusée, et celui qui m'a achetée m'a repoussée et dédaignée. Me voilà pécheresse sans avoir fauté. » Le comte, qui brûlait de satisfaire les exigences de la nature avec une si belle femme, souffrait un tel martyre que le feu du désir manquait de lui dévaster le cœur. Il entendit les gémissements de la jeune fille et, se tournant vers elle, il lui dit : « Marie, ma belle et douce amie, il me semble que vous avez dit que je m'écartais de vous parce que je vous dédaignais. Ce n'est pas du tout cela, ma chère sœur. Mon cœur a tant d'affection pour vous et je tiens tant à votre amitié que, si je possédais une tour pleine de poudre d'or, je n'hésiterais pas à la céder plutôt que de vous repousser ; j'engagerais même ma vie si le très doux nom de Marie que vous portez n'était inscrit en vous. Je préférerais être écartelé plutôt que d'outrager une personne qui porte le nom de Marie. Et par égard pour ce doux nom, je me laisse tourmenter et consumer par le désir. Le refus que je m'impose de prendre du plaisir avec vous met mon cœur véritablement au martyre et de ce martyre je n'attends que la mort, à moins que la douce Vierge Marie ne m'apporte aide et secours. – Seigneur, répondit la jeune fille, puisque, pour le nom de la très douce Vierge Marie que vous aimez plus que votre vie, puisque, par égard pour elle, vous voulez préserver mon corps et mon âme, alors moi qui porte son nom – ce qui n'est pas votre cas –, j'aurais dû le respecter et l'honorer mieux encore que vous ne l'avez fait. Mais, pour peu que vous me teniez pour votre amie, je sollicite de votre part un don, que vous m'accorderez en échange d'une promesse : vous ne souillerez pas mon corps en portant la main sur lui, et moi, sur mon âme, je m'engage auprès de Dieu et de Notre-Dame à rester vierge et à la servir fidèlement et sans faute. Portant le nom de Marie, je me marie à Marie et me donne à elle. » Le comte, qui brûlait d'un feu si ardent qu'il était tout désorienté, se réfréna et fit sur lui-même de si pénibles efforts qu'il se ressaisit ; il maitrisa si bien les mouvements de son cœur qu'il préserva la virginité de la jeune fille qu'il mit avec son accord dans un établissement religieux. Il fit ainsi d'elle une nonne d'un saint ordre et il fonda une abbaye. Marie mena une bonne vie et suivit la règle fidèlement, au point qu'en ce monde nous la tenons pour une sainte. Le comte ne réclama pas à son père la restitution de l'argent qu'il avait reçu ; bien au contraire, par la suite, il assit si bien sa réputation qu'il fit de lui un homme très riche. L'histoire dit qu'un jour où il était allé participer à un tournoi, le comte reçut tant de coups et fut si gravement blessé qu'il mourut sur place. Il fut enterré hors des murs de la cité ; il ne pouvait pas en être autrement puisqu'il n'avait pas été confessé par un prêtre. Un an passa, me semble-t-il, mais la dame du paradis voulut que les honneurs funèbres soient rendus à son corps, en raison du respect qu'il lui avait témoigné. Notre-Dame apparut à un homme de bien dans son premier sommeil, l'appela par son nom et lui demanda de porter pour elle un message : « Demain matin, tu iras trouver l'archevêque et, sans rien changer ni ajouter à mes paroles, tu lui diras de convoquer tout le clergé de la ville et des environs : qu'ils aillent exhumer mon martyr, que j'ai trop longtemps laissé là-bas en terre ; que l'on mette son corps au plus tôt dans le plus noble endroit de l'église. – Qui êtes-vous, demanda l'homme ? Je dois connaître votre nom. – Je suis Marie, la mère de Dieu. – Dame, au nom de Dieu et pour ma sauvegarde, comment me croirait-on ? On va me prendre pour un fou. – Non, répondit Notre-Dame, tu fourniras des preuves à l'archevêque. Vous trouverez le corps aussi sain que le jour où il a été tué, sans odeur ni puanteur cadavéreuse. De sa bouche sortira une fleur, une rose fraîche et vermeille. Ne soyez pas étonné si je lui ai fait ce don ; il endura pour mon nom un martyre plus terrible, je le sais bien, que s'il avait eu la tête coupée. » (v. 26639)

Notre-Dame s'en alla alors et l'homme se leva très inquiet et profondément troublé. Craignant que ce n'ait été un esprit mauvais, il ne fit pas ce qui lui avait été ordonné. Pourquoi faire long ? La nuit suivante, l'apparition se renouvela, mais il n'alla toujours pas trouver l'archevêque. Une troisième nuit de suite, Notre-Dame vint auprès de lui et, d'un air courroucé, elle lui dit : « Tu as provoqué ma colère en n'obéissant pas à ma volonté ! Sache bien que je ne t'accorderai pas d'autre délai : si demain matin à la première heure, tu ne t'exécutes pas, tu t'en plaindras toute ta vie ; tu perdras ma protection et mon amour. » Après son départ, l'homme se leva, se rendit chez l'archevêque, délivra son message et lui dit comment, sur l'ordre de Notre-Dame, ils iraient chercher le comte. L'archevêque convoqua sans attendre toutes les congrégations religieuses et les nations d'écoliers[2]. Vêtus comme pour une fête solennelle, tous les clercs et les prêtres sans exception se rendirent sur les lieux pour voir le corps qu'on devait trouver intact. Ils le firent aussitôt déterrer. Personne n'eut à quitter les lieux car le corps exhalait une très agréable odeur, et sur sa bouche l'on trouva la fleur belle et vermeille, qui faisait l'admiration de tous. Le corps fut emporté dans la joie jusque dans l'église, où il fut enseveli devant l'autel, comme en témoigne le livre. De nombreux miracles se produisirent par la suite. Les chanoines le considérèrent comme un saint, et de nos jours encore ils le disent tel, eux qui n'ont pas pour habitude de parler à la légère, car c'est attesté dans les écrits du lieu où l'on fit sa sépulture. (v. 29685)

2 La « nation » est un organisme universitaire regroupant des étudiants ayant même origine et même langue. Il existait, de même, des nations de marchands. Voir Jean Favier, *Dictionnaire de la France médiévale*, Paris, Fayard, 1993, p. 680.

LXXII – ENFANT SAUVÉ
(v. 29686-29839)

De l'enfant que Notre-Dame sauva
parce qu'il récitait l'*Ave Maria*

On peut écrire beaucoup de livres, mais celui qui ne dispose pas d'un bon sujet peut difficilement conter une histoire agréable à écouter. Les conteurs, les charlatans et les menteurs sont légion. Ceux qui composent des fabliaux trouvent souvent un public nombreux à qui ils font prendre pour vérité ce qui n'est que mensonge. Les auditeurs sont facilement crédules, mais ceux qui content ces sornettes font un mauvais calcul, car le coup se retourne contre eux. Qui pourrait me dire la raison qui leur fait raconter ces fables ? Il aurait mieux valu pour eux rapporter un miracle authentique de la reine de miséricorde, qui du ciel nous apporta la paix, la compassion et le pardon. Celui qui ne se décide pas à la servir et à l'honorer est un fou. (v. 29708)

Nous lisons que se produisit un beau miracle dans une ville ou une cité fortifiée, en bord de mer. Deux fois par jour la marée montait jusqu'à la ville, de sorte qu'elle recouvrait tous les environs. Les marins apportaient dans leurs bateaux quantité de biens et en pourvoyaient abondamment la cité. Et quand la mer se retirait, elle ramenait les embarcations au large. Les enfants de tous âges accouraient alors sur la grève et le sable fin de la plage, car ils y trouvaient des poissons. Il arrivait parfois qu'un drame se produise et que, surpris par la montée des flots, ils périssent noyés. Les victimes n'étaient pas rares. Il y avait dans cette ville une femme sage et noble de cœur : sage parce qu'elle aimait Dieu ; noble de cœur, car elle honorait la mère de Dieu du plus profond de son être. Par ses actions et par sa conduite, elle était devenue son amie, de sorte qu'elle aurait eu du mal à dire trois paroles sans prononcer le doux nom de Notre-Dame, qu'elle aimait, et sans dire *Ave Maria*. Elle avait un fils chéri, à qui elle apprit la salutation angélique, et l'enfant la retint si bien qu'il en avait en permanence les mots dans son cœur, jusque pendant son sommeil, et qu'il prenait plaisir à la réciter. (v. 29745)

Notre source dit qu'un jour un groupe d'enfants était allé sur le rivage, un bel endroit, où ils se réunissaient pour jouer et ramasser des coquillages. Parmi eux se trouvait le petit garçon qui disait l'*Ave Maria*. Ils se laissèrent surprendre par la montée de la mer, dont ils restèrent prisonniers, et ils furent tous noyés, à la seule exception, je crois, de celui qui saluait Notre-Dame et qui resta en vie au milieu des flots. Sur le rivage s'élevèrent les cris et les clameurs des mères qui réalisaient qu'elles avaient perdu leurs petits. Les parents, fous de douleur, auraient souhaité la mort, tant ils aimaient leurs enfants. Quand ils virent la mer se retirer, ils coururent chercher les corps, mais ils ne purent les récupérer, la mer les ayant tous emportés. Seul était encore là l'enfant dont je vous ai parlé, que l'on trouva endormi. Tous furent saisis d'étonnement de voir son visage plus vermeil qu'il n'avait jamais été. Sa mère, la femme qui aimait Notre-Dame, éperdue de douleur, était sur le point de défaillir, mais elle apprit vite la nouvelle qui lui réjouit le cœur. Elle accourut, se mêla à ceux qui regardaient, stupéfaits, l'enfant qui dormait encore et elle se laissa tomber à côté de son fils. Celui-ci se réveilla et sa mère lui dit : « *Ave Maria*, mon cher fils. Je vous ai cru mort et j'en étais désespérée car je n'aimais personne autant que vous. Cher fils, que vous est-il arrivé ? – En vérité, j'ai été transporté dans un lieu si beau et j'ai ressenti tant de joie que je ne saurais l'exprimer. Une dame m'enveloppa dans son manteau et me protégea ; elle me dit qu'elle était celle qui fut mère et vierge à la fois et que l'ange salua en lui disant *Ave Maria*, cette prière que vous m'avez si bien apprise. » La mère prit son enfant dans ses bras et l'emporta tendrement jusqu'à l'église, accompagnée de toute la population. Elle le déposa sur l'autel pour l'offrir à Notre-Dame Sainte Marie, qui lui avait sauvé la vie. Puis elle le ramena chez elle ; son bonheur était d'honorer Dieu et la Vierge glorieuse. Elle lui resta toujours attachée, la servit et l'aima de tout son cœur. Ceux qui avaient assisté à ce miracle en témoignèrent et, sûrs de son authenticité, ils le firent mettre par écrit. On n'en aurait jamais fini de célébrer cette noble et bonne dame ; mieux on sait l'aimer, plus on la trouve digne de louanges. Le clerc qui la garde fidèlement dans sa mémoire ne peut manquer de toucher au but et, à la fin, d'être sauvé. Aussi est-il fou à lier celui qui ne la sert pas jour et nuit pour se placer sous sa conduite. Elle a ce privilège en cour de justice de pouvoir secourir qui elle veut et de le mettre à l'abri du péril, car elle a autorité sur son fils. Quoi qu'elle lui demande ou lui réclame, il ne le lui refusera jamais. C'est pourquoi sage est celui qui la prie et qui d'un cœur sincère fait d'elle son amie. Que Dieu nous la fasse aimer pour qu'il nous pardonne tous nos péchés et qu'il nous place à côté de la dame à qui je confie mon corps et mon âme. (v. 29839)

LXXIII – PURGATOIRE
(v. 29840-30137)

De l'ermite que l'ange emporta au purgatoire

Le moment n'est pas encore venu pour moi, quelque raison qu'on veuille m'opposer, de renoncer à raconter de belles et édifiantes histoires. Dieu, qui veut nous gagner à lui, nous invite jour après jour à nous mortifier pour lui, sans délai ni répit, pour que nous suivions la voie qu'il nous a montrée et que par sa mort il a parcourue jusqu'à son terme. Si nous voulons le suivre, il nous faut prendre les mêmes voies que lui. Pour toi il mourut sur la croix et toi, misérable renégat, tu contractes des dettes au péril de ton âme, mais quand ta dette sera si lourde que tu ne pourras pas la rembourser, tu recevras la mort éternelle. Ne t'endette pas, confesse-toi, et tu agiras ainsi sagement. Détourne-toi de l'enfer et du purgatoire car, comme en témoignent les écrits, si en ce monde tu ne fais pas pénitence, tu iras sans aucun doute en enfer ou, au mieux, au purgatoire. En vérité, tu devrais mettre tout en œuvre pour extirper de toi les péchés qui dévastent ton âme. Si tu attends qu'ils t'engloutissent, jamais tu ne connaîtras la délivrance. Pense donc à t'en remettre à Dieu pour qu'il t'accorde la joie du paradis. Si seulement tu t'engageais sur la voie du salut, tu serais bien inspiré, car tu obtiendrais le paradis à coup sûr. Je vais vous parler d'un des saints pères de jadis. Écoutez donc et méditez ce que j'ai lu de sa vie dans ma source, qui fait autorité. Près d'Antioche, sur une hauteur en territoire païen, il y a bien longtemps, s'était établi un ermite. Point de cygne à son menu, mais des légumes, des racines, du pain d'orge, et de l'eau au lieu de vin. Il servait le vrai Dieu et luttait pour obtenir le paradis et sauver son âme. Seul dans une chapelle, il invoquait et servait Dieu et, sans être secondé par un jeune clerc, il lisait ses épîtres et ses textes de l'Écriture puis célébrait l'office divin. Résolu à ne jamais sortir de son ermitage, il se consacrait avec zèle au service de Dieu.

Pauvrement vêtu, il vivait dans le dénuement et se nourrissait mal, si bien qu'il lui arrivait souvent d'aller se coucher tenaillé par la faim et la soif, tant il méprisait son corps et s'en désintéressait ; il ne s'inquiétait que de son âme et mettait tout en œuvre pour lui faire une place au paradis. Pour cela il ne ménageait pas sa peine, menait une vie rude et se constituait par les veilles et les jeûnes un trésor de bonnes actions. Habité pour l'amour de Dieu, il passa vingt ans et plus seul dans son ermitage. Les gens du pays lui rendaient de fréquentes visites et à travers une petite fenêtre s'enquéraient de sa vie ; de son côté, pour la rémission de leurs fautes il écoutait leur confession. Il entendit et questionna tant de pécheurs qu'il corrigea le pays de beaucoup de ses vices. Il conseillait les femmes pauvres et se mettait en peine de les secourir. Dans l'austérité de son ermitage, le saint homme subit maints outrages. Un samedi, après la messe, il s'adressa à Dieu : « Seigneur, quand, effrayé par mes péchés, je suis entré en ce lieu, je t'ai fait la promesse de n'en jamais sortir. Seigneur, la vieillesse m'accable de ses maux ; je souhaiterais vivement savoir, s'il vous plaisait de me le dire, cher maître, combien de temps je dois encore passer ici. » Dieu, qui tout écoute et tout entend, envoya sans attendre son ange auprès de l'ermite : « Ami, dit celui-ci, tu vas bientôt disposer de deux cordes pour ton arc : Dieu te fait savoir, médite cela en ton cœur, que, si tu le désires, tu pourras rester ici pour une période de trente ans. Quand seront écoulées les années dont je t'ai donné le nombre, tu recevras en don le paradis. Je te l'accorde au nom de Dieu, car nous voulons prendre en compte tes bonnes actions. Mais si ce délai te paraît trop long, demeure trois jours au purgatoire pour t'y purifier de toute souillure. Après quoi, tu obtiendras immédiatement le paradis. – Cher seigneur, dit l'ermite, dans le choix que vous me proposez, je sais bien le parti que je prendrai, sans me tromper. Je manquerais de jugement si, à la place des trois seuls jours au purgatoire, j'optais pour les trente ans. Si je me trompais dans mon choix, on devrait me crever les yeux. Les trois jours que je passerai au purgatoire ne devraient pas m'être bien pénibles, et après je recevrai le paradis. – Eh bien soit. Je vous quitte donc, avec la permission de Dieu », dit l'ange avant de disparaître ; et l'ermite, comme cela lui avait été annoncé, quitta cette vie avant la fin du jour. Non loin de l'ermitage résidait un prêtre qui venait quotidiennement prendre de ses nouvelles. Dans le souci de l'honorer, il mit le corps dans un linceul et, d'après l'histoire, l'enterra dans la petite chapelle, tandis que l'âme alla au purgatoire. Dès qu'elle y fut entrée elle fut saisie par l'intense chaleur qui y régnait ; pour tout l'or du monde, elle n'aurait pas voulu se trouver là. Le feu qui le consumait était si ardent que l'ermite aurait préféré ne pas avoir existé. En choisissant le purgatoire, il ne s'était pas douté qu'il se condamnait au martyre. Il ne s'y trouvait pas depuis une heure qu'il lui semblait y être déjà trop resté, et ce temps lui paraissait une éternité. Il était tout en feu et en même temps il claquait des dents de froid et de peur. « Pauvre de moi, dit-il, je crois que l'ange m'a trompé. Cela fait au moins cent ans que j'endure ces souffrances et ces tourments qui m'ont gâté le teint et vidé de mes forces. Mon séjour ici a duré trop longtemps ; je ne devais rester que trois jours et cela fait bien un siècle que j'y suis. Pourquoi l'ange m'a-t-il menti quand il me dit qu'après trois jours j'irais au paradis pour toujours ? Et je suis resté cent ans en ce lieu, dans cette fournaise ! C'est un miracle que je résiste encore. Pauvre malheureux, misérable et ignorant que je suis, si j'avais choisi les trente années que l'ange me proposa avant de me quitter, il y a bien longtemps que je connaîtrais la joie du paradis, au lieu d'agoniser dans ces épouvantables tourments. Il me faut bien reconnaître que j'ai fait une erreur stupide, une véritable folie. Jamais mon âme, qui brûle si douloureusement, n'aurait été la proie des flammes si je n'avais été aussi fou. Ah ! pauvre malheureux, les paroles de l'ange ont été funestes pour moi ! Je serais à jamais au paradis dans la joie et la félicité. Même si je me trouvais dans une forge ou dans un four à verre, je n'aurais pas à souffrir autant que de ce feu qui me brûle et m'anéantit. Je suis plus noir que du charbon. Vrai Dieu, veuillez me prendre en pitié et venez auprès de moi afin que l'on me tire de cet endroit. Je vous demande aussi, Seigneur, de remettre mon âme dans mon corps, et je retournerai dans ma petite maison, où je mènerai une vie pure et sans tache. Je choisirai de vivre pendant ces trente ans et attendrai votre pardon, car si je reste ici longtemps je sais bien que je serai bientôt réduit en cendres. » Dès qu'il eut prononcé ces paroles, il vit descendre à lui l'ange qui lui avait proposé le choix. L'ermite lui dit aussitôt : « Je me suis bien rendu compte, seigneur, que vous m'avez trompé. Je devais rester ici trois jours et il avait été convenu que mon séjour ne se prolongerait pas au-delà. Avant l'aube du quatrième jour, tu devais me mettre au paradis.

– C'est l'exacte vérité, dit l'ange, je ne cherche pas à la nier. – Seigneur, dit l'ermite, je te prie donc instamment de respecter notre accord. – C'est bien le cas, répondit l'archange saint Michel. Les saints anges viendront te chercher au terme des trois jours ; la joie te sera donnée et ils t'emporteront en chantant mélodieusement. Mais il te faut rester ici jusqu'à ce que ta pénitence soit accomplie, si pénible qu'elle te soit. – Ah ! seigneur, répondit l'ermite, par Dieu, que me dites-vous ? Je n'aurais dû y rester que trois jours, et ce n'est pas le cas, par Dieu, le roi céleste, car j'ai bien le sentiment que je suis ici depuis plus de cent ans. » L'ange lui répondit sans hésiter : « Cela ne fait pas une heure, même pas le temps qu'il faut pour tourner la main. Mais peut-être préfères-tu rentrer dans ta maison et y demeurer les trente années au service de Dieu pour trouver la joie suprême. Si c'est ce que tu veux faire, je te ferai sortir de cette fournaise. – Et moi je vous obéirai sans faillir, dit l'ermite. » L'ange courut alors s'emparer de lui et remit l'âme dans son corps, auquel l'ermite infligea par la suite de sévères mortifications par des jeûnes et des oraisons si prolongés qu'ils provoquaient l'étonnement de tous. Pour tenir son corps plus longtemps en éveil et s'infliger de plus grands supplices, il avait mis dans sa maison une cuve, dans laquelle il se plongeait et s'immergeait trois fois par jour. Au plus fort de l'hiver, loin de renoncer à cette pratique, il prolongeait tant ses bains dans l'eau froide qu'il en sortait tout engourdi. Ainsi se mortifiait-il. Il se rappelait le purgatoire, ce lieu où la chair est effroyablement soumise à la torture. Les gens du pays qui venaient à lui et le voyaient vivre dans ces austérités étaient saisis d'étonnement et demandaient pourquoi il endurait de tels tourments. Le saint homme leur répondait que s'il ne tenait pas sa vie secrète, c'était pour la leur donner en exemple. « Les souffrances que j'endure ici sont peu de chose en comparaison de la chaleur du purgatoire et du supplice que j'y ai subi une heure durant. J'ai bien cru ne pas y survivre et je m'impose en cet ermitage une vie de sacrifice afin de ne pas aller un seul instant au purgatoire quand il plaira à Dieu que je quitte ce monde. J'ai été assurément bien échaudé et, si je me suis réfugié et enfermé ici, c'est que l'échaudé craint l'eau chaude. Je ne veux plus jamais m'abîmer dans le purgatoire, et je préfère, à juste raison, asservir et meurtrir ici ma chair. » Il vécut ainsi en reclus pendant trente ans une vie de renoncement, et Dieu – puisse-t-il nous accorder son amour ! – qui le mit sur la voie du bien, l'envoya chercher quand il mourut. Il lui fit sa place au paradis et le combla de sa gloire. Il avait, à mon sens, toute raison de le faire car l'ermite avait mené sa pénitence à son terme. C'est pourquoi je vous exhorte à faire en sorte de n'être pas exclus de ce saint lieu : que celui qui terrasse le mal et l'élimine y fasse de nous des saints. Agissons en ce monde de manière à ce qu'il nous permette de voir sa face. (v. 30137)

LXXIV – VILAIN (v. 30138-30251)

J'affirme une fois encore, au risque de na pas plaire, qu'il n'est pas étonnant que le bien déserte celui qui refuse de travailler. Saint Paul l'atteste, qui dit que celui qui ne travaille pas comme il le devrait ne doit pas manger[1]. Il agit bien celui qui se met en peine de séparer le grain de la paille jusqu'à ce qu'il soit détaché de la balle. Il aura bien pris soin du grain celui qui écoute les saintes paroles qui ne trompent ni ne mentent. Mais ces paroles, il faut les transmettre et les répandre si l'on veut amener le pécheur sur la bonne voie : même si j'avais toute la sagesse de David et de Salomon, elle ne servirait strictement à rien si j'en gardais le secret au fond de moi-même. Le grain serait alors perdu, étouffé dans son enveloppe. Il peut arriver que le fou prononce une parole raisonnable et sensée, et à l'inverse, tout réfléchi qu'il est, le sage peut parfois ne pas se contrôler et dire ce qui lui passe par l'esprit, jusqu'à proférer un mensonge. Mais que Dieu me garde de tenir un mensonge pour une vérité. (v. 30167)

Du vilain que Notre-Dame sauva parce qu'il la saluait

Il y avait jadis un paysan qui voulait vivre honoré et respecté grâce à ses richesses ; je dois vous dire qu'il ne tenait pas sa fortune de Dieu mais qu'il l'avait acquise malhonnêtement, par des pratiques frauduleuses, comme en témoigne l'histoire. Quand il allait labourer ses champs, il causait à ses voisins un grave préjudice, car il cherchait à s'emparer indûment de leurs terres, à l'intérieur desquelles, possédé par le péché, il déplaçait ses bornes de manière à en réduire la superficie et à accroître celle de son domaine[2]. Dans le même temps, il tenait en affection la mère

1 2 Th 3,10.

2 « Maudit celui qui déplace la borne de son voisin. » (Dt 27,17)

de Dieu ; il la vénérait, soucieux de lui obéir, de lui plaire et d'accomplir ses volontés. Triste et douloureux lui était le jour où il ne donnait pas la peine de saluer avec ferveur la mère de Dieu, selon l'habitude qu'il avait prise. Mais quand pour lui fut venu le terme qui fait verser maintes larmes, quand son âme quitta son corps, les diables, qui se tenaient à l'affût, voulurent s'en emparer ; d'un autre côté, Dieu envoya ses anges, qui la leur disputèrent, en énumérant les bonnes actions qu'il avait faites pendant sa vie terrestre. Et les diables, tout en taisant ses mérites, surent rappeler les uns après les autres les forfaits dont ils purent se souvenir. Quand on eut énuméré les mauvaises et les bonnes actions, le nombre de celles-ci était faible, largement dépassé par le compte que l'on fit des mauvaises. Alors les diables revendiquèrent bruyamment et avec arrogance la possession de l'âme, dont ils jugeaient qu'elle leur revenait et ils ajoutèrent qu'ils allaient s'occuper de lui et lui faire un mauvais sort. Hélas ! quelle annonce funeste ! Un ange, qui était descendu là et qui n'avait encore rien dit, leur répondit : « Il avait pour habitude de saluer tous les jours avec affection la mère de Dieu, Notre-Seigneur. Il l'honorait autant qu'il le pouvait ; aussi n'a-t-il rien à craindre de vous, car la sainte mère de Dieu le protège. » Quand les diables maudits entendirent ces paroles, ils s'enfuirent, irrités et piteux, et renoncèrent à l'âme du paysan, que les anges emmenèrent sur-le-champ en un lieu où, à l'abri de toute souffrance, elle reçut la joie perpétuelle[3]. Ainsi la dame éternelle a placé à côté d'elle celui qui l'a servie. Savez-vous comment cette histoire fut connue ? Plusieurs jours après sa mort, le paysan apparut à son épouse, lui révéla les événements tels qu'ils s'étaient déroulés et que je vous les ai racontés et lui dit qu'il était en intimité avec Notre-Dame : il devait cette faveur à l'amour qu'il lui avait manifesté tout au long de sa vie. Bénie soit la dame en l'honneur de laquelle Dieu, qui est son fils, non seulement refuse de rejeter ceux qui la servent d'un cœur sincère, mais, par amour pour elle, les met dans la joie et la gloire suprêmes et leur fait goûter sa douceur[4]. (v. 30251)

3 Sur le motif de l'attribution de l'âme à la mort du pécheur, voir « L'âme pour enjeu : le motif de la dispute des anges et des démons et ses transformations dans les Miracles de Notre-Dame et dans un épisode de *Perlesvaus* », dans *Littérature et édification au Moyen Âge*, *op. cit.*, p. 253-270.

4 Sur la douceur de Dieu, voir *Vocabulaire de théologie biblique*, *op. cit.*, col 297-298.

INDICATIONS BIBLIOGRAPHIQUES

Nous ne présentons ici que les ouvrages cités dans la présentation et la traduction du deuxième et du troisième recueil.

ÉDITIONS

BORNÄS, Göran, *Trois contes français du* XIIIe *siècle tirés du recueil du recueil* des Vies des Pères *: De l'ermite qui sala son pain, De l'ermite que le deable conchïa du coc et de la geline, De Nostre Dame qui vint el prael ou la dame estoit*, Lund, Gleerup, 1968 (« Études romanes de Lund » 15).

LECOY, Félix, *La vie des pères*, SATF, Paris, Vol. III, 1999. (Édition de référence).

ROYER, Georges, « Un miracle de la Vierge extrait des Vies des Pères », *Revue de l'Université d'Ottawa* 41, 1971, p. 495-507.

ÉTUDES

BRETEL, Paul, « Des origines juives à *Zadig* : unité, évolution, diversité de la légende dite de l'Ange et de l'Ermite », *La Profusion et l'unité. Pour Françoise Haffner*, Presses universitaires de Perpignan, 2013 (« Études »).

BRETEL, Paul, *Les Ermites et les moines dans la littérature française du Moyen Âge (1150-1250)*, Paris, Champion, 1995 (« Nouvelle bibliothèque du Moyen Âge » 32).

BRETEL, Paul, *Littérature et édification au Moyen Âge. « Mult est diverse ma matyre »*, Paris, Champion, 2012 (« Essais sur le Moyen Âge » 56).

DUBOIS, dom Jacques, OSB, « Les ordres monastiques au XIIIe siècle en France d'après les sermons d'Humbert de Romans, maître général des Frères Prêcheurs (mort en 1277) », *Sacris erudiri*, 26, 1983.

FAVIER, Jean, *Dictionnaire de la France médiévale*, Paris, Fayard, 1993.

FRITZ, Jean-Marie, *Le discours du fou au Moyen Âge (XIIe-XIIIe siècles). Étude comparée des discours littéraire, médical, juridique et théologique de la folie*, Paris, PUF, 1992 (« Perspectives littéraires »).

GALDERISI, Claudio, *Diegesis. Études sur la poétique des motifs narratifs au Moyen Âge (de la* Vie des Pères *aux lettres modernes)*, Turnhout, Brepols, 2005.

GAUCHER, Élisabeth, *Robert et le Diable. Histoire d'une légende*, Paris, Champion, 2003 (« Essais sur le Moyen Âge » 29).

JEANROY, Alfred, « Le poil du loup (ou de l'ours), symbole de perfidie », *Revue des Langues romanes*, LXIX, 1947, p. 265-270.

LAURENT, Françoise, « Les fenêtres du reclus. À propos du 64e conte de la *Vie des Pères* », *Par la fenêtre. Études de littérature et de civilisation médiévales*, réunies par Chantal Connochie-Bourgne, Aix-en-Provence, Presses universitaires de Provence, 2003 (« Senefiance » 49), p. 261-272.

MÉNARD, Philippe, « Les Fous dans la société médiévale », *Romania* 98, 1977, p. 433-459.

PINTO-MATHIEU, Élisabeth, *La* Vie des Pères. *Genèse de contes religieux du XIIIe siècle*, Paris, Champion, 2009 (« Nouvelle bibliothèque du Moyen Âge » 91).

ROYER, Georges, « Un miracle de la Vierge extrait des *Vies des Pères* » *Revue de l'Université d'Ottawa* 41, 1971, p. 495-507.

Vocabulaire de théologie biblique, publié sous la direction de Xavier Léon-Dufour, Paris, Cerf, 1977.

ZINK, Michel, *Poésie et Conversion au Moyen Âge*, Paris, PUF, 2003 (« Perspectives littéraires »).

INDEX BIBLIQUE

Les abréviations utilisées ici sont celles du *Vocabulaire de théologie biblique*, Paris, Cerf, 1977.

ANCIEN TESTAMENT

NOUVEAU TESTAMENT

INDEX DES NOMS PROPRES

Les références en chiffres arabes indiquent les numéros de page ; en chiffres romains, elles renvoient aux numéros des contes.

TABLE DES MATIÈRES

LA VIE DES PÈRES
DEUXIÈME RECUEIL

TROISIÈME RECUEIL

IMPRIM'VERT®

Achevé d'imprimer par Corlet,
Condé-en-Normandie (Calvados), en septembre 2021
N° d'impression : 173189 - dépôt légal : septembre 2021
Imprimé en France